思索
사색은 나라를 생각하고(思) 나를 찾자(索)라는 뜻이다

빛 힘 숨

십자가 부활 승천

김흥호 사상 전집 · 성경강해 1

빛 힘 숨

십자가 부활 승천

요한복음 강해

제3권

요한 8~11장

1994년 3~6월

김흥호

사색

빛 힘 숨

복음은 기쁜 소식이다.
기쁜 소식이란 내가 죄에 죽고
하나님의 아들로 태어나서
영원한 생명을 얻는다는 것이다.

죄에 죽는 것이 십자가요
하나님의 아들이 되는 것이 부활이요
영원히 사는 것이 승천이다.

하나님을 아는 것이 죄에 죽는 십자가요
그리스도를 아는 것이 하나님의 아들인 부활이요
성령을 아는 것이 영원을 사는 승천이다.
하나님은 십자가요, 그리스도는 부활이요, 성령은 영생이다.

내가 그리스도와 함께 십자가에 못 박혀 죽었으니
이제는 내가 사는 것이 아니라
그리스도가 내 안에 산다(갈 2:20).
내가 십자가에 못 박혀 죽어 죄가 사라지고
그리스도가 내 안에 살아 부활했으니
하나님의 아들이 된 것이다.
그리하여 성령의 도움으로 살아서도 살고
죽어서도 사니(요 11:25) 영원한 생명이다.

죄가 없어지는 것이 십자가요
하나님의 아들 되는 것이 부활이요
영원을 사는 것이 승천이다.

하나님의 빛(십자가)으로 죄가 사라지고
그리스도의 힘(부활)으로 하나님의 아들이 되고
성령의 숨(승천)으로 영원히 살게 된다.
이것을 빛, 힘, 숨이라고 한다.

본질직관, 하나님을 만남으로 죄가 사라지고(십자가)
근본경험, 그리스도를 만남으로 하나님의 아들이 된다(부활).
인간구원, 성령을 만남으로 영원한 생명이 된다(승천).

본질직관: 빛
근본경험: 힘
인간구원: 숨

빛 힘 숨: 십자가 부활 승천

2010년 9월 10일

머리말

바울은 율법이 아니고 믿음이라고 강조한다. 자력自力이 아니고 타력他力이라는 것이다.

바울은 율법을 무시하는 기독교인을 반역자로 생각하여 그들을 벌주기로 하고 스데반을 때려죽일 때 앞장을 선다.

그리고 기독교인의 중심 안디옥으로 내려가다가 다메섹에서 그리스도를 만난다. 본질직관本質直觀이다. 사흘 동안 눈을 잃었던 바울은 아나니아의 도움으로 눈을 뜨고 근본경험을 하게 된다. 그리스도의 노예가 되어 빛을 얻고, 사도가 되어 힘을 얻고, 복음 전도자가 되어 숨(생명)을 얻게 된다.

이리하여 바울은 믿음으로 살게 된다. 믿음이란 순 타력을 뜻한다. 내가 이제 그리스도와 함께 십자가에 못 박혀 죽었으니 내가 사는 것은 내 안에 부활한 그리스도를 믿는 믿음으로 살게 된다(갈 2:20)는 것이다. 자기 힘이 아니고 순전히 그리스도의 힘으로 살게 된다. 바울은 이것을 믿음이라 하고, 우리는 그것을 근본경험이라고 한다. 누구든지 그리스도 안에 있으면 새로운 피조물이라. 이전 것은 지나가고 새것이 되었다(고후 5:17). 요한은 이것을 중생重生이라고 하고, 요한복음 11장 25절에는 부활이라고 한다.

계란이 어미닭 품안에서 깨어나 병아리가 되어 눈을 뜨고(요 1:1), 일어서고(요 1:14), 날아간다(요 1:18). 요한은 어미닭을 만나(본질직관) 눈을 뜨고 일어서고 날아가는 것을 근본경험이라고 한다. 바울이나 요한이나 모두 4차원의 세계다. 그런 의미에서 요한은 바울의 후계자임에 틀림이 없다.

동양에서는 4차원의 세계를 각覺 눈을 뜨고, 도道 일어서고, 인仁 날아간다고 한다. 화엄華嚴에서는 "일도출생사一道出生死 일체무애인一切無碍人"이라고 한다. 요는 '생멸멸이生滅滅而 적멸위락寂滅爲樂'이 되어야 한다.

물속에 머리를 집어넣으면 붕 뜬다. 그러면 어디나 갈 수 있다. 요는 붕 뜨는 것이다. 생멸이 없어지는 것이다. 요새는 이것을 현존재라고 한다. 달처럼 하늘에 떠오르는 것이다. 달처럼 3

일 만에 부활하고, 보름 만에 생명(만월滿月)이 되어야 한다.

결국 동양 종교와 기독교의 차이는 자력自力과 타력他力의 차이다. 바울은 그리스도를 만나고, 요한은 어미닭을 만나야 병아리가 된다. 동양은 고행을 통하고, 기독교는 믿음을 통한다. 자력과 타력의 차이다. 고행은 들어가기는 쉬우나 깨닫기가 어렵고, 믿음은 들어가기가 어려운데 깨닫기는 쉽다.

때는 인간들의 탐욕으로 지구가 멸망에 빠져들어 가고 있다. 열대에 눈이 오고, 남극에는 얼음이 녹아가고 있다. 인류는 하나가 되어 지구를 살려내야 한다. 자아를 넘어서 무아無我가 되었다가 대아大我가 되어야 한다. 자력과 타력이 하나가 되어야 인류를 살리고 지구를 살려낼 수 있다. 그래야 사람도 살고, 자연도 산다.

오늘도 달은 햇빛을 받아 지구를 밝히고 있다. 이것을 요한은 길이요(월月), 진리요(태양太陽), 생명(지구地球)이라고 한다. 회광반조廻光返照요 4차원四次元의 세계다.

2010년 2월 25일

김흥호

요한복음 강해 서문

요한복음은 유영모 선생님께서 참 좋아하신 복음이다. 본래 마태복음은 유대 사람, 마가복음은 희랍 사람, 누가복음은 로마 사람, 요한복음은 동양 사람을 위해서 써졌다고 한다. 요한복음이 동양 사람을 위해서 써졌다는 것은 동양은 믿음을 강조할 만큼 신관神觀이 발달되지 않았다는 것을 말한다. 동양에는 하나님이 모세에게 나타났다든가, 예수에게 나타났다든가 그런 것이 없다.

공자는 오십에 지천명知天命이라 하고, 석가도 법의 등불을 강조한다. 모두 지知를 깨친 사람들이다.

요한은 17장에 하나님을 알고 그리스도를 아는 것이 영원한 생명이라고 한다. 나는 하나님을 아는 것을 본질직관本質直觀이라 하고, 그리스도를 아는 것을 근본경험根本經驗이라고 한다. 본질직관은 4차원에 들어가는 길이요, 근본경험은 4차원을 체득하는 모습이다.

본질직관을 통해서 시간이 제단際斷 되고, 근본경험을 통해서 공간이 충만 된다. 시간이 무한하고 공간이 허무한 것이 아니다. 시간은 제단되어 유한해지고, 공간은 충만하여 실존이 된다. 끝없는 윤회는 끊어지고(생멸멸이生滅滅而), 깨달음의 기쁨은 충만하게 된다(적멸위락寂滅爲樂).

노자도 본질직관을 주장하고(상무욕이관기묘常無欲而觀其妙), 장자도 근본경험을 주장한다(대종사大宗師, 덕충부德充符, 소요유逍遙遊). 통일과 독립과 자유다.

바울은 본질직관을 새 사람이 되는 것이라고 하며(고후 5:17) 직관 전과 후는 시간제단으로 상상할 수도 없이 달라진다고 하였다. 죄인이 의인이 되고 만 것이다. 그리고 시간제단 후에는 공간충만이 찾아온다. 하나님을 알게 되고, 그리스도를 알게 되고, 성령을 알게 된다.

공자는 30에 하나님을 알게 되고(30입三十立), 40에 그리스도를 알게 되고(40이불혹四十而不惑), 50에 성령을 알게 되어(50이지천명五十而知天命), 60에는 귀가 뚫리고, 70에는 마음대로 해도 진리를 벗어나지 않는 종심소욕불유구從心所慾不踰矩의 자유인이 된다. 이리하여 공자는 인격이 통일되고 독립하고 자유를 얻어 진짜 인격자(인仁)가 된다.

공자, 석가, 노자는 2,500년 전에 4차원을 산 사람들이다. 모두 고행을 통한 사람들이다. 지를 통한 4차원의 길은 험난한 천난만고千難萬苦의 길이다. 대중들이 가기에는 너무도 좁다. 그래서 하나님께서는 유대인을 시켜서 기적의 넓은 길을 마련하였다. 그들은 맨발로 홍해를 건너가고, 하나님의 아들 그리스도는 십자가의 고난을 혼자 지고 속죄의 길을 걸어갔다. 누구든지 저를 믿으면 멸망하지 않고 영생을 얻는다(요 3:16)고 한다. 그러면서 요한복음 17장 3절에는 하나님을 알고 그리스도를 아는 것이 영원한 생명이라고 지혜의 고행 길도 남겨 두었다.

유영모 선생께서는 요한 17장을 다 따로 외우셨다. 몇 번이고 몇 번이고 따로 외우면서 스스로 고행 길을 걸어가셨다. 그는 인천도 걸어가고, 개성도 걸어가고, 서울 안에서는 차를 타지 않으셨다. 보름동안 단식하고도 YMCA까지 걸어 오셨다. 단식인전생심소斷食人前生心消하기 위해서다. 그런데 유영모 선생께도 하나님의 사랑이 나타났다. 그가 52세 되는 정월 초이틀에 하나님의 계시를 받게 된다. 그는 기쁨에 넘쳐 38년 만에 믿음에 들어간 이의 노래를 부르게 되었다. 그는 공자나 노자나 석가보다도 그리스도를 더 따르게 되었다. 그리스도만이 주님임을 주장하게 된 것이다. 45년간 YMCA에서의 그의 성경 강의는 기쁨에 찬 것이었다. 그는 둥실둥실 춤을 추면서 강의한 때도 있었다.

선생님 밑에서 6년을 보낸 나에게도 하나님께서 나타나신 때가 있었다. 35세 3월 17일 오전 9시 5분이다. 나는 초의식 속에서 하나님의 말씀을 듣게 되었다.

> 단단무위자연성斷斷無爲自然聲
> 즉심여구토성불卽心如龜兎成佛
> 삼위부활영일체三位復活靈一體
> 천원지방중용인天圓地方中庸仁

나도 하나님의 아들임을 알게 되었다. 네 번이나 사경死境을 헤매던 몸도 다시 건강을 회복하게 되었다. 나알(지知) 알나(유癒). 건강한 정신과 건강한 육신을 갖게 되었다. 그 후 50년 한없이 행복한 시대가 계속된다. 기쁨(학이시습지學而時習之 불역열호不亦說乎)과 즐거움(유붕자원방래有朋自遠方來 불역낙호不亦樂乎)의 하루살이다. 시간제단時間際斷이요 공간충만空間充滿이다. 시간은 하루로 끊어지고, 마음은 말씀으로 가득 찬다. 오십년 동안 허이불굴虛而不屈 동이유출動而遊出, 말을 전하는 것이 아니다. 기쁨을 전하는 것이다.

바울이, 내가 내 피로 관제를 드릴지라도 나는 기뻐하고 기뻐한다(빌 2:17)고 하듯이 복음은 기쁨이 되고 만다. 태초에 기

뿜이 있었다. 기쁨이 육신이 되어 우리 가운데 거하니 우리가 그 영광을 보니 독생자의 영광이요, 은혜와 진리가 충만하다(요 1:14).

믿음이란 기쁨을 사는 것이다. 그러기 위해서는 건강한 정신과 건강한 육신(롬 8:11)을 가져야 한다. 건강한 정신은 시간제단이요, 건강한 육신은 공간충만이다. 하나님을 아는 것이 시간제단(고후 5:17)이요, 새로운 피조물이요, 그리스도를 아는 것이 공간충만이다. 내가 사는 것이 아니라 그리스도가 내 안에 산다(갈 2:20). 그리스도만 아니라 하나님도 성령도 내 안에 산다.

하나님의 도움으로 나는 우주관, 세계관, 인생관을 얻게 되었고, 그리스도의 도움으로 일식一食 일좌一坐 일인一仁 일언一言을 통하여 탐진치위貪瞋痴僞의 죄의 뿌리를 뽑아내게 되었다. 그리고 성령의 도움으로 『사색』 144호까지 끝내게 되었다. '빛 힘 숨(통일 독립 자유)' 을 살게 되는 것이 근본경험이다. 본질직관은 하나님을 아는 것이고, 근본경험은 그리스도를 아는 것이다. 그것이 영원한 생명에 들어가는 길이다.

양명은 차심광명此心光明 역부하언亦復何言이라 하고, 그리스도는 그때 의인들은 아버지나라에서 해와 같이 빛나리라(마 13:43)고 한다. 모두 영원한 생명을 노래한 것이다. 본질직관과 근본경험은 4차원의 핵심이다. 광속으로 달려야 본질직관이요, 시간공간이 곱해져야 근본경험이다. 우주 밖에서 일어나는 일들이 우리 마음속에서 일어나게 된다. 그것이 영원한 생명이다. 영원한 생명은 먼데 있는 것이 아니다. 내 안에 있다. 건강한 정신과 건강한 육신이다. 나알알나, 나를 알면(정신) 앓다 낫는다(육체). 하나님을 아는 것이 건강한 정신이요, 그리스도를 아는 것이 건강한 육체이다. 하나님을 아는 것이 본질직관이고, 그리스도를 아는 것이 근본경험이다. 내가 있어서 경험이 있는 것이 아니라 경험이 있어서 내가 있다는 것이다. 본질직관 근본경험 때문에 유영모도 있게 되고, 나도 있게 된다.

이 나는 욕심을 벗어나고, 죄를 벗어나고, 죽음을 벗어났기에 영원한 생명이라고 한다. 물론 육체가 안 죽는다는 것은 아니다. 육체는 시간제단이니 때가 되면 죽는다. 그러나 우리의 영체는 공간충만이니 생멸生滅을 벗어나서 적멸위락寂滅爲樂이다. 눈을 감았을 때는 세상이 지옥이었는데 눈을 뜨니(적멸) 세상이 천국이란 말이다. 진리를 깨달으니, 말씀이 육신이 되니, 진리를 체득하니, 기쁨이 충만하다는 것이다. 눈을 뜨니 천국이다. 눈을 감으면 지옥이다. 요한은 계시록을 쓸 만큼 눈뜬 사람이었던 것 같다.

요한복음에서, 하나님을 알고 그리스도를 안다(17:3), 빛이 있을 동안 빛을 믿어라, 그리하면 빛의 아들이 될 것이다(12:36), 나를 본 자는 아버지를 보았다(본질직관)(14:9), 나는 길이요 진리요 생명이다(근본경험)(14:6), 살리는 것은 영이니 내가 너희에게 이른 말이 영이요 생명이다(6:63), 내 살을 먹고 내 피를 마시는 자는 영원히 살리라(6:54)의 구절들은 모두 4차원의 세계다. 시간이 절단되고, 공간이 충만한 세계다.

기독교에서는 성만찬이 예수의 살을 먹고, 예수의 피를 마시는 것이라 생각하고 가톨릭에서는 미사를 드린다고 한다. 그러나 선禪에서는 일식일좌 고행을 통해서 진리를 깨달으려고 한다. 선에서는 일식일좌를 진리를 깨닫는 길로 생각한다. 기독교에서는 내 살과 내 피를 예수의 살과 피로 해석하여 십자가의 공로로 구원받는다고 생각하지만 선에서는 자기 살과 자기 피를 먹음으로 진리를 깨닫고 생명을 얻으려고 한다. 요는 살을 먹고 피를 마시는 것이 진리와 생명이란 말이다.

하나님은 영이시니 신령과 진리로 예배해야 한다고 한다(요 4:24). 예배는 하나님의 말씀(진리)을 깨달아서 나오는 기쁨을 전하는 것이고, 교인들은 기쁨을 받아 즐거움에 넘치는 것이 예배다. 그것이 신령과 진정으로 드리는 예배다. 신령은 기쁨이고, 진정은 즐거움이다. 성만찬도 떡 한 조각, 포도주 한 모금이 아니다. 기쁨(진리)과 즐거움(생명)의 충만이다. 이것이 하나님을 알고 그리스도를 아는 것이다.

하나님이 일하시니 나도 일한다(요 5:17). 기쁨을 전하는 것이 우리의 일이다. 태초에 기쁨이 계셨다(요 1:1). 기쁨이 육신이 되어 우리 가운데 계셨다(요 1:14). 기쁨의 독생자가 하나님의 기쁨을 나타내셨다(요 1:18). 요한복음은 기쁨의 복음이요, 특히 동양 사람이 알기 쉬운 복음이요, 기쁜 소식이다.

2010년 6월 1일

차 례

빛 힘 숨 4
머리말 7
요한복음 강해 서문 10

제8장 진리란 무엇인가

31. 진리란 무엇인가 27
요한 8:30~32

32. 진리와 자유 47
요한 8:30~36

33. 하나님: 근거根據의 근거根據 61
요한 8:37~47

34. 예수님: 하나님을 나타내는 사람 78
요한 8:48~59

제9장 하나님께서 하시는 일

35. 하나님께서 하시는 일 97
요한 9:1~7

36. 안식일의 주인 113
요한 9:8~17

37. 메시아 130
요한 9:18~34

38. 그이 146
요한 9:35~41

제10장 밀힘

39. 목자牧子와 도둑 167
요한 10:1~6

40. 제삼第三의 개념槪念 180
요한 10:7~21

41. 하나님과 하나 197
요한 10:22~30

42. 밀힘 212
요한 10:31~42

제11장 인생은 죽음으로부터

43. 관계의 관계 229
요한 11:1~16

44. 부활과 생명 243
요한 11:17~27

45. 죽음과 삶 260
요한 11:28~44

46. 인생은 죽음으로부터 281
요한 11:45~54

47. 해방, 독립, 통일 294
요한 11:55~57

부록 1

요한복음의 목적 310

후기 313

부록 2

제1권 차례 318

제2권 차례 320

제4권 차례 322

제5권 차례 324

찾아보기

찾아보기 328

일러두기

1. 요한복음 강해 『빛 힘 숨: 십자가 부활 승천』은 5권의 책으로 나누어져 있으며, 21장 81절로 구성되어 있다. 21장은 요한복음의 21장이며, 81절은 81회의 강의를 말한다.

2. 이 요한복음 강해는 김흥호 선생님께서 1993년 3월 7일부터 1995년 6월 25일까지 이화여대 대학교회 연경반에서 매주 일요일 강의하신 것으로 총 2년 반, 다섯 학기 동안 81회에 걸쳐 강의하신 것이다. 학기 별로 나누어 책 5권으로 만들었다.

3. 책의 제목과 부제는 김흥호 선생님께서 지으셨고 표지의 제목도 직접 써 주셨다. 머리말 앞에 책 제목 "빛 힘 숨"에 대한 저자의 해설이 있다.

4. 연경반에서 김흥호 선생님의 성경강해는 동양고전을 먼저 한 시간 강의 하신 후에 약 10분 휴식을 갖고, 그다음에 시작되었다. 이때 하신 동양고전 강의는 왕양명의 『전습록』이었다.

5. 성경 강의는 먼저 찬송가를 부르고, 김흥호 선생님께서 기도를 하셨다. 그 기도문을 각 강의의 앞 페이지에 두었다. 끝날 때는 주기도문으로 마쳤는데 책에서는 생략하였다.

6. 당시 강의에서 성경 교재로는 고병려의 『요한 문학』(약주/신약성서 시리즈, 종울림 신학 총서 4, 서울: 종로서적, 1987)에 있는 요한복음 번역을 사용하셨다. 그러나 이 강의를 녹취 편집하는 과정에서 성경 교재를 생명의 말씀사의 『성경전서』(개역개정판 2001년 대한성서공회의 판본)로 대체하였다. 그러나 강의 중에 나온 고병려의 번역은 그대로 두었다. 그러한 부분들은 각주로써 표시하였다.

7. 이 글은 원래 강의한 것을 녹취하여 만든 원고로서 구어체 문장들로 이루어져 있다. 선생님께서 고유하게 쓰시는 어투나, 용어 등은 선생님의 말씀을 생생하게 느낄 수 있도록 되도록 고치지 않았다. 따라서 문장의 흐름에 따라 이해를 돕기 위해 쉼표를 예외적으로 많이 사용하게 되었다.

8. 성경을 비롯하여 경전의 제목에는 제목을 표시하는 꺾음 괄호 등을 사용하지 않았다.

9. 인물이나 저서에 관한 소개, 성경의 구절이 필요한 경우에는 편집자의 주로써 보충하였다.

10. 본서의 편집양식은 사색출판사에서 출간된 김흥호 선생님의 『주역 강해』, 『화엄경 강해』 등의 양식을 따랐다.

11. 요한복음 강해의 녹음은 배태승 선생과 고 이충국 선생에 의한 것이다.

12. 요한복음 1장에서 15장까지의 녹취와 문장 정리는 고 이충국 선생이 하였고, 당시에 변정자 선생이 부분적으로 도와주었다.

13. 16장부터 21장까지의 녹음 테이프는 김희수 목사로부터 받아서 나머지 원고를 완성하게 되었다. 16장부터 21장까지의 녹취는 김종래 선생이 해주었다.

14. 전체 편집과 교열 및 각 장, 절의 제목을 지은 것은 이경희, 임우식 편집자가 했고, 인쇄 교정은 임경숙 선생이 도와주었다.

제 8 장

진리란 무엇인가

기 도

오랜 동안
저희들이 흩어져 있다가
오늘 처음으로 한 자리에 모여
하나님 앞에 찬송을 부르고 기도하는
이 시간을 갖게 되었습니다.

하나님께서 이번 학기에도
저희들과 같이 하여 주시고
저희들의 마음을 열어 주시고
저희들의 몸을 펴게 해주시옵소서.

저희들이 건강한 육체와 건강한 정신을 가지고
이 세상을 살아갈 수 있도록 도와주시옵소서.

또 우리의 역사가
당신의 뜻 가운데에서 이루어져서
새로운 역사가 될 수 있도록 도와주시고,
오래 묵은 저희들의 폐습을
조금씩이라도 정리하고 청산하고 앞으로는 새 나라로
진실한 삶을 살 수 있도록 당신께서 도와주시옵소서.

이 시간도 당신께서
같이하여 주시옵기를 바라옵고
예수님 이름 받들어 기도하옵나이다.
아멘.

31. 진리란 무엇인가

1994년 3월 6일

요한 8:30~32

기독교에서는 아브라함이란 사람이 상당히 중요한 사람이다. 믿음의 조상이라고도 하는데, 유대 사람들이 자기의 조상으로 섬기는 사람이 아브라함이다. 또 아랍 사람들도 자기의 조상으로 섬기는 사람이 아브라함이다. 아브라함에게는 아들이 둘이 있었는데 하나는 이삭이라고 하는 아들이고, 다른 하나는 이스마엘이라고 하는 아들이다. 이삭에서 나온 후손들이 지금의 유대 민족이고, 이스마엘에서 나온 후손들이 지금의 아랍 민족이라고 한다. 그러니까 이 두 민족이 다 아브라함에까지 가면 평화가 오는데 그곳까지 못 가고서 계속 서로 싸우고 있는 것이다. 아브라함의 족속을 셈 족이라고도 하는데 우리로 말하면 단군 할아버지 같은 사람이다. 우리의 단군 할아버지 같은 사람이 그쪽에서는 아브라함이다.

> 이 말씀을 하시매 많은 사람이 믿더라.
> 그러므로 예수께서 자기를 믿은
> 유대인들에게 이르시되
> 너희가 내 말에 거하면
> 참으로 내 제자가 되고 진리를 알지니
> 진리가 너희를 자유롭게 하리라.

이 구절은 아주 유명한 말이다. 이 요한복음 8장 31절, 32절은 가장 유명한 말 중 하나이다. 옛날 성경에는 이 구절을 "너희가 내 말에 거居하면 참 내 제자가 되고 진리를 알지니, 진리가 너희를 자유케 하리라"라고 되어 있다. 우리도 자꾸 진리를 깨닫는다는 말을 많이 쓰는데 이 진리가 무엇인가 하는 것이 문제이다. 이제 조금 더 가면 빌라도가 예수에게 "진리가 무엇인가"라고 질문하는 것이 나온다. 우리도 옛날부터 이 '진리가 무엇인가' 하고 질문을 안 해본 사람이 없을 것이다. 그리고 또 모든 대학에서 쓰는 말이 진리를 탐구한다는 말이다. 그래서 이 진리라는 말에 대해서는 누구나 관심을 가지게 되고, 다 이 뜻을 알려고 애쓰고 있다. 그런데 이 진리라는 것도 여러 가지로 생각할 수 있겠는데, 과학에서 말하는 진리, 철학에서 말하는 진리, 종교에서 말하는 진리, 또 예술에서 말하는 진리가 다

똑 같을 수는 없을 것이다.

우리가 일반적으로 말하는 진리라는 말은 철학적으로 말하는 진리라고 할 수 있다. 종교에서도 이 진리를 말할 때 철학적인 진리를 말하는 것이 아닐까 한다. 종교라는 것은 반드시 이 철학과 도덕이라는 것을 가져야 종교가 된다. 도덕이 없이 종교가 된다는 것은 있을 수 없다. 요전에 어느 교회의 신학생이 사람을 죽였다는 뉴스가 있었는데, 교회의 제일 큰 약점이 도덕이란 것이 없다는 것이다. 또 그다음의 약점이 있다면 철학이 없다는 것이다. 철학에서부터 들어가서 도덕이 나와야 하고, 도덕에서부터 종교가 나와야 한다. 그것이 종교 본래의 단계라고 할 수 있다.

대개 유학儒學이라고 하면 철학이고, 유교儒敎라고 하면 종교이고, 유도儒道라고 할 때는 도덕을 가리키는데 언제나 이 세 가지는 어쩔 수 없이 같이 있게 마련이다. 그래서 종교의 교敎, 도덕의 도道, 철학의 성性, 이 셋이 중요한데, 옛날 사람들은 철학이란 것을 성性이라고 했으며, 성리학性理學이란 것이 바로 철학을 말하는 것으로, 이 성性은 심心과 생生으로 된 자로 '산 마음'이란 뜻으로 '산 정신' 또는 '생각하는 마음'이라고 이해하면 된다. 그러니까 철학이 있은 다음에 나오는 것이 도덕이다. 그래서 "너희가 진리를 알지니"라고 할 때의 진리는 어디에 속하는가 하면 철학에 속하는 것이다.

진리라는 것이 철학이란 말이다. 옛날 사람으로 말하면 성리학이다. 진리라는 말이나 성性이란 말이나 같은 말이다. 너희들은 철학을 알아야 한다는 그 소리다. 그러면 철학을 알면 어떻게 되는가. 그다음에는 도덕이 생긴다.

여기서 자유라는 말을 쓰는데, 도덕의 핵심이 바로 자유라는 것이다. 칸트는 말하기를 "도덕은 자유의 인식근거이고, 자유는 도덕의 존재근거이다"라고 했다. 이 말이 무엇인가 하면 도덕의 핵심이 자유라는 것이다. 껍데기는 도덕이고 속은 자유라는 말이다. 도덕이 없는 자유, 그것은 자유가 아니다. 너희가 자유롭게 된다는 말은 너희가 도덕적인 인간이 된다는 것이다. 그래야 거기에서 나오는 것이 종교가 된다. 그러니까 제일 중요한 것이 철학이고, 그다음이 도덕이고, 그다음이 종교가 된다.

본래 신학을 한다고 할 때는 먼저 과학을 하고, 그다음에 철학을 하고, 그다음에 신학에 들어갈 수 있는 것이다. 그것이 학문하는 순서이다. 그래서 신학을 하려면 대학에서 과학 학사를 하고, 대학원에서 철학 석사를 하고, 그다음에야 신학을 하도록 되어 있다. 그것이 신학에 들어가는 코스이다.

그런데 요즘은 우리나라에서 이것이 지켜지지 않고 대학만 다녀도 신학교 다닌다고 한다. 미국에서도 마찬가지다. 그래서 미국의 신학도 요즘 굉장히 약하게 되어 버렸다. 우리나라에서는 고등학교만 졸업하면 바로 신학교로 간다. 그러다 보니 철학도 없어지고 과학도 없어지고 그냥 신학을 공부하게 되는 것이다. 그것이 우리나라 신학의 현실이다. 제대로 신학을 하려면 과학을 하고, 철학을 하고, 그리고 나서 신학을 해야 한다. 그런데 과학도 없고 철학도 없이, 그러니까 도덕이란 것도 없이 신학을 한다고 하니, 그렇게 해서 나온 신학도가 문제가 되는 것이다. 정말 이것이 큰 문제다.

그런데 이 신학교도 수가 적으면 또 괜찮겠는데, 그 수가 너무나도 많다. 또 사설 신학교의 수는 얼마나 많은가. 그 사설 신학교는 고등학교 졸업을 따지지 않는 곳도 있다고 한다. 중학교만 나와도 좋다. 심지어는 초등학교 나온 사람도 사설 신학교에서 받아준다고 한다. 누가 교회를 망치게 하는 것이 아니라 스스로 망해 가는 꼴이 되고 만 것이다. 제가 제 무덤을 파고 있다. 제대로 되려면 과학을 하고, 철학을 하고, 그다음에 도덕적인 훈련인 수도修道의 과정을 겪고, 그리고 나서 신학을 해야 한다.

그런데 도덕훈련이란 과정도 전혀 없다. 그렇게 수도원에 들어가 수양을 하는 과정은 전혀 없는 것이다. 이렇게 과학, 철학, 도덕이 없이 신학 했다고 해서 그대로 교회의 지도자로 세워 놓으니까 그것이 제대로 될 리가 없다. 그래서 이러한 점을 교회에서 정말 깊이 생각해서 좀 더 제대로 된 교육을 하도록 해야 하는데 그것이 지금 잘 안 되고 있는 것이다.

자, 그러니까 "진리가 너희를 자유롭게 하리라"는 말은 결국 철학을 하면 도덕이 된다는 그 소리다. 쉽게 말하면 그렇다. 그것을 어렵게 생각할 필요는 하나도 없다. 철학을 하면 도덕은 저절로 생긴다. 칸트가 한 말이다. 칸트는 순수이성을 가지면 저절로 실천이성이 된다, 라고 말했다. 그것은 칸트뿐만 아니라 불교에서도 그런 말을 한다. 각覺을 하게 되면 자연히 행行은 저절로 나오게 된다는 말인데, 각행일여覺行一如라는 말이다. 불교식으로 말하면 그렇다. 왕양명이 하는 말도 마찬가지다. 지행일치知行一致다. 그러니까 알기만 하면 행行은 저절로 쫓아오는 것이다. 알지 못해서 그렇지, 알기만 하면 행은 저절로 되는 것이다.

플라톤의 생각도 마찬가지다. 플라톤은 '안다'든지, '각覺'이란 말 대신에 '이데아(Idea)'란 말을 썼다. 이데아를 가지게 되면 행은 저절로 나온다고 하였다. 이것은 소크라테스의 말에 의하면 지덕복일치知德福一致다. 지知라고 하는 것이 철학이고, 덕德이란 것이 도덕道德이다. 복福이라고 하는 것은 종교宗教이다. 그러니까 소크라테스는 이 철학과 도덕과 종교는 하나다, 라고 보는 것이다. 그래서 이 진리만 깨달으면 자유는 저절로 오는 것이고, 자유를 얻으면 복은 저절로 받게 되는 것이다. 소크라테스는 그렇게 생각했다. 그러니까 소크라테스는 진리를 깨닫는다는 것이 가장 중요하다고 생각했다. 왜냐하면 진리를 깨달으면 도道와 교敎가 저절로 되기 때문이다. 그래서 소크라테스는 “너 자신을 알라”고 강조한다. 철학을 중요시하는 것이다. 소크라테스도 한없이 종교적인 사람이었다. 예수나 공자나 석가보다도 더 종교적인 사람이라고 할 수 있다. 그렇게 종교적인 사람이지만 소크라테스가 말하려고 하는 것은 이 세 가지 중에 무엇이 가장 중요하냐이다. 그래서 이 진리가 가장 중요함을 이야기하는 것이다. 진리만 깨달으면 도덕과 종교는 저절로 될 수 있기 때문이다.

아까 말한 칸트의 생각도 마찬가지다. 순수이성만 되면 실천이성은 저절로 나온다는 것이다. 다시 말해서 철학만 하면 도덕은 저절로 나온다는 말이다. 그래서 칸트를 근대의 소크라테스라고 말한다. 칸트의 말도 소크라테스가 한 말과 똑같다. 그래서 칸트도 철학을 해야 한다고 말한다. 그 당시 30년 전쟁, 백년 전쟁을 통해, 가톨릭하고 프로테스탄트가 싸우게 되는데 수많은 사람들이 다치거나 죽고 교회가 다 파괴되어 없어져 버릴 지경까지 가게 되었다. 그래서 사람들이 칸트에게 가서 묻기를 “이대로 가다가는 교회가 다 망할 것 같습니다. 선생님 생각은 어떠신지요?”라고 하자, 칸트가 대답하기를, 이제부터 기독교가 될 것 같습니다. 쓸데없는 기독교는 다 없어지고 이제부터 진짜 기독교가 나올 것입니다, 라 했다는 일화가 있다. 칸트는 기독교, 그럴 때 기독교의 핵심은 철학에 있다, 라고 보았다. 칸트는 프로테스탄트의 철학자이다. 실천이성비판은 다른 것이 아니고 주기도문을 철학적으로 풀은 것이다.

그러니까 철학이 있어서 기독교가 있는 것이지, 철학없이 어떻게 기독교가 있겠느냐, 라는 것이다. 그래서 칸트는 철학에 일생을 바친 것이다. 그런 면에서 하이데거도 마찬가지다. 하이데거도 본래는 신학자였다. 그러나 신학 이전에 철학을 해야 하겠다고 하여 철학으로 들어가게 된다. 철학에서부터 시작하여 도덕으로, 도덕에서 다시 종교로 들어가게 되는 것이다. 이것이 소위, 지행일치, 각행일여覺行一如, 지덕복일치知德福一致라는 말이다. 그래서 지知, 즉 아는 것이 제일 중요하다.

우리가 이렇게 예배 보기 전에 한 시간이라도 성경을 읽고 생각해 본다는 것이 바로 철학을 하는 것이다. 우리가 하고 있는 것이 곧 철학을 하는 것으로 이 철학을 한다는 것이 가장 중요하다. 이것만 제대로 되면 교회는 저절로 된다. 이것이 안 되면 교회도 되지 않는다. 그런데 보통 교회에 가서 예배를 볼 때, 목사가 20분 설교한다고 하면 그것도 길다고 불평한다.

언젠가 정동교회에 설교하러 갔을 때 그 곳 목사께서 나에게 자꾸 부탁하는 말이 설교시간을 20분 넘기지 말라는 것이었다. 그러니까 교회가 이렇게 되어가고 있으니 그저 광고하고 연보 받는 데 시간을 다 보내고 만다. 그러고는 될 수 있는 대로 생각을 깊이 하는 말은 하지 않고 그저 가벼운 시사문제나 설교로 다루려고 한다. 그러니까 그만 철학이 빠져나가고 마니까 교회라고 하는 것이 제대로 되겠는가.

그런데 철학 그러면 자꾸 어렵게만 생각하는데 철학은 어려운 게 아니다. 철학 그러면 생각하자는 것이다. 다른 것이 철학 하는 것이 아니다. 생각生覺하는 것이다. 각覺이 나오게(생生) 하는 것이다. 이 '각覺' 자는 배울 '학學' 자와 비교해 보면, 배울 '학學' 자는 어린아이의 머리 위에 덮어 씌워진 보자기를, 손을 들어 보자기에 구멍을 내어 준다는 형상으로, 구멍을 내어 주면 어떻게 되나 하면 볼 수 있게 된다는 것이다. 그래서 '학자學者'에서 보이게 되면 '각자覺者'가 되는 것이다. 그러므로 '학자'와 '각자'의 차이는 보지 못하는 것과 보는 것의 차이이지 다른 것은 아무 것도 없다. 생각生覺이란 무엇인가 하면 '보는 것이 나오는 것'이다. 보는 것이 나오는 것이 생각이다. 아까 말한 플라톤의 이데아란 말이 본다는 소리이다. 그러니까 플라톤의 이데아란 한문자로 말하면 '각覺'이란 말과 같은 것이다.

그런데 철학공부를 할 때에는 선생님한테 강의를 한 주일에 한 번 듣는 것이 가장 좋은 방법이다. 그 이상 듣는 것도 사실은 필요 없다. 선생님의 강의를 듣는다는 것이 배운다는 '학學'이다. 공자孔子의 말에 '학이불사즉망學而不思則罔이요 사이불학즉태思而不學則殆'라는 말이 있는데, 이 뜻은 '배우면서 생각하지 않으면 다 없어지고말고, 또 생각만 하고 배우지를 않으면 위태롭다'는 말이다.

교회 갔다가 집에 가면 교회에 무엇하러 갔는지도 모른다, 그렇게 되면 안 된다. 그러니까 한 시간 강의를 들으면 반드시 그 속에는 무엇인가 배움이라는 것이 있게 마련이다. 배움이란 무엇인가 하면 내 속에 반드시 들어오는 것이 있어야 한다는 말이다.

내 속에 무엇인가 들어오는 것이 있다는 말을 철학에서는 개념槪念이라고 한다. '개槪' 자는 '걸릴 개' 자로 나뭇가지에 연이 날아가다가 걸린 듯이 내 마음속에 무엇인가가 걸린다는 것이다. 그래서 그것이 문제가 되는 것이다. 왜 그럴까 하고 의문을 품게 되는 것이다. 반드시 의문을 가져야 생각하게 되는 것이다. 그렇게 보면 설교도 조금은 어렵게 하는 것이 좋다. 너무 쉽게 풀어 주면 생각할 것이 없게 된다. 그래서 가끔은 모르는 말을 집어넣어서 하는 것도 좋다고 생각된다. 다 알게 해주면 안 된다. 진리라고 하는 것은 쉽게 풀리지 않는 것이다. 진리란 누구나 모르는 말이지 쉽게 아는 말이 아닌 것이다. 그러니까 진리를 탐구한다는 말을 하는 것이다. 왜냐하면 모르기 때문이다. 진리를 아는 사람이 아무도 없으니까 자꾸 찾게 되는 것이다. 그래서 모르게 말해주어야 한다. 그것을 불교에서는 화두話頭라고 한다. 또는 공안公案이란 말도 하는데 모를 소리를 하나 집어 넣어준다는 말이다. 그래서 그것을 가지고 자꾸 생각해 보게 하는 것이다. 참선한다는 말이 화두를 생각해 나가는 것이다.

그렇게 생각해 보게 하는 것이 개념이란 말이다. 만일 '진리'라고 한다면, 도대체 '진리'란 것이 무엇일까. 모든 사람들이 진리, 진리 하는데 진리란 게 무엇일까 하고 자꾸 생각해 나가는 것이다. 그래서 배우고서도 생각이란 것을 하지 않으면 없어지고 만다. 이것이 공자의 유명한 말이다. 또 생각만 하고 배우질 않으면 신경쇠약에 걸려서 죽을 수도 있다. 자꾸 공상이나 하고 망상에나 잠겨 있으면 나중에는 죽고 만다. 정신병이 다 그것에서 나오는 것이다. 그러니까 배우고 생각지 않아도 문제이지만 생각만 하고 배우지 않는 것, 그것도 큰 문제이다. 그래서 배워야 하고 생각해야 하는 것이다.

오늘 성경구절에서 예수님께서 말한 "너희들이 내 말에 거居하면"이란 말이 개념槪念이 된다. 무엇인가 나에게 걸리는 말이 되는 것이다. 도대체 무슨 뜻으로 그렇게 말했을까 하고 마음에 걸리는 것이다. 교회에 가서 설교를 듣고는 무슨 말이든지 자기에게 걸리는 말이 있어야 한다. 그것이 무슨 말일까 하고 걸리는 것이 있어야 한다. 그래서 그 말을 한 주일 동안 깊이 생각해 나가는 것이다. 그리고 나서는 교회에 가서 또 들어야 한다. 그래서 자기가 갖고 있던 그 문제가 풀려야 한다.

그러니까 교회를 다닐 때 제일 중요한 것이 무엇인가 하면 문제를 가지고 다녀야 한다는 것이다. 자기 속에 어떤 풀 문제를 하나 가지고 있어야 한다. 그래서 그 문제를 풀기 위해서 교회를 다녀야 하는 것이다.

우리가 왕양명의 『전습록』을 배운다고 할 때도 전습록을 배우러 오는 것이 아니다. 자기가 가지고 있는 문제를 풀러 오는 것이다. 그 문제에 대해서 양명은 어떻게 생각했을까, 혹시 양명이 자기의 문제에 대해서 답을 주지 않을까, 하는 마음으로 와야지 전습록을 배우러 왔다고 한다면 전습록을 배워서 무엇하겠는가. 오백 년 전의 것을 이제 배워서 무엇에 쓰겠는가.

또 요한복음도 마찬가지다. 요한복음을 배우러 왔다면 요한복음은 배워서 무엇하겠는가. 2천년이 지난 것을 배워서 무엇에 쓰겠는가. 그러니까 요한복음을 배울 필요가 하나도 없다. 다만 요한복음을 배운다고 할 때 내가 갖고 있는 문제가 풀리지 않을까, 그런 마음으로 요한복음을 배우는 것이다. 내가 갖고 있는 문제를 풀기 위해 요한복음을 공부하는 것이다.

나도 전에 유명한 부흥회는 다 쫓아 다녔었다. 왜 쫓아다녔는가 하면 내 문제를 풀 수 있을까 하여 쫓아다닌 것이다. 그저 문제도 없이 쫓아다닌다는 것은 말이 되지 않는다. 부흥회에 오는 사람들을 보면 두 가지 부류의 사람들이 있다. 하나는 병 고치러 오는 사람들이다. 나는 그것도 좋다고 생각한다. 병이라도 고치려고 하는 것은 목적이 있는 것이다. 그런 사람들을 보면 병원에 가지 왜 여기 올까 하고 생각도 하지만, 병원에서도 잘 안 되면 부흥회라도 올 수밖에 없을 것이다. 하여튼 병이라도 고치겠다고 오는 사람은 좋다고 생각한다.

그다음에는 정말 자신의 문제를 가지고 오는 사람들이다. 그것이 정말 좋은 사람들이다. 그런데 아무 문제도 없이 그저 왔다 그저 돌아가는 사람들은 아무런 의미가 없다.

그래서 여러분들께서도 여기에 올 때에는 자신의 문제를 꼭 가지고 오도록 해야 한다. 그저 왔다 그저 간다는 것은 쓸데없는 것이 되고 만다. 그저 한문이나 몇 자 배우러 왔다면 정말 쓸데없는 일이 되고 만다.

그러나 우리가 이러한 구절을 읽고 배우는 것은 그 속에서 어떻게 내 문제가 풀리지 않을까 하는 바램 때문이다. 문제없는 사람은 절대 올 필요가 없다. 병 없는 사람이 병원에 자꾸 다닌다는 것은 말도 안 되는 소리다. 우리나라의 기독교인이 천만이라고 하는데 그 중에서 과연 문제를 갖고 교회에 다니는 사람이 몇이나 될지 모르겠다. 문제를 가지고 교회에 다니는 사람이 진짜 기독교인이다. 그러나 문제없이 교회를 다닌다는 것은 아무런 의미가 없다. 천만 아니라 수천만의 기독교인이 있다 해도 다 쓸데없는 일이 되고 마는 것이다.

그러니까 언제나 교회라는 것은 병원 같아서 문제를 풀러가야지 그런 것이 없다면 아무 소용이 없다. 그러므로 교회에서 가장 중요한 것이 목사이다. 왜냐하면 병원에서 가장 중요한 것이 의사이기 때문이다. 그래서 정말 의사가 권위가 있어서 자기의 병을 고칠 수 있는 사람을 찾아가야지 아무 의사나 찾아 갈 수는 없는 것이다.

만일 내가 심장에 문제가 있다면 심장전문의에게 찾아가야지 감기 잘 고치는 의사를 찾아가서는 아무런 쓸데가 없다. 그러므로 언제나 우리가 교회를 찾아갈 때에는 목사가 어떤 목사인지가 굉장히 중요하다. 그저 교회만 다니면 된다고 생각하면 잘못이다. 사람이 하는 일에 목적 없는 것이 어디 있겠는가. 반드시 어떤 목적을 가지고 교회에 나가야 한다. 그 목적이란 것이 무엇인가 하면 자기 속에 있는 문제를 갖고서 그 문제를 풀기 위해서 다니는 것이다.

나도 처음에는 사람을 많이 찾아다녔다. 철야기도도 하고 부흥회에도 참석하고 일본에 갔을 때에도 무교회라고 해서 내촌內村 제자들에게 많이 다녔다. 그런데도 그것이 풀리지 않았다. 그러다가 나중에 한국에 와서 내가 여러분에게 여러 번 말한 적 있는 유영모라는 사람을 만남으로써 내 문제를 풀게 된다. 그러면 유영모라는 사람을 만나서 문제를 푼 사람이 몇 사람이나 되는가. 거의 없는 것 같다. 배우러 온 사람도 대여섯 명 밖에 안 되었지마는 그 대여섯 명 중에서도 문제를 푼 사람은 하나도 없는 것 같다. 그런데 나는 다행히도 유영모라는 사람을 만나서 문제를 풀게 되었다.

그러면 내가 가지고 있는 문제를 유영모 선생은 알고 있었나 하면 그것은 아니었다. 또 그 문제의 해답을 유영모는 알았나 하면 그것도 아니었다. 그래서 그런 것들이 의문이지만 어찌했던 나는 그분을 만나서 내 문제를 풀게 된 것이다. 내 문제가 풀렸다는 것을 우리는 진리를 깨달았다고 하는 것이다. 그러니까 진리라고 하는 것은 자기의 문제가 풀려야 진리이지 남의 문제를 아무리 풀어도 진리가 될 수 없다. 소크라테스로 말하면 "너 자신을 알라"는 것으로 자기 자신을 알아야 그것이 진리이지 자기 자신을 모르면 그것은 진리가 아니다.

그래서 문제는 자기문제가 풀려야 하는 것이다. 그리고 자기문제가 풀리면 진리를 깨달은 것이다. 그런데 자기문제란 다 다를 것이다. 내 생각은 그렇다. 모든 사람들의 문제가 다 다르다고 생각된다.

난 내가 진리를 깨달았다고 생각한다. 진리를 깨달았다고 생각하는 것은 무엇인가 하면 어려운 것을 많이 안다는 그런 얘기가 아니다. 내가 가지고 있던 문제를 풀었다는 말이다. 또 내가 가지고 있던 문제를 풀었다는 말은 나는 진리를 깨달았다는 말이다. 틀린 말인지도 모른다. 또 틀려도 상관이 없다.

석가는 어떻게 생각했을까 하여 불경을 조금 들추어 봤는데 나하고 같은 생각이었다. 공자의 생각도 좀 살펴보았는데 나하고 갈다는 생각이 들었다. 소크라테스는 거의 같은 것이 확실하다. 소크라테스가 책을 쓴 것도 없고 아무것도 없지만 자기의 문제를 자기가 깨달았다는 것은 확실하다. 그것이 자기 자신을 알았다는 말이다. 그래서 자기의 문제를 풀게 되면 그것이 진리를 깨달은 것이다.

그렇게 진리를 깨닫게 되면 어떻게 되나. 그다음에는 자유이다. 자유란 힘이 생겼다는 말이다. 나도 힘이 생기는 것을 느꼈다. 그러니까 지금 이 나이까지 열심히 강의를 할 수 있는 것이다. 아직도 일 주일에 16시간 강의하는 사람은 나밖에 없을 것이다. 내가 지금 정년퇴임 한 지 꼭 10년째인데 아직도 강의를 맡고 있는 것이다.

그러니까 자유란 말이 곧 힘이 있다는 말이다. 힘 있다는 말이 자유란 말이다. 힘이 없으면 노예가 될 수밖에 없다. 결국 도덕이란 힘이 있다는 말이다. 힘이 나오는 것, 그것이 자유이다. 힘이 나오면 행복할 수밖에 없다. 행복이란 힘이 넘친다는 말이다. 힘이 빠지면 불행할 수밖에 없다. 힘이 나오게 되려면 역시 자기가 가지고 있는 문제를 풀어야 한다.

그러니까 철학이라 하는 것은 자기가 가지고 있는 문제를 푸는 것이고, 쉽게 말하자면 요령을 얻는 것이라고 할 수 있다. 만일 영어공부를 한다고 하면 영어공부 속의 요령을 잡으면 되는 것이다. 그래서 진리라고 하는 것을 요령이라고 생각해도 된다. 어떤 것에도 요령이라는 것이 있을 것이다. 그래서 요령만 잡으면 차츰차츰 힘을 얻을 수가 있다. 그러니까 제일 중요한 것이 무엇인가 하면 문제를 푸는 것이다.

또 하나 자기의 문제를 풀어 나가는 데에는 마지막까지 풀리지 않는 것이 세 가지가 있게 된다. 풀리지 않는다는 말은 지적으로 이해가 안 된다는 말이다. 마지막까지 풀리지 않는 것이 세 가지가 남아 있게 된다. 다른 것은 다 풀 수 있고, 다 알 수 있지만 인간으로서 마지막까지 알 수 없는 것이 세 개가 있다는 말이다. 그래서 이 세 개는 마지막까지 알 수 없으니까 어떻게 해야 하는가이다. 그 세 개는 결국 볼 수밖에 없다. 그 세 가지를 보아야 자기문제를 다 풀었다고 할 수 있다. 그러니까 제일 마지막에는 결국은 보는 문제가 된다. 그래서 견성見性이란 말이 나오는 것이다.

성性이라고 하는 것이 무엇인가 하면 마지막까지 풀리지 않는 세 가지 문제이다. 그러니까 생각 그러면 생각할 수는 있지만 생각밖에 있는 것은 생각할 수가 없다. 고래가 물고기는 잡아먹을 수 있지만 고래 자신은 잡아먹을 수 없다. 그러니까 우리가 무엇이든지 다 생각할 수 있는데 자기 자신만은 생각할 수 없다. 눈은 모든 것을 다 볼 수 있지마는 자기 눈은 볼 수가 없다. 그렇게 못 보는 것도 있다. 알 수 없는 것도 있다.

알 수 없는 것 세 가지가 있는데 그것은 공자나 예수나 소크라테스나 다 마찬가지이다. 이 세 가지는 누구도 알 수 없다. 알 수 없으면 어떻게 해야 하는가. 보는 수밖에 길이 없다. 그래서 여기서 이데아란 말이 나오는 것이다. 보아야 한다는 말이다. 그러니까 철학에서 쓰는 말이 관觀이라는 말인데, 이데아와 같은 뜻이다. 이 세 가지는 알 수는 없고 보아야만 하는 것인데 그것이 이데아치온(Ideation)으로 요즘으로 말하면 현상학이라는 것이다. 그 마지막 세 가지는 볼 수밖에 길이 없다. 그것을 보면 깨닫게 된다.

생각하는 사람들은 다 알 수 있나 하면 역시 다 알 수는 없다. 맨 마지막에는 모르는 것이 세 개가 나온다. 그런데 모르는 것 세 개가 나온다고 포기하면 안 된다. 그래도 알려고 애를 써야 한다. 그렇게 애를 쓰다보면 어떤 때에 가서는 그것이 보이는 때가 온다.

내가 늘 말하는 35살 나던 해 3월 17일 오전 9시 5분에 나는 이 셋 가운데 하나를 보게 되었다. 그리고 그 해 6월 12일 또 하나를 보았고, 그 해 12월 12일 또 하나를 보아 모두 세 번을 보는 경험을 하게 된다. 그래서 내게는 35살 때가 상당히 중요한 해였다. 왜냐하면 이 세 가지를 다 본 해였기 때문이다. 그 세 가지를 보고 나면 자신 있게 '나는 진리를 깨달았다' 라고 말할 수 있게 된다. 더 쉽게 말하면 인간의 근본문제는 세 개인데, 그 세 개는 절대 이해할 수 없는 것이고 결국은 볼 수밖에 길이 없다. 그래서 각覺이란 말도 쓰고, 관觀이란 말도 쓰는 것이다.

그래서 진리는 깨닫는 것이지 알아지는 것은 아니다. 결론은 이것이다.

기 도

언제나 주님과 같이 동행하며
주님께서 주시는 기쁨을
마음속에 받고 사는 저희들이
될 수 있도록 인도하여 주시옵소서.

그리고 온 세상 사람들이
한 형제가 되어서
주님을 섬기는 저희들이 될 수 있도록
당신께서 도와주시옵소서.

오늘 하루 사는 것도
당신의 은혜 속에서
살 수 있도록 인도하시고
우리가 어디서 무엇을 하든지
당신의 영광을 드러내는
삶이 될 수 있도록 도와주시옵소서.

또 이 시간에도 당신께서
저희들과 같이 하셔서
저희들의 마음을 열어주시고
저희들이 당신이 기뻐하시는
일을 행할 수 있도록 도와주시옵소서.

예수님 이름 받들어 기도하옵나이다.
아멘.

32. 진리와 자유

1994년 3월 13일

요한 8:30~36

지난 시간에 8장 30절부터 읽다가 중단했으니까, 오늘 다시 공부해 보기로 한다.

이 말씀을 하시매 많은 사람이 믿더라.
그러므로 예수께서 자기를 믿은
유대인들에게 이르시되
너희가 내 말에 거하면
참으로 내 제자가 되고 진리를 알지니
진리가 너희를 자유롭게 하리라.

요전 시간에 말했던 진리와 자유에 대한 것으로 진리가 있기 때문에 자유를 얻을 수 있고, 또 자유가 있기 때문에 진리가 나타나게 되는 것이다. 언제나 이 둘은 같이 있게 된다. 그래서 중용中庸이라는 책에 보면 진리에서부터 자유로 가는 것을 성性이라고 하고, 또 자유로부터 진리로 가는 것을 교敎라고 한다. 그래서 이 성性과 교敎란 말이 아주 중요한 말이다.

자성명위지성自誠明謂之性이다. 그리고 자명성위지교自明誠謂之敎이다. 언제나 성즉명誠卽明이요, 명즉성明卽誠이 되어서 성誠하고 명明하고가 항상 일치一致하게 된다. 성誠은 곧 명明이요, 명明은 곧 성誠이다.

자명성自明誠 그러면 자유에서부터 진리가 나온다는 소리다. 그러니까 진언眞言이 있을 때 진인眞人이 나오고, 진인眞人이 있을 때 진언眞言이 나온다는 말이나 같은 말이다. 그래서 참사람에서 참말이 나오는 것이고, 참말에서 참사람이 나오는 것이다. 그럴 수밖에 없을 것이다. 그러므로 참말에서 참사람이 나온다는 말이 말씀이 육신이 되었다는 말이다. 또 참사람에서 참말이 나오는 것이 당연하다.

"태초에 말씀이 하나님과 같이 계시니 말씀이 곧 하나님이시니라"에서 '하나님이 곧 말씀이시니' 라는 그러한 관계이다. 참말에서 참사람이 되는 것, 이것을 성性이라 하고 참사람이 참말을 하는 것, 그것을 교敎라고 한다. 가르친다는 것이 그것이다. 참사람이 가르쳐야 참말이 되지 참사람이 아닌 사람은 아무리 말을 잘 한다고 해도 참말은 될 수 없다.

그러니까 참말을 하기 위해서는 우선 참사람이 되는 것이 중요하다. 참사람이 되지 않고는 참말을 할 수가 없다. 목사가 아무리 설교를 잘 한다고 해도 참사람이 아니면 참말을 할 수가 없는 것이다. 목사가 참사람이 되어야 설교는 잘 못하더라도 그 말은 참말이 된다. 그러니까 언제나 사람하고 말하고, 이것이 중요하다.

퇴계는 이발기발理發氣發을 말했다. 이理에서 기氣가 나온다는 말이다. 그런데 율곡은 기발이승氣發理乘이다. 기氣에서 이理가 나온다는 말이다. 다 마찬가지다. 옛날에는 그런 식으로 표현한 것이다. 이理에서 기氣가 나온다는 것도 사실이고, 기氣에서 이理가 나온다는 것도 사실이다. 그런데 이것을 잘못 이해하면 당파싸움이 되고 만다. 사색당파라는 것이 다 그것이었다. 물론 퇴계와 율곡 사이에는 싸울 필요가 없었을 것이다. 서로가 다 잘 알기 때문이다. 퇴계가 이理에서 기氣가 나온다고 가르쳐 주어도 율곡은 기氣에서 이理가 나옵니다, 라고 주장할 수도 있다. 그래도 퇴계는 통하고, 율곡도 통할 수 있다. 아는 사람은 아무런 문제가 되지 않는다. 그러나 모르면 통할 수 없게 된다.

그래서 장자는 이렇게 말했다. 셋하고 넷하고 합쳐도 일곱이고, 넷하고 셋하고 합쳐도 일곱이다. 제물론齊物論에 나오는 조삼모사朝三暮四의 이야기로 똑같은 숫자인데도 원숭이에게 먹을 것을 아침에 셋을 주고 저녁에 넷을 준다고 하였더니 모든 원숭이들이 화를 내기에 그러면 아침엔 넷을 주고 저녁에 셋을 주겠다고 하였더니 모든 원숭이들이 좋아서 야단들이었다는 내용이다. 결과는 같은 숫자인데 원숭이는 그것을 모르는 것이다.

장자가 왜 이런 이야기를 하는 것인가 하면 셋이라는 것은 생生을 가리키고 넷이라는 것은 사死를 가리키는 것으로 살다가 죽었다고 하는 것이나 죽었다가 산다고 하는 것은 같은 것이라는 것을 말하려고 하는 것이다.

이렇게 말하면 또 문제가 된다. 살다가 죽었다고 하는 것은 십자가이고, 죽었다가 산다는 말은 부활이란 말이다. 십자가와 부활은 같은 말이다. 그런데 부활절이 되면 또 야단이다. 십자가까지는 알겠는데, 살다가 죽었다는 것은 다 알겠는데, 죽었다가 산다는 것은 도무지 알 수가 없다는 것이다.

아직도 사람이란 것이 원숭이의 손자들이어서, 이 원숭이의 수준을 벗어나야 하는데 그렇지 못하니까 문제가 되는 것이다. 원숭이를 벗어나면 문제될 것이 없는데 십자가와 부활이 언제나 문제가 되는 것이다. 장자는 벌써 이천년 전에 십자가와 부활이 같은 것이라는 것을 알았는데, 우리는 아직도 이것을 모르고 있는 것이다. 진언眞言이 진인眞人이 되는 것이나 진인眞人에서 진언眞言이 나오는 것이나 다 같은 말이다.

계란에서 닭이 나오는 것이나 닭에서 계란이 나오는 것도 마찬가지다. 계란에서 닭이 나오니까 닭에서 계란이 나오는 것이다. 셋, 넷은 계란에서 닭이 나왔다는 말이고, 넷, 셋은 닭에서 계란이 나왔다는 말이다. 닭에서 계란이 나오지 않으면 계란에서 닭이 나올 수가 없다. 그러니까 부활이 없으면 십자가도 없다. 또 십자가가 없으면 부활도 없는 것이다. 이것이 다 같은 것이다.

이 '같은 것'이란 말을 '즉卽'이란 말로도 쓴다. 이것은 다 상대개념이다. 아버지가 있어야 아들이 있고, 아들이 있어야 아버지가 있는 것이지, 아들 없이 아버지만 있고, 아버지 없이 아들만 있다는 것은 있을 수 없다. 이것이 다 상대적인 것이다. 하나가 없으면 다른 하나도 있을 수 없는 것이다.

십자가는 알겠는데 부활은 모르겠다고 하면 이것은 십자가도 모른다는 소리다. 십자가를 알면 부활도 안다는 말이다. 아버지는 알겠는데 아들은 모르겠다는 것은 말도 안 된다. 이것은 모두 상대개념을 말하는 것이다. 하나가 없으면 다른 하나도 없어지고 마는 것이지 하나가 없어졌는데 다른 하나는 남아 있다는 것은 있을 수 없다.

십자가를 모른다면 부활도 모르는 것이다. 또 부활을 모른다면 십자가도 모르는 것이다. 어느 하나는 아는데 다른 하나는 모른다는 것은 있을 수 없다. 이런 것을 우리는 알아야 한다.

진리는 곧 자유이고, 자유는 곧 진리이다. 이것을 즉卽이란 말로 하나이지 둘이 아니라는 것이다. 말씀이 곧 하나님이라고 하는데, 말씀이 곧 자유다, 라고 해도 마찬가지다. 하나님이란 말 대신 자유라고 해도 마찬가지다. 그러니까 말씀이 없으면 자유도 없고, 진리가 없으면 자유도 없고, 자유가 없으면 진리도 없고, 이렇게 어느 하나가 없으면 다른 하나도 없어지고 마는 것이다. 이렇게 하나가 없으면 다른 하나도 없다는 것을 즉이라고 하는 것이다. 한문에서 많이 나오는데, 색즉시공色卽是空 공즉시색空卽是色이라고 하는 말도 색이 없어지면 공도 없고, 공이 없어지면 색도 없다는 말이다. 색과 공이 어느 하나만 있고 다른 하나는 없다는 것은 있을 수 없다.

다시 본문으로 돌아가면, 진리와 자유라는 것은 언제나 같이 붙어 다니는 말로서 가장 중요한 말이다. 진리만 있지 자유는 없다든가, 자유는 있는데 진리는 없다든가 하는 것은 있을 수 없다. 그래서 "너희가 나의 말에 머물러 있으면, 너희는 참으로 나의 제자들이다. 그리고 너희는 진리를 알게 될 것이며, 진리가 너희를 자유롭게 할 것이다"라는 말을 '진리는 곧 자유요, 자유는 곧 진리이다' 라고 말해도 마찬가지다.

그런데 이런 말들은 자꾸 들어야 된다. 그냥 한두 번 들어서는 이해할 수가 없다. 아무리 말하고 들어도 귀에 들어가지 않는 말이다. 그래서 이런 말들이 문제가 되는데, 이런 말을 듣고서 '아, 그렇구나' 하고 들리게 되어야 한다. 그러니까 '때' 라는 것이 있다. 아무 때나 들리는 것이 아니라 들리는 때가 있게 되는 것이다.

> **그들이 대답하되**
> **우리가 아브라함의 자손이라 남의 종이 된 적이 없거늘**
> **어찌하여 우리가 자유롭게 되리라 하느냐.**

이것도 말이 맞지 않는다. 아브라함의 후예들이 애급에 가서 사백년 동안 노예생활을 했다는 것이 나와 있는데 역사적으로 말하면 말이 안 된다. 그러한 노예생활 했던 것을 무시하고 우리는 당당한 아브라함의 후예라는 것을 말하는 것이라고 생각하면 된다. 그러니까 우리도 다 자유인인데 왜 당신은 당신의 제자만 자유인이고 우리는 아니라고 하느냐, 라고 항변하는 것이다. 이 사람들은 자유니 진리니 하는 말들을 통 모르고 하는 말들인 것이다.

> **예수께서 대답하시되**
> **진실로, 진실로 너희에게 이르노니**
> **죄를 범하는 자마다 죄의 종이라.**

이 사람들이 말하는 아브라함의 자손으로서 노예라는 얘기가 아니고 죄를 짓고 있는 사람은 다 죄의 노예라는 말이다. 현대식으로 말하면 어떤 문제를 갖고 있는 사람은 다 그 문제의 노예이다, 라고 생각해도 좋다. 죄라고 해서 반드시 도덕적으로

나 종교적인 뜻을 말하는 것이 아니고 밤낮 어떤 문제에 시달리고 있다면 그것이 문제의 노예라고 생각할 수 있다. 고민하고 있는 사람은 다 노예처럼 얽매여 사는 것이다.

종은 영원히 집에 거하지 못하되

그러니까 자유가 되지 않으면 주인이 될 수 없다는 말이다. 자유란 말은 주인이란 말인데 자주自主란 말이나 같은 말이다.

아들은 영원히 거하나니

아들은 자유란 말이다.

그러므로 아들이 너희를 자유롭게 하면
너희가 참으로 자유로우리라.

아들만이 당신들을 해방시킬 수 있다, 란 말은 아들이 주인主人이란 말이다. 주인만이 노예를 풀어 줄 수 있다. 주인이란 사람은 어떤 사람인가 하면 진리를 가진 사람이다. 진리를 가진 사람만이 자유를 가져다 줄 수 있다. 마치 집을 가진 사람이 집주인이 되듯이 무엇인가를 가져야만 주인이 된다. 세든 사람은 집을 마음대로 할 수도 없고 집주인이 방을 비우라고 하면 언제든지 내어 주어야 한다. 그러니까 주인만이 자유다. 가진 사람만이 자유로울 수 있는 것이다.

또 가진 사람만이 못 가진 사람을 가질 수 있게 해 줄 수 있다. 그러니까 주인만이 다른 사람을 주인 될 수 있게 하는 것이지, 주인이 아닌 사람은 그렇게 할 수 없다. 그래서 주인이란 말은 무엇이든지 가진 사람이란 말이다. 가진 사람만이 자유이지 가지지 못한 사람은 자유가 될 수 없다. 돈, 권력, 힘, 그리고 진리, 다 마찬가지다. 이러한 것을 가지기 위해서는 모든 노력을 다 기울여야 한다. 돈을 번다는 것도 쉽게 되는 것은 아니다. 애를 써서 고생한 뒤에 갖게 된다. 그래서 주인이 된 사람들은 다들 어려움을 많이 겪고 나서 주인이 되는 것이지 거저 쉽게 되는 것은 아니다. 또한 주인이 집을 하나 사주면 거저 집주인이 될 수 있겠지만 집주인 노릇하기도 쉽지 않다. 그러니까 거저 집주인이 되는 것도 좋겠지만 고생고생 하다가 집을 사서 주인 되는 것이 더 좋다는 생각이 든다.

그래서 진리도 고민하고 고민하다가 진리를 깨달아야지 거저 진리를 깨닫는다는 것은 있을 수 없다. 어느 정도의 고민과 고행을 하지 않을 수가 없다.

왕양명도 진리를 깨닫는 때가 37세가 되어서이다. 12살 때 그 뜻을 세우고 37세가 될 때까지 헤매고 돌아다닌 것이다. 그러다가 깨달으니까 그것이 가치가 있는 것이지 쉽게 깨달았다면 가치가 있을 것도 없다. 고생해서 모은 돈이 제 돈이지 쉽게 번 돈은 제 돈이라고 할 수가 없다. 그래서 대개 깨달은 사람들을 보면, 석가는 6년 동안을, 예수는 40일 동안 다 고행을 했다는 얘기가 나오는데 그런 고행 없이는 될 수가 없는 것이다. 우리들도 다 그런 고행을 통해서 되는 것이지 고행 없이 되는 것은 아니다.

그러니까 자유 그러면 누가 자유인가. 선생이 자유이다. 영어선생은 영어에 대해서 자유이고, 철학 선생은 철학에 대해서 자유이다. 영어가 되고, 철학이 되려면 고생을 해야 되는 것이지 거저 되는 것은 아니다. 영어선생이 되려면 영어를 자유롭게 통해야 하고 그렇게 되기 위해 얼마나 애를 썼는지 모른다. 다 고생해서 되는 것이지 고생 없이 될 수는 없다.

이 세상에는 반드시 선생이 있고 학생이 있는 법이다. 선생이 없으면 학생도 없게 된다. 또 학생이 없으면 선생도 없다. 이것은 다 상대개념이다. 선생 없는 학생 없고, 학생 없는 선생이 있을 수 없다. 세상에는 반드시 가르치는 사람이 있고 또 배우는 사람이 있게 마련이다.

그런데 학생이 선생이 되려면 적어도 6년은 배워야지 6년이 되기 전에는 어렵다. 피아노를 배워도 그렇고, 음악을 해도 그렇고, 적어도 6년 이상 공부를 해야 한다. 그래서 옛날부터 6년 고행이란 말이 나오는 것이다. 무엇을 하든지 6년은 해야 대개 눈이 뜨인다. 그러고 나서 더 잘하려면 또 한없는 노력이 필요하다. 하여튼 눈을 뜨는 데만 최소한 6년은 잡아야 된다. 그래서 6년 고행을 해야 하는 것이다. 무엇이든지 나에게 괴로움이 있어야지 괴로움이 없으면 아무런 의미가 없게 된다. 교회를 다닌다는 것도 고행이 있어야지 고행 없이 그저 쉽게 다닌다면 그것은 의미가 없다.

예수님께서도 말하기를 "너희가 나를 따르려면 십자가를 지고 나를 따라야 한다"라고 했는데, 십자가를 지지 않고 예수를 따른다는 것은 의미가 없다. 그러니까 무엇이든지 하려면 고행이 뒤따르게 되지 고행 없이는 안 된다. 붓글씨를 쓴다고 해도 고행이 있어야 되지 고행 없이는 안 되는 것이다.

전습록傳習錄에서 전傳이란 말은 선생님께서 가르쳐 준 것이란 말이고, 습習은 학생들이 그것을 연습하고 복습한다는 말로서 고행 없이는 전습傳習이 될 수가 없다. 학이시습學而時習이란 말도 있는데 시습時習이 되려면 고행이 반드시 뒤따르게 된다. 그러므로 고행을 통해서 선생이 되는 것이지 고행 없이 선생이 된다는 것은 있을 수 없다.

그래서 학생은 언제나 선생보다도 더 고행을 하게 된다. 공자孔子의 말에 당인불양사當仁不讓師란 말이 있는데, 이것은 인仁이 되려고 하면 선생한테 양보해서는 안 된다는 말로서 선생보다도 더 애를 써야지 거저 되겠다는 것은 있을 수 없다는 것이다. 요즘 인간문화재의 계승이 자꾸 문제가 된다고 하는데 왜 그런가 하면 선생처럼 고생하여 되려는 제자들이 없기 때문이라고 한다. 아무도 그런 고생을 안 하려고들 하기 때문이다. 당인불양사當仁不讓師가 되어야 한다. 선생보다도 더 고생을 해야 무엇이 되지 그렇지 않고는 아무것도 될 수가 없다. 인仁이라는 인간문화재가 되기 위해서는 선생한테 양보해서는 안 된다는 말이다.

나도 유영모 선생을 쫓아다닐 때 유영모 선생께서는 매일 냉수마찰 하셨는데, 선생님께서 냉수마찰 하시니 나는 더 열심히 바다에 뛰어 들어간다, 라 결심하고 하루도 빠짐없이 부산 앞 바다에 들어갔는데 비가 오건, 눈이 오건, 태풍이 불어 몇 길의 파도가 몰아쳐 와도 계속 바다에 들어갔다. 그것이 당인불양사當仁不讓師이다. 내가 선생님보다도 더 고생해야 선생님이 갔던 길을 따를 수 있지 그런 고생 없이 어떻게 선생님을 따를 수 있겠는가, 라고 생각했기 때문이다. 그런 하나의 의지를 가져야 한다는 말이다. 그래서 무엇이 되려면 반드시 고행이라는 것이 필요하게 된다. 쉽게 무엇이 된다는 것을 나는 믿지 않는다.

예수께서 십자가를 지고 나를 따르라고 하였는데 요새는 믿음으로 거저 된다, 라고만 자꾸 생각하는데 세상에 거저 되는 것이 어디에 있겠는가. 물론 선생이 있으면 좀 더 쉽게 갈 수가 있다. 혼자 하는 것보다는 훨씬 쉬울 수 있을는지 모르지만 거저 된다는 것은 있을 수 없다. 전습傳習이 되기 위해서는, 습習은 자기 스스로 할 수 밖에 없다. 전傳은 선생님이 하시는 것이라면, 습習은 배우는 사람이 해야만 하는 것이다. 가르쳐 주는 사람이 있으면 혼자 하는 것보다는 쉽게 갈 수 있다. 그렇다고 해서 거저 무엇이 될 수는 없다. 그래서 자유自由라는 세계에까지 가려면 반드시 고행이란 것이 필요하지 고행 없이는 자유가 있을 수 없다.

칸트는 고행이라는 말 대신에 도덕이라는 말을 썼다. 도덕, 거기에서 자유가 나오지 도덕 없이는 자유가 없다, 라고 했다. 그러니까 고행이라고 하는 것이 필요하다는 말이다. 진리에서 자유가 나온다. 자유는 누가 자유인가, 선생님이 자유이다. 나도 선생님이 되려면 거저는 안 된다. 반드시 진리를 깨달아야 하고 자유를 얻어야 한다.

기독교에서는 진리를 깨닫는다는 말은 그대로 쓰고, 자유를 얻는다는 말 대신에 생명을 얻는다는 말을 쓴다. 생명을 얻었다는 말이 자유를 얻었다는 말과 같은 말이다. 기독교의 핵심이 바로 이것인데, 언제나 진리를 깨닫고, 생명을 얻는다는 것이다. 그래서 진리를 깨닫고 자유를 얻는다고 생각해도 크게 다를 바가 없다.

기 도

감사하신 하나님,
오늘도 저희들을 이 자리에
나오게 해주신 데 대해서
진심으로 감사를 드립니다.

저희들이 마음을 다해서
우리들의 근본문제를 위해서
십자가를 지신
예수 그리스도를 더욱 생각하고
사랑할 수 있는
저희들이 될 수 있도록 도와주시옵소서.

그래서 저희들도
저희들의 근본문제를
해결할 수 있도록 도와주시고
우리도 건강한 육체를 가지고
건강한 정신을 가지고
사람답게 사는 그런 인생이 될 수 있도록
당신께서 도와주시옵소서.

이 시간 당신께서 같이 하여 주시옵기를 바라옵고
예수님 이름 받들어 기도하옵나이다.
아멘.

33. 하나님: 근거根據의 근거根據

1994년 3월 20일

요한 8:37~47

나도 너희가 아브라함의 자손인 줄 아노라.
그러나 내 말이 너희 안에 있을 곳이 없으므로
나를 죽이려 하는도다.

유대 사람들은 다 아브라함의 후손들이고 아랍 사람들도 다 아브라함의 후손들임에 틀림없다. 그런데 예수의 말을 듣고 인정한다면 자기를 죽이려고 하지 않을 텐데 자기를 죽이려 하고 있으니 그것은 예수의 말을 전혀 알아듣지 못하고 있기 때문이다.

나는 내 아버지에게서 본 것을 말하고

너희는 너희 아비에게서 들은 것을 행하느니라.

나는 지금 내가 혼자서 하는 말이 아니고, 하나님 아버지와 함께 있어서 같이 하는 말이다. 예수님께서는 가끔 그런 말을 했는데, 12장에 가면, 지금 내가 한 말은 내 자의自意로 말한 것이 아니요, 아버지께서 말할 것을 친히 명령하여 주셨으니, 라는 말도 나온다. 그런데 당신들은 아브라함의 자손들이라고 하지만 사실은 아브라함의 자손들도 아니다, 란 말이다.

대답하여 이르되
우리 아버지는 아브라함이라 하니

그래도 그들은 "우리는 아브라함의 자손이다"라고 주장한다. 말하자면 김일성도 단군의 자손이라고 말한다. 물론 성이 김가이니까 단군의 자손임에 틀림이 없다. 그러나 하는 행동으로 보아서는 단군의 자손이 아니다. 오히려 하는 짓으로 보아서는 스탈린의 자식 같다. 히틀러나 무소리니나 스탈린 같이 나쁜 버릇을 버리지 못하고 있다. 원자탄을 만들어 서울을 불바다로 만들겠다는 생각만 하고 있다.

예수께서 이르시되
너희가 아브라함의 자손이면
아브라함이 행한 일들을 할 것이거늘

지금 하나님께 들은 진리를
너희에게 말한 사람인 나를 죽이려 하는도다.
아브라함은 이렇게 하지 아니하였느니라.

만일 김일성이 단군의 자손이라면 남북이 같이 잘 살도록 해야 할 것이다. 그런데 그렇지 않고 어떻게 해서든지 남쪽을 잡아먹으려고만 한다. 마치 돼지를 잘 길러 잡아먹듯이 남쪽이 조금씩 살쪄가니까 잡아먹으려고만 하는 것이다. 그것은 김일성이 죽기 전에는 고칠 수 없는 버릇이다. 어떻게 단군이라면 그런 생각을 할 수 있었겠는가.

너희는 너희 아비가 행한 일들을 하는도다.

그런 것을 보면 당신들은 아브라함의 자손들이 아닌 것 같다. 당신들은 아마도 다른 나쁜 피를 가진 족속일 것이다.

대답하되 우리가 음란한 데서 나지 아니하였고
아버지는 한 분뿐이시니 곧 하나님이시로다.

그래도 그들은 자신들이 하나님에게 속한 백성임을 얘기한다.

예수께서 이르시되
하나님이 너희 아버지였으면

너희가 나를 사랑하였으리니
이는 내가 하나님께로부터 나와서 왔음이라.
나는 스스로 온 것이 아니요
아버지께서 나를 보내신 것이니라.

"만일 하나님의 자손들이라면 나를 사랑하여야 할 것이다. 왜냐하면 나는 하나님께서 보낸 사람이기 때문이다"라고 예수는 말한다. 공자도 이런 생각을 가졌었다. 자신은 하늘이 보내서 온 사람이라는 생각을 확실히 가진 사람이었다. 석가도 같은 생각을 가진 사람이다. 그래서 자신을 여래如來라고 했다. 여래란 말이 하늘이 보내어서 온 사람이란 뜻이다. 또 선서善逝라고 했다. 자기는 또 하늘로 돌아간다는 말이다. 소크라테스도 마찬가지다. 누구든지 큰 사람들은 다 이런 생각을 갖고 있었다. 하나님께서 자신들을 이 세상에 보낸 사람이라는 생각을 갖고 있었다.

어찌하여 내 말을 깨닫지 못하느냐.
이는 내 말을 들을 줄 알지 못함이로다.
너희는 너희 아비 마귀에게서 났으니
너희 아비의 욕심대로 너희도 행하고자 하느니라.
그는 처음부터 살인한 자요,
진리가 그 속에 없으므로 진리에 서지 못하고
거짓을 말할 때마다 제 것으로 말하나니
이는 그가 거짓말쟁이요, 거짓의 아비가 되었음이라.

정말 하나님의 자손이라면 내 말을 알아들어야 할 터인데, 통 내 말귀를 못 알아듣는 것을 보면 당신들은 하나님의 자손이 아닌 것 같다는 말이다. 오히려 당신들은 악마의 자손인 것 같다. 악마란 무엇인가, 탐욕의 덩어리이다. 악마의 특징을 예수는 두 가지로 보았다. 살인과 거짓, 이 두 가지다. 그래서 악마는 진리와는 상관이 없는 것이다. 악마는 타고나기를 살인과 거짓으로 타고 나는 것이다. 그러므로 악마를 에덴동산에서는 뱀으로 비유했다. 뱀은 언제나 혓바닥이 둘로 쪼개져 있다. 양설兩舌이라고 하는데 그 말이 거짓말쟁이란 말이다. 그래서 거짓을 뱀으로 상징하는 것이다.

김일성 그러면 거짓말쟁이의 대표이다. 본성적으로 거짓을 타고난 사람 같다. 그러니까 아무리 김일성이 참말을 한다고 해도 믿으면 안 된다. 악마의 특징이 이 거짓과 살인이다. 육체적으로 말하면 살인이고, 정신적으로 말하면 거짓인 것이다. 그러면 하나님은 무엇인가 하면 사랑과 정직이다. 사람을 살릴 생각만 하고 참말을 하는 것이 하나님이다. 죽일 생각만 하고 거짓말을 하면 악마인 것이다. 그것이 하나님과 악마의 차이다. 그러니까 우리들도 하나님의 아들 되기도 쉽고 악마의 아들 되기도 쉽다. 어떻게 해서든지 남을 살리려고 하고 정직하게 살려고 하면 하나님의 자손이고, 어떻게 해서든지 남을 못살게 하고 거짓말만 하면 악마의 자손이 되는 것이다. 하나님과 악마의 차이가 먼 것이 아니다. 주자朱子의 말처럼 우리 가슴 반촌半寸 지간에 섞여있다. 우리 마음속에 한 치도 안 되는 간격에 있는 것이 하나님과 악마의 차이다.

그래서 여기에서 우리는 악마가 무엇을 뜻하는지를 확실히 알게 되었다. 탐욕의 덩어리로 살인과 거짓을 일삼는 것이 악마이다. 죄인이란 것도 마찬가지다. 의식적이든 무의식적이든 자꾸 거짓말하는 것이 죄인이다. 욕심이라는 것도 마찬가지다. 의식적으로만 나오는 것이 아니라 무의식적으로도 욕심이 나오는 것이다. 이렇게 무의식의 세계에까지 거짓과 욕심이 들어가 박혀 있는 것, 그것이 죄인인 것이다.

내가 진리를 말하므로
너희가 나를 믿지 아니 하는도다.

진리란 무엇인가 하면 정직이라는 말이다. 간디에게 누가 물었다. 선생님 진리가 무엇입니까? 진리란 정직입니다, 라고 간디는 대답했다. 거짓이 없는 것, 거짓말하지 않는 것이 진리란 말이다. 그러니까 이 거짓말하지 않는 것이 의식적인 것이 아니라 무의식적으로도 거짓말을 하지 않는 상태까지 가야 하는 것이다. 우리가 깨달았다는 말도 무의식세계에서도 거짓이 없다는 말이다. 의식적으로 거짓말 안 한다는 것은 아직 깨달은 것이 못된다. 그것은 아직도 수양과정에 속한다. 그러나 무의식적으로도 거짓말을 하지 않는다면 그것이 깨달은 것이다.

너희 중에 누가 나를 죄로 책잡겠느냐.

나는 절대 거짓말을 하거나 남을 해칠 생각을 한 적이 없는 사람이다.

내가 진리를 말하는데도
어찌하여 나를 믿지 아니하느냐.

나는 사실 그대로를 말하는데 당신들은 어찌해서 나를 믿지 않는 것인가.

하나님께 속한 자는 하나님의 말씀을 듣나니

공자孔子도 육십에 이순耳順이라는 말을 했다. 공자도 육십이 되어 하나님의 말씀을 듣게 되었다는 말이다. 소크라테스도 마찬가지다. 소크라테스도 하나님의 말씀을 들었다고 한다. 예수도 또한 하나님의 말씀을 듣는다.

너희가 듣지 아니함은
하나님께 속하지 아니하였음이로다.

악마의 자손들은 악마의 소리만 듣지 하나님의 말씀을 듣지 않는다는 말이다. 그러면 우리들의 아버지는 누구인가?

여기서 우리는 다음의 글을 읽어보도록 하자.

개학자 蓋學者
지기이부지도 知器而不知道 고역명기즉도 故易明器卽道
견색이불견공 見色而不見空 고석명색즉공 故釋明色卽空
득유이부득무 得有而不得無 고노명유즉무 故老明有卽無
심지유지즉무야 審知有之卽無也
즉위무위사무사 則爲無爲事無事
이위여사 而爲與事 거부득이애지의 擧不得以碍之矣.

개학자 蓋學者 지기이부지도 知器而不知道, 세상에 지식 있는 사람들이, 기 器에 대해서만 알고 도 道에 대해서는 잘 모른다. 이 말은 주역 周易 계사 繫辭에 나오는 말로서, 형이상위지도 形而上謂之道 형이하위지기 形而下謂之器라고 되어 있는데, 형이상의 세계를 도 道라고 하고, 형이하의 세계를 기 器라고 한다. 요새말로 하면 현상세계를 기 器라고 하고, 실재세계를 도 道라고 한다는 뜻이다.

고역명기즉도 故易明器卽道, 그래서 역 易의 계사 繫辭에서 공자 孔子가 밝히려고 한 것이 기즉도 器卽道이다. 여기서 이 즉 卽 자가 정말 묘한 것이다. 기 器, 현상세계의 뿌리가 도 道, 실재세계이다. 기 器라고 하는 것은 나무의 가지이고, 도 道라고 하는 것은 나무의 뿌리라는 말이다. 용비어천가에 나오는 "뿌리 깊은 나무"가 기즉도器卽道라는 말이다.

견색이불견공見色而不見空, 또한 색色은 볼 줄 알면서 공空은 볼 줄 모른다. 고석명색즉공故釋明色卽空, 그래서 석가가 밝히려고 한 것이 색즉공色卽空이다. 색色이라는 것이 현상세계이고, 공空이라는 것이 실재세계이다. 마찬가지로 현상세계의 뿌리가 실재세계라는 것을 밝힌다는 말이다.

득유이부득무得有而不得無, 유有라고 하는 것은 붙잡았는데 무無라고 하는 것은 붙잡지 못했다. 고노명유즉무故老明有卽無, 그래서 노자가 밝히려고 한 것이 유즉무有卽無이다. 유有라고 하는 것이 무無에 붙어 있다는 말이다. 쉽게 말하면, 이것도 역시 현상세계라고 하는 것의 뿌리가 실재세계이다, 란 말이다.

여기서 불교와 유교와 도교, 동양의 종교라는 것이 바로 이것인데, 표현하는 글자를 다 다르게 하고 있다. 기즉도器卽道, 이것은 유교의 말이고, 색즉공色卽空, 이것은 불교의 말이고, 유즉무有卽無, 이것은 도교의 말이다. 그러나 그 뜻은 다 같이 나뭇가지는 뿌리에 연결이 되어야 한다는 말이다.

이러한 말이 요한복음 15장 5절에 가면 나오는데, "나는 포도나무요 너희는 가지니 저가 내 안에, 내가 저 안에 있으면 이 사람은 과실을 많이 맺나니 나를 떠나서는 너희가 아무것도 할 수 없음이라. 사람이 내 안에 거하지 아니하면 가지처럼 밖에 버리어 말라지나니"라는 말이 있다. 이런 것을 철학적으로 표현하면 기즉도器卽道라든가, 색즉공色卽空이라든가, 유즉무有卽無라는 말이다. 여기서 '즉卽'이란 말이 '붙어 있는 것'을 말하는데, 가지가 뿌리에 붙어있다는 말이다.

심지유지즉무야審知有之卽無也, 심審은 자세하다는 말로 심지審知 그러면 자세히 살펴서 안다는 말이다. 유지즉무야有之卽無也, 무엇을 아는가 하면, 유有라고 하는 것이 무無에 붙어있다는 것을 안다는 말이다. 다시 말해서 현상세계라는 것이 실재세계에 붙어 있다는 것을 살펴서 안다는 말이다.

즉위무위則爲無爲 사무사事無事, 그런즉 위무위爲無爲, 해도 하는 것이 없고 사무사事無事이다. 일해도 일하는 것이 없다. 이것도 도교에서 말하는 술어이다. 불교식으로 말하면 생불생生不生 사불사死不死이다. 살아도 사는 것이 문제 될 것이 없고, 죽어도 죽는 것이 문제 될 것이 없다란 말이다. 다시 말해서 생사를 초탈했다는 말이다.

그렇게 뿌리를 가지면 나뭇가지가 잘리거나 부러져도 아무 문제가 안 된다. 왜냐하면 뿌리가 있으니까 또 날 것이기 때문이다. 또 날 것이란 말을 기독교에서는 부활이란 말을 쓴다. 우리가 각覺이란 말을 자주 하는데, 이 각覺이란 말도 결국은 뿌리를 가지게 되었다는 말이다. 색즉공色卽空이란 것을 깨닫게 되었다는 말이다. 뿌리를 가지면 싹이 트는 것을 걱정할 것도 없고, 가지가 잘려도 걱정할 것도 없다. 상대를 초월한 절대가 있기 때문이다. 그래서 언제나 상대라고 하는 것이 절대하고 연결이 되어야 한다. 그것이 믿음이라고 하는 것이다.

믿음이라고 하는 것은, 바로 상대라고 하는 것이 절대하고 연결이 되는 것을 말한다. 히브리서 11장 1절에 나오는 "믿음은 바라는 것의 실상" 이것이 상대이고, "보지 못하는 것의 증거" 이것이 절대이다. 이 상대와 절대가 하나가 된 것, 그것이 믿음이란 말이다. 뿌리는 보이지 않는 것이고, 가지는 바라는 것을 말한다. 가지는 자꾸 자라는 것이고, 뿌리는 볼 수가 없는 것이다.

그렇게 보이는 세계와 보이지 않는 세계, 그것이 색色과 공空인데, 이 보이는 세계와 보이지 않는 세계가 연결되는 것, 그것을 기독교에서는 믿음이라고 하고, 불교에서는 각覺이라고 하고, 유교에서는 그것을 도道라고 한다. 이러한 말들이 다 상대와 절대가 연결이 되었다는 말이다. 그렇게 되면 위무위爲無爲이다. 산다는 것이 아무 문제가 없는 것이다. 아까 양명陽明이 각覺을 하고 나니까 무위無爲, 마음에 아무것도 걸리는 것이 없어졌다고 말하고, 좀 더 가면 죽음을 맞이하는 것이 나오는데 양명陽明은 죽는 것에 대해서도 아무 걸림이 없었다. 그러니까 생불생生不生이요 사불사死不死이다. 불교에서는 이것을 그렇게 말한다. 또 불생불멸不生不滅이란 말도 쓴다.

동양 사람들은 늘 상대라고 하는 것을 생사生死라는 말로 쓴다. 그래서 상대라고 하는 것이 전혀 문제가 안 되는 것이다. 왜냐하면 절대를 붙잡았기 때문이다. 절대를 붙잡으면 상대가 문제가 안 된다. 뿌리가 있으면 가지는 별로 문제가 될 것이 없다. 가지는 또 나오면 되기 때문이다. 그래서 위무위爲無爲요 사무사事無事이다.

이위여사而爲與事 거부득이애지의擧不得以碍之矣. 그래서 생生과 사死라고 하는 것이, 거擧는 '들 거' 자로 이 생사生死라는 것 모두가, 부득이애지의不得以碍之矣이다. 하나도 문제가 될 것이 없다.

애碍는 '걸릴 애' 자이다. 우리가 무애無碍라는 말을 쓰는데, 아무런 걸림이 안 된다는 말이다. 문제될 것이 아무것도 없다는 말이다. 성경에 나오는 하나님, 그것이 무엇인가 하면 우리의 뿌리란 말이다. 그 뿌리를 붙잡아야 한다. 그 뿌리를 붙잡게 되면 나는 가지이기 때문에 아무런 문제가 없게 된다. 그것이 믿음이다. 우리가 진리를 깨닫는다는 말도 같은 말이다. 그것도 결국은 뿌리를 붙잡았다는 말이다. 그러면 뿌리를 어떻게 해야 붙잡게 되나? 산에 가서 기도하면 붙잡게 되는가. 산에 가서 하나님이 잘 듣게 하려고 높은 곳으로 가서 목이 쉬도록 큰 소리로 기도하는 사람들을 많이 보게 되는데, 그렇게 하면 뿌리를 붙잡을 수 있을까. 예수님께서는 집에서도 은밀한 골방에 들어가서 기도하라고 했다. 우리는 어디에서 절대를 찾아야 할 것인가. 여러분은 절대가 어디 있을 것이라고 생각하는가.

우리가 나뭇가지라면 나무의 뿌리는 어디인가. 바로 지구이다. 그러면 지구의 뿌리는 어디일까. 그것은 태양이다. 그러니까 예수는 "나는 하늘에서 왔다"라고 했는데, 그것이 "나는 태양에서 왔다"는 말과 마찬가지다. 나기는 땅에서 났지만 오기는 하늘에서 왔다는 말이다. 왜 그런가하면 뿌리가 땅에 있지마는 땅의 뿌리가 하늘이기 때문이다. 나무로 말하면 태양이라는 말이다. 그러면 나무는 무엇이 변해서 나무가 되었는가. 태양이 변해서 나무가 된 것이다. 나무 잎사귀의 엽록소에는 아래서는 물이 올라오고, 위에서는 빛이 내려와서 빛과 물이 합쳐진 것(광합성), 그것이 탄수화물이다. 탄수화물, 그것이 나무의 잎사귀요 열매이다.

쌀은 바로 탄수화물이다. 우리가 밥을 먹는다는 것은 결국 태양을 먹는 것이나 다름이 없다. 신비한 것은 지구가 태양을 365일에 한 바퀴 돌고, 사람의 체온은 36.5℃인데 소수점 하나의 차이지 숫자는 똑같다. 이것이 자연과 인생의 관계이다.

우리는 지구가 뿌리인 것 같지만 사실 한 번 더 깊이 들어가면 태양이 우리의 뿌리인 것이다. 우리가 땅에서 난 것 같지만 사실은 하늘에서 온 것이다. 여래如來란 말이 하늘에서 왔다는 말인데, 석가도 나기는 땅에서 났지만 오기는 하늘에서 왔다는 말이다. 예수도 나기는 땅에서 났지만 오기는 하늘에서 왔다고 했다.

생사生死라는 말이 땅에 관계되는 말로서, 나기를 땅에서 나고, 죽기도 땅에서 죽는다는 것이 생사生死라는 말이다. 그런데 오기는 하늘에서 왔고, 가는 것도 하늘로 간다. 그러니까 우리의 근거根據를 생각할 때 보통 사람들은 지구밖에 생각하지 못한다. 누구나 흙에서 나서 흙으로 돌아간다고 생각한다. 그렇지만 지구덩어리의 근거는 또 어디인가를 생각해 보면 그것은 태양인 것이다. 그렇게 생각해 보면 오기는 하늘에서 왔고, 가는 것도 하늘이라는 것을 알 수 있다. 그러니까 한 수 더 깊이 생각해 보는 것이다.

아까도 말했지만 근본문제라는 것이 바로 그것을 말하는 것이다. 한 번 더 깊이 생각하여 태양이 우리의 뿌리라는 것을 알게 되면 지구라는 것은 문제될 것이 없다. 지구가 우리의 뿌리라고 생각하면 생사가 자꾸 문제 된다. 생사문제에서 통 벗어날 수가 없게 된다. 그런데 지구보다 더 깊은 뿌리인 태양을 발견하는 것, 그것을 각覺이라고 한다. 그러니까 뿌리를 발견하여야 한다. 그것을 기독교에서는 하나님이라고 한다. 하나님이 우리의 '뿌리의 뿌리' 가 되는 것이다.

물은 바위틈에서 나와서 모래 속으로 들어간다. 그렇지만 물이 어디에서 왔는가 하면 하늘에서 왔다. 비가 하늘에서 내려오는 것이다. 가기는 어디로 가는가. 또 하늘로 올라가 구름이 되는 것이다. 이렇게 오기는 하늘에서 오고, 나기는 땅에서 났다는 관계를 우리가 확실히 알아야 한다.

동학교주인 최제우는 호를 수운水雲이라고 했는데, 그것이 땅에 있을 때는 물이요, 하늘에 가면 구름이라는 뜻으로, 물의 근원이 구름이라는 것, 그것을 알아야 하는 것이다. 그것을 확실히 알게 되면 그것이 각覺이다. 그것이 또한 기독교에서 말하는 '믿음'이란 것이다.

그러니까 우리의 뿌리가 땅이 아니고, 기독교에서는 우주만물과 땅까지 창조하신 하나님이라고 하는데, 우주만물과 땅의 근거이신 하나님을 알게 되는 것, 그것을 믿음이라고 한다. 그 하나님으로부터 우주만물과 내가 온 것이다. 그래서 우리가 나기는 땅에서 났지만 오기는 하늘에서 왔다는 것을 아는 것, 그것을 우리는 생사를 넘어선다, 라고 한다. 그것이 또한 믿음이다. 예수도 바로 그것을 안 사람이다.

알고 보면 별것이 아니다. 물이 땅에서 나왔지만 하늘에서 왔다는 것을 아는 것이다. 오는 것과 난 것을 아는 것, 둘 다 우리의 근거인데, 제1차 근거와 제2차 근거, 조그마한 근거와 큰 근거, 그것을 깨달아야 하는 것이다.

아까 양명陽明을 배울 때, 보통 사람이라면 견디지 못할 어려운 처지에서 큰 사람은 더 깊은 깨달음을 얻게 된다는 말이 있었는데, 그것이 바로 생사生死는 아무것도 아니라는 것을 깨닫게 된다는 말이다. 그런 위태롭고 험난한 현실 속에 부닥쳐서 오히려 생사를 뛰어넘을 수 있는 계기가 될 수 있다는 말이다. 그래서 더 큰 근거를 발견하게 되면 우리의 문제를 해결할 수 있게 되는 것이다.

오늘 말씀의 핵심은 우리의 '근거根據의 근거根據'가 하나님이라는 것을 알아야 된다는 것이다. 그래서 우리도 예수처럼 하나님께로부터 왔다가 하나님께로 간다는 것을 알아야 한다.

물론 우리가 났다가 죽는다는 것도 사실이다. 그러나 그것보다 더 근원적인, 왔다가 가는 것을 알게 될 때 우리는 믿음의 세계에 들어갈 수 있게 되는 것이다.

기 도

고난의 절기를 통해서
그리스도를 사랑하는 우리 모든 사람들이
언제나 그리스도의 십자가를 생각하며
최후의 승리를 얻기까지 십자가를 지고 쫓아가는
저희들이 될 수 있도록 당신께서 도와주시옵소서.

언제나 우리의 마음을 당신께서 주관하여 주시고
우리의 마음이 언제나 당신과 같이 사는
저희들이 될 수 있도록 인도하여 주시옵소서.
그래서 우리의 눈을 뜰 수 있게 하여 주시고
우리의 눈이 밝을 수 있게 하여 주셔서
우리 현실을 바로 볼 수 있는 지혜를 허락하여 주시고
우리가 이 세상에 살면서 조금이라도 그리스도의 뒤를 쫓는
그런 삶을 살 수 있도록 당신께서 도와주시고
우리의 힘을 더해주셔서
우리가 이 민족의 어려움을 짊어지고 가는
저희들이 될 수 있도록 당신께서 도와주시옵소서.

우리의 역사를 당신께서 주관하여 주시고
이 민족이 이 세계의 앞에 나서서
무엇을 해야 할지를 우리들에게 확실히 보여주시고
우리가 높은 이상과 거룩한 소망을 가지고
이 민족을 이끌어 갈 수 있는
저희들이 될 수 있도록 당신께서 도와주시옵소서.

이 시간도 당신께서 같이 하여 주시기를 바라옵고
예수님 이름 받들어 기도하옵나이다.
아멘.

34. 예수님: 하나님을 나타내는 사람

1994년 3월 27일

요한 8:48~59

유대인들이 대답하여 이르되
우리가 너를 사마리아 사람이라
또는 귀신이 들렸다 하는 말이 옳지 아니하냐.

요전 시간에 예수께서 사람들에게 악마의 자손들이라고 한 말이 있었는데, 이번에는 사람들이 거꾸로 예수에게 귀신 들린 사람이라고 몰아 부치는 것이다. 그리고 사마리아 사람은 그 당시 사람들이 가장 천시하던 사람들인데 예수를 귀신 들린 사마리아 사람이라고 아주 심한 욕설로 비난하는 것이다.

예수께서 대답하시되

나는 귀신 들린 것이 아니라
오직 내 아버지를 공경함이거늘
너희가 나를 무시하는도다.

이것이 언제나 문제가 되는 것이다. 소크라테스도 자꾸 하나님의 소리를 듣는다고 하니까 다른 사람들이 소크라테스가 악마에 홀린 사람이라고 하여 결국 죽이게 되고 만다. 여기서도 마찬가지다. 예수께서 하나님의 소리를 듣는데 사람들은 그것을 이해하지 못하고 거꾸로 오해하여 비난하고 욕하는 것이다.

나는 내 영광을 구하지 아니하나
구하고 판단하시는 이가 계시니라.

내가 스스로 잘난 체 하는 것이 아니란 말이다. 나는 오로지 하나님의 영광을 위해서 하는 것뿐이다. 영광을 받으실 분은 하나님이고, 나는 다른 사람들에게 인기를 얻으려 하거나 칭찬 받으려고 하는 것이 전혀 없다는 말이다. 또 심판하시는 이도 하나님이지 나에게는 아무런 권한이나 능력이 없다는 말이다.

진실로 진실로 너희에게 이르노니
사람이 내 말을 지키면
영원히 죽음을 보지 아니하리라.

내가 정말 당신들에게 하고 싶은 말은 이것이다. 누구든지 나의 말을 지키면, 그는 결코 죽음을 보지 않으리라. 이 말이 아주 중요한 말이다. 요한복음에서도 아주 특별한 말이다. 물론 누가복음에도 이런 말이 나온다. 누가복음 10장에 보면 어떤 율법사가 예수를 시험하여 묻기를 무엇을 하여야 영생을 얻으리이까, 라고 하니 예수께서 답하기를 율법에 기록된 바 네 마음과 목숨을 다하여 하나님을 사랑하고 또 네 이웃을 네 몸과 같이 사랑하라 하고, 선한 사마리아인의 비유로 이웃사랑을 설명하는 이야기가 나온다.

이렇게 율법을 지키면 영생을 얻는다는 말도 있고, 예수님께서는 영생을 얻는 문제를 성경 여러 곳에서 언급하였는데, 요한복음 11장 25절에서도 보면, "나는 부활이요 생명이니 나를 믿는 자는 죽어도 살겠고, 무릇 살아서 나를 믿는 자는 영원히 죽지 아니하리니"라는 말도 나온다. 요전에 요한복음 8장 31절에서도, "너희가 내 말에 거하면 참 내 제자가 되고 진리를 알지니, 진리가 너희를 자유케 하리라"라는 구절이 나왔는데 그것도 같은 말이다. '나의 말을 지키면' 이란 말이 '진리를 지킨다'는 말이다. 진리를 지키면 자유를, 무엇으로부터 자유를 얻는가 하면 죽음으로부터 자유를 얻는다는 말이다. 그러니까 영생이란 말이다. 이렇게 생각하면 오늘 나온 구절과 8장 31절의 내용이 크게 다를 것이 없다.

다시 말해, 일도출생사一道出生死 일체무애인一切無碍人이

란 말과 같다. 여기서 도道라는 말이 진리眞理란 말과 같은 말이다. 그러니까 일도一道, 즉 진리와 하나가 되면, 출생사出生死이다. 생사生死를 넘어설 수 있다는 말이다. 우리가 생사를 넘어서는 길은 그것밖에 없다. 우리가 어떻게 하면 죽음을 넘어설 수 있는가를 항상 연구하고 생각하지만 결국 그 길은 진리와 하나 되는 길, 그것뿐이다. 산삼을 먹고 불로초를 캐 먹는다고 영생하는 것은 아니다. 예수님 말씀대로 "진리를 지키면 결코 죽음을 보지 않으리라"는 것이 영생을 얻는 길이다. 일도一道가 되어야 출생사出生死가 되는 것이다. 원효가 가장 좋아하는 말로 화엄경에 나오는 말이다.

공자로 말하면 "아침에 도를 들으면 저녁에 죽어도 좋다"는 말이 있다. 이것도 같은 말이다. '죽어도 좋다'는 말이 죽음을 넘어섰다는 말이다. 그렇게 되면 일체무애인一切無碍人이다. 아무런 걸림이 없게 된다. 그것이 자유 아니겠는가. 그러니까 결국 "진리가 너희를 자유롭게 하리라"는 말이나 같은 말이 된다.

일도一道, 즉 진리가 되면 출생사出生死, 생사를 벗어나게 되는 것이다. 생사에서 벗어나게 되면, 그것이 자유이다. "내 말을 지키면"이란 말이 '진리를 지키면'이란 말이 되고, "결코 죽음을 보지 않으리라"란 말이 '죽음을 벗어나게 된다'는 말이다. 결국 죽음으로부터 자유롭게 된다는 말이다.

유대인들이 이르되
지금 네가 귀신 들린 줄을 아노라.
아브라함과 선지자들도 죽었거늘
네 말은 사람이 내 말을 지키면
영원히 죽음을 맛보지 아니하리라 하니,
너는 이미 죽은 우리 조상 아브라함보다 크냐.
또 선지자들도 죽었거늘
너는 너를 누구라 하느냐.

예수께서 그렇게 설명을 해주어도 이 사람들은 예수가 마귀 든 사람이라고 생각한다. 서로 말이 통하지 않으니 오해할 수 밖에 없다. 마치 우리의 남북회담에서 말이 통하지 않는 것이나 마찬가지다. 남북이 잘 해보자는 회담에서 서울을 불바다로 만들겠다느니 하는 말이 나오는 것을 보면 답답하기 짝이 없다. 예언자들도 죽고 아브라함도 죽었는데 당신은 "나의 말을 지키면 누구든지 죽음을 맛보지 않는다"라고 하니 그것은 거짓말이다, 라고 생각하는 것이다. 성서에 나오는 아브라함이 죽었는가, 살았는가 하는 것도 큰 문제이다. 이 사람들은 아브라함은 죽었다고 생각하는 것이다.

그런데 예수는 아브라함은 죽지 않았다고 말하는 것이다. 누가복음 20장에 보면 어떤 사람들이 예수께 부활에 대해 묻기를 "어떤 여인이 차례로 일곱 형제의 아내가 되어 살다가 죽었는데 부활 때에는 누구의 아내가 되리까"라고 하니 예수께서 대답하기를 "부활함을 얻기에 합당히 여김을 받은 자들은 (부활 때에) 장가가고 시집가는 일이 없으며 다시 죽을 수도 없으니 이는 천사와 동등하며 부활의 자녀로서 하나님의 자녀임이라" 라고 대답하는 이야기가 나온다.

또 죽은 자가 살아나는 것에 대해, 모세가 출애급기 3장 13절에서 15절에 하나님을 만나는 장면에서, 떨기나무에 관한 이야기가 나오고, 모세가 하나님에게 "당신을 무엇이라고 그들(이스라엘 백성들)에게 말하리까"라 하니 하나님이 이르시되 "나는 스스로 있는 자이니라"라고 하셨는데, 이 말이 바로 '야훼' 라는 말이다. 다시 말해 '존재' 라는 말이다. 그러고 나서 하나님께서 "나는 너희 조상의 하나님, 곧 아브라함의 하나님, 이삭의 하나님, 야곱의 하나님 여호와라"는 말씀이 나오는데, 예수께서도 이 말씀을 하시고, 또 "하나님은 죽은 자의 하나님이 아니요, 산 자의 하나님이시라. 하나님에게는 모든 사람이 살았느니라"라는 말을 하셨다.

그러니까 아브라함의 하나님이란 말이 아브라함도 살아있다는 말이다. 야곱도 살아있고, 이삭도 살아있고. 하나님께서는 산 자의 하나님이시지, 죽은 자의 하나님이 아니란 말이다. 이 사람들은 아브라함은 죽었다고 생각하지만 예수는 아브라함이 살아있다고 말하는 것이다. 그러니까 죽었는가, 살았는가 하는 것이 쉬운 문제는 아니다. 세상사람들처럼 아브라함은 죽었다고 말하는 것과 예수처럼 아브라함은 살았다라고 말하는 것을 우리가 판단한다는 것이 쉬운 일은 아니다.

또 마가복음 9장에 보면 예수께서 산상변화를 일으켰을 때에, 그곳에 모세와 엘리야가 함께 나타나 예수와 더불어 이야기하는 장면이 나오는데, 물론 모세와 엘리야가 오래 전에 죽은 사람임에 틀림없는데, 그곳에 나타난 사람이 또 모세와 엘리야라면 예수에게는 모세와 엘리야가 죽은 사람이 아니고 산 사람이라는 것도 사실이 된다. 이런 것을 다 생각해 보면 우리의 판단으로 생사문제를 안다는 것이 어려운 문제이다. 그래서 오늘 나오는 성경구절에서도 유대인들은 아브라함은 죽었다고 생각하고 예수께서는 아브라함은 살았다고 말하는 것이다.

너는 이미 죽은 우리 조상 아브라함보다 크냐.
또 선지자들도 죽었거늘 너는 너를 누구라 하느냐.

우리들의 조상인 아브라함도 죽고, 예언자인 엘리야도 죽었는데 당신은 이들을 마치 산 사람처럼 이야기 하니, 도대체 당신은 누구인가.

예수께서 대답하시되
내가 내게 영광을 돌리면
내 영광이 아무것도 아니거니와
내게 영광을 돌리시는 이는 내 아버지시니

곧 너희가 너희 하나님이라 칭하는 그이시라.

나는 하나님의 아들이다, 라는 대답이다.

너희는 그를 알지 못하되 나는 아노니
만일 내가 알지 못한다 하면
나도 너희 같이 거짓말쟁이가 되리라.
나는 그를 알고 또 그의 말씀을 지키노라.

너희들은 하나님을 알지 못하지만 나는 하나님을 알고 있다. 우리가 왕양명의 지행합일이란 말을 배웠는데 이 말이 예수의 말로 하면 그를 알고 그의 말씀을 지킨다는 말이다. 믿음이란 말도 마찬가지이다. 믿음은 바라는 것의 실상이요, 보지 못하는 것의 증거이다, 라고 했는데, 보지 못하는 것의 증거라는 말이 하나님을 안다는 말과 같고, 바라는 것의 실상이라는 말이 하나님의 말씀을 지킨다는 말이다. 그러니까 믿음이란 것의 내용을 따져 본다면 결국 알고 행하는 것, 그것이 믿음이다. 알지도 못하고 행할 것이 없다면 믿음이랄 것도 없다. 그러니까 지행이란 것이 중요한 것이다. 무엇을 아는가. 하나님을 아는 것이다. 무엇을 행하는가. 하나님의 뜻을 행하는 것이다.

그러니까 여기서 우리는 언제나 절대와 상대가 있음을 알아야 한다. 요전 시간에도 우리는 색즉공色卽空, 기즉도器卽道, 유즉무有卽無에 대해 배웠는데, 다시 말하여 즉유이증무卽有而證

無이다. 유有에 즉卽해 가지고 무無를 증거한다는 말이다. 모든 상대세계라는 것은 무엇인가. 절대세계를 나타내는 것이다. 그러니까 예수님은 누구인가. 하나님을 나타내는 사람이다. 한마디로 표현하면 그것이다. 그래서 하나님의 아들이라고 했는데, 아들이라고 하는 것이 무엇인가 하면 아버지를 나타내는 것이 아들인 것이다.

그러므로 즉유증무卽有證無인 것이다. 상대세계에 즉卽해 가지고 절대세계를 나타내는 것이다. 그러므로 예수님의 모든 언행은 예수님 자체가 칭찬을 받거나 인기를 얻기 위한 것은 일체 없고, 오로지 하나님의 뜻을 나타내는 것뿐이다. 다시 말해서 예수는 없는 것이고, 있는 것은 하나님 밖에 없는 것이다. "나는 그를 알고, 그의 말씀을 지키고 있다." 그러니까 아는 것과 행하는 것, 그것이 유有이고 상대적인 것이다. 그러면 아는 것과 행하는 것을 가지고 무엇을 하려고 하는가. 바로 그를, 무無를 증거하려고 하는 것이다. 그래서 우리는 지知가 필요하고, 행行이 필요한 것이다. 왕양명의 치양지致良知란 말도 마찬가지다. 유有를 통해서 무無를 증거하는 것이 치양지이다.

너희 조상 아브라함은
나의 때 볼 것을 즐거워하다가
보고 기뻐하였느니라.

아브라함이 보고자 했던 것도 바로 그것이었을 것이다. 즉유증무卽有證無이다. 그래서 아브라함은 그것을 보고 기뻐 뛰며 즐거워하였다라고 과거로 해석했는데, 이러한 해석이 정확한 것인지는 잘 모르겠다. 보통 성경에 대한 이 구절의 주석은 창세기 18장 18절을 인용한다. 거기에 보면 아브라함은 강대한 나라가 되고 천하만민은 그로 인하여 복을 받게 될 것이라는 내용이 나와 있는데, 결국은 하나님의 뜻이 이 세상에서 이루어져 그의 도를 지켜 의義와 공도公道를 행하게 된다는 것이다. 그것이 하나님의 나라요, 그리스도의 세계이다. 그러한 세계를 아브라함은 바라고 기다렸던 사람이고, 예수는 그것을 실현한 사람이다. 그러니까 아브라함은 'ing'(진행형)이고, 예수는 'ed'(과거형)의 차이이다.

유대인들이 이르되
네가 아직 오십 세도 못 되었는데
아브라함을 보았느냐.
예수께서 이르시되
진실로 진실로 너희에게 이르노니
아브라함이 나기 전부터
내가 있느니라 하시니,

예수는 나이보다 더 들어 보였던 것 같다. 그러니까 사람들이 30대의 예수를 50세 가까운 나이로 보는 것이다.

아브라함이 존재하기 전부터 나는 있다는 이 말도 유명한 말이다. 이것을 선재설先在說이라고도 하는데, 요한복음 1장 1

절에 나오는 태초에 말씀이 있었다는 말도 우주만물보다도 그리스도가 먼저 있었다는 말이다.

그러나 동양에서 이런 것을 말할 때에는 각자覺者와 학자學者의 차이라고 한다. 진리를 깨달으려고 공부하는 사람(학자學者)하고, 진리를 깨달은 사람(각자覺者)하고의 차이를 말하는 것이다. 그러니까 진리를 깨달은 사람은 선생先生이라고 하고, 진리를 찾아가는 사람은 후생後生이라고 한다. 그래서 먼저 있었다는 말인 선재先在라는 말이 선생先生이나 같다는 말이 된다.

그러므로 아브라함과 예수를 비교하면 예수는 선생이고, 아브라함은 후생이 되는 것이다. 예수는 아브라함의 선생이 아니라 온 인류의 선생이 되는 것이다. 그러니까 선재설先在說보다 선생설先生說이라고 하는 것이 더 좋겠다. 그래서 예수가 아브라함보다도 훨씬 더 위대한 선생이다, 라고 할 수 있다. 아브라함이 존재하기 전부터 나는 있다는 말이 바로 그런 말이다. 아브라함보다 더 앞서 있다는 말로서 선진先進이라는 말이다.

태초에 있었다는 것이 문제가 아니다. 지금 바로 이 순간이 문제가 되는 것이다. 지금 이 순간에도 예수님은 선재先在이고, 우리는 후재後在가 된다. 그러니까 내가 상상하기 어려우리만큼 예수는 위대한 존재란 말이다.

그들이 돌을 들어 치려하거늘
예수께서 숨어 성전에서 나가시니라.

결국 분노한 사람들이 예수를 돌로 쳐 죽이려 했으나 예수께서 그 자리를 피하고 말았다.

오늘 나온 이 구절은 아는 세계와 모르는 세계의 싸움이라고 할 수 있다. 요한복음은 특별히 아는 문제를 강조하는 복음이라고 볼 수 있다. 다른 복음인 누가, 마태, 마가에 비해 특별히 지적知的인 복음이라고 할 수 있다. 그래서 이 요한복음을 동양 사람의 복음이라고 말한다. 누가복음은 로마 사람을 위해 썼다고 하고, 마가복음은 희랍 사람을, 마태복음은 유대 사람을, 그리고 이 요한복음은 동양 사람을 위해 썼다고 말한다.

동양 사람들은 깨닫는다는 것을 굉장히 중요하게 생각하는 사람들이다. 우리들에게는 믿는다는 것보다도 깨닫는다는 것이 더 마음에 와 닿는다. 그래서 우리 동양 사람들은 신비하리만큼 지적인 사람들인 것이다. 우리는 역시 지적으로 찾아가는 것이 더 쉽다고 할 수 있다. 그러니까 우리에게는 무엇이든지 깊이 생각해서 깨닫는 일이 더 쉽다고 할 수 있다. 그래서 오늘 배운 요한복음의 내용에서도 '나를 안다'는 문제가 자꾸 나오게 되는데, 안다는 것은 언제나 지키는 것하고 연결이 되어야지, 그저 알기만 해서는 절대 안 되는 것이다.

우리가 진리라고 할 때는 반드시 행하는 것하고 아는 것이 하나가 될 때 진리가 되는 것이지 행하는 것이 없으면 진리라고 할 수가 없게 된다. 그러니까 지행일치知行一致의 세계가 되어야 한다는 말이다. 깨달은 사람을, 계란하고 닭하고 비유한다면 닭이 언제나 선재先在가 되고, 계란은 언제나 후재後在라고 할 수 있으며, 닭에서 계란이 나오게 되는데, 아무리 계란이 먼저 났다고 해도 닭보다 앞설 수는 없는 것이다. 그러니까 예수는 닭이고, 아브라함은 계란이라고 생각할 수 있는데 닭은 어른이고, 계란은 아이이고, 닭은 각자覺者이고, 계란은 학자學者이고, 그런 관계가 된다. 그래서 역시 깨달은 사람이 선재先在이고 선생이 되는 것이다.

그래서 언제나 깨달은 사람은 태초부터 있는 것이다. 깨닫는 순간이 태초이다. 그것을 알면 오늘 배운 내용을 다 이해할 수 있다. 또 오늘 배운 내용 중에 중요한 것이 생生과 사死에 대한 문제이다.

아브라함도 죽고 예언자도 죽었는데 당신은 누구인가, 라는 질문이 나오는데, 나라는 것을 만일 주체主體라고 말할 수 있으면 수처위주隨處爲主, 내가 있는 곳 그곳이 천국이다, 입처개진立處皆眞이다. 그래서 세상에서 가장 중요한 것이 무엇인가 하면 주체主體가 되는 일이다. 진짜 주체가 나타나면 그 나라가 천국이 되는 것이다. 옛날식으로 말하면 이상국가가 되는 것이다. 이것을 소위 철인정치라고 한다. 정말 철인이 나타나 정치를 하면 이상국가가 된다는 말이다.

그래서 지금 우리나라 대통령도 철학과를 나온 대통령이라고 해서 상당히 기대가 되는데 어떤 정치를 할는지는 모르겠다. 정직과 진실을 바탕으로 하는 정치가 될 때 올바른 나라와 사회가 이루어질 수 있는 것이다. 수처위주隨處爲主면 입처개진立處皆眞이다. 내가 주체가 될 때 진실로 가득 차게 되는 것이다. 그래서 주체가 된다는 것이 가장 중요한 것으로 주체라고 하는 것의 특징이 대상화對象化 될 수 없다는 것이다. 대상화 될 수 없다는 말이 아까 말한 무無가 된다는 말로 다시 말해 객체客體가 될 수 없다는 말이다. 즉유증무卽有證無라고 했는데 내 몸이나 내 마음은 객체화 될 수 있지만 무無라고 하는 것은 객체화 될 수 없는 것이다. 객체화 될 수 있는 것은 다 상대세계이다.

그러나 오직 주체만은 절대의 세계이다. 주체는 죽을 수 없는 것이다. 인도철학의 핵심이 그것이다. 우리 기독교로 말하면 하나님, 그것이 주체인데 하나님이 죽는다는 것을 생각할 수 없는 것이다. 그리고 하나님은 대상화 할 수도 없다. 그것이 또한 칸트의 철학이다. 그래서 칸트는 존재라고 하는 것은 인식할 수는 없지마는 그것을 무시할 수는 없다, 라고 『실천이성비판』의 서문에서 밝혔다. 인식할 수 없다는 말이 대상화 할 수 없다는 말이다. 그러니까 절대자는 우리가 그냥 받아들여야지 인식하거나 무시할 수 없다는 말이다.

결국은 유즉무有卽無이다. 무無에 붙어있는 것이 유有라는 말이다. 또 무無에 붙어 있는 유有는 절대 죽을 수 없다. 왜냐하면 무無가 절대 죽을 수 없기 때문이다. 하나님을 아는 자는 죽을 수가 없다는 말이 되는 것이다. 그러므로 하나님의 자녀가 되면 죽어도 다시 살고, 살아서는 다시 죽을 수 없다는 말이 성경에 나오는 것이다. 왜냐하면 주체가 되었기 때문이다. 그것이 소위 유즉무有卽無의 세계이다. 무無에 뿌리를 박은 유有라는 말이다. 그것을 우리는 하나님의 아들이라고 한다. 그것이 또한 주체라는 말이 되는 것으로 주체이니까 십자가를 지는 것이다. 주체이니까 책임을 진다는 말이다. 객체라면 십자가를 질 이유가 없다. 예수가 하나님의 아들이니까 십자가를 지는 것이지 하나님의 아들이 아니라면 십자가를 질 이유가 없는 것이다. 그러니까 주체가 되기 위해서는 언제나 고난을 겪어야 하는 것이다. 고난 없이는 주체가 될 수 없다.

양명이 백사천난百死千難을 겪은 후에 치양지致良知가 된 것이지 그것 없이 치양지가 될 수 없다. 치양지 되고 나서도 계속해서 또 십자가를 지는 것이다. 죽는 순간까지 그러한 고통을 달게 지는 것이다. 그러니까 주체라고 하는 것이 한없이 영광스러운 대신에 그만큼 외롭고 괴로운 것이다. 그래서 수처위주隨處爲主이다. 어디서나 정신 깬 사람이 주인이 되어야 한다. 집에서도 정신 깬 사람이 하나 있어야 한다. 집안에 정신 깬 사람이 하나도 없으면 그 집안은 망하고 만다. 가족 중에 아버지든, 아들이든, 딸이든 정신 깬 사람이 하나 있어야 그 집안이 되지 모두 정신 나가 있으면 그 집안은 망하고 만다는 말이다.

나라도 마찬가지다. 나라를 책임진 사람 중에 단 한 사람이라도 정신이 깬 사람이 있으면 그 나라가 지탱할 수 있지만 그렇지 못하면 나라가 망하고 마는 것이다. 왜냐하면 깬 사람인 주인이 십자가를 지기 때문이다. 십자가를 지는 사람이 있어야 집안도 되고 나라도 되는 것이다. 그래서 기독교에서는 십자가라고 하는 것이 굉장히 중요한 개념인데 이 십자가라고 하는 개념의 뜻이 주체라고 하는 것이다. 예수가 주체가 되었다는 말이다. 그래서 예수가 만왕의 왕이라는 말을 하게 되는 것이다. 그러니까 입처개진立處皆眞이 될 수 있는 것이다. 예수가 있는 곳이 천국이 될 수 있다는 말이다.

또한 심신탈락진心身脫落盡이다. 마음도 몸도 죽을 수 있는 것이다. 그러나 유유일진실唯有一眞實이다. 주체만은 살아 있다. 그 주체의 내용은 무엇인가 하면 진실이란 말이다. 진실은 죽을 수가 없다. 이 두 가지 말이 다 좋은 말로서 임제臨濟라는 사람이 한 말이다.

제 9 장

하나님께서 하시는 일

기 도

감사하신 하나님,
저희들에게 예수 그리스도를 보내주시고
십자가에서 저희들의 죄를 위해서
피를 흘리시고 또 부활하셔서
저희들의 의를 위해서 영혼을 구원해주신 데 대해서
진심으로 감사를 드립니다.

우리나라의 많은 사람들이
그리스도를 쫓아가고 있습니다.
한 사람 한 사람이 예수 그리스도의
깊은 의미를 이해하고 깊이 본받아서
그들 한 사람 한 사람이 십자가가 되고
한 사람 한 사람이 부활이 될 수 있도록
당신께서 도와주시옵소서.

그래서 우리나라가
좀 더 밝고 아름다운 나라로
변화 될 수 있는 그런 기회가 될 수 있도록
당신께서 도와주시옵소서.

오늘도 저희들의 마음을 깨우쳐 주시고
당신의 거룩하신 영으로 구원해주셔서
힘을 가지고 살아가는
그런 저희들이 될 수 있도록 도와주시옵소서.

예수님 이름 받들어 기도하옵나이다.
아멘.

35. 하나님께서 하시는 일

1994년 4월 3일

요한 9:1~7

예수께서 길을 가실 때에
날 때부터 맹인 된 사람을 보신지라.

예수께서 예루살렘에 올라가서 거리를 지나갈 때를 말한다. 그곳에서 날 때부터 눈이 먼 사람을 만나게 되었다.

제자들이 물어 이르되
랍비여 이 사람이 맹인으로 난 것이
누구의 죄로 인함이니이까.
자기니이까, 그의 부모니이까.

아마도 그 당시 사람들은 그렇게 생각했는지도 모르겠다.

부모의 죄로써 그렇게 될 수도 있고, 또 본인의 잘못으로도 그렇게 될 수 있다고 생각하는 것이다. 불교 같은 데서는 업보라는 말을 한다. 전생의 업보로 그렇게 됐다는 말을 하기도 한다. 그러니까 부모의 업보인가, 아니면 본인의 전생의 업보인가, 왜 이런 결과가 생기게 되었는가를 제자들이 예수에게 묻는 것이다.

예수께서 대답하시되
이 사람이나 그 부모의 죄로 인한 것이 아니라
그에게서 하나님이 하시는 일을 나타내고자 하심이라.

예수는 대답하기를, 그것은 업보로 인한 것이 아니다. 하나님의 영광이 드러나기 위해서 그렇게 된 것이다. 이것도 정말 굉장한 말이다. 이런 말들을 보면 예수라는 분은 우리의 상상을 넘어선 세계를 사는 사람인 것 같다. 이렇게 자신 있게 단정적으로 이야기한다는 것도 쉬운 일이 아니다. 그러니까 그 장님이 눈이 멀었다는 사실을 통해, 하나님을 깨닫기 위해서 장님으로 태어났다는 말이다. 쉽게 말하면 그런 말이다. 다시 말하여 그 장님이란 사실을 통해서 위대한 인간의 근본 힘을 발견하기 위해서 장님이 되었다는 말이다. 정말 멋있는 표현이다.

때가 아직 낮이매
나를 보내신 이의 일을

우리가 하여야 하리라.

우리는 살아있는 동안에 우리를 보낸 하나님을 발견해야 한다. 또 쉽게 말하면 내가 살아있는 동안에 내가 이 세상에 왜 태어났는지 그 의미를 발견해야 한다는 말이다.

밤이 오리니 그때는 아무도 일할 수 없느니라.

죽게 되면 아무도 그것을 발견할 기회가 없어진다. 살아있는 동안에 그 의미를 찾아야 한다는 말이다. 그러니까 논어에 나오는 증자의 말이나 같은 말이다. 증자는 논어에서 말하기를, 우리가 살아있는 동안에 인생의 의미를 알아야지 죽으면 아무것도 할 수가 없다, 라고 했다. 그렇기 때문에 인생이라고 하는 것, 산다고 하는 것이 그렇게 중요한 것이다.

내가 세상에 있는 동안에는 세상의 빛이로라.

그 의미를 알 때, 내가 이 세상에서 빛의 역할을 할 수 있는 것이다. 그 의미를 알 때, 내가 다른 사람에게 도움을 줄 수 있게 된다. 아까 말한 것처럼 견성見性이 되어야 한다. 그리고 견성이 되어야 다른 사람에게 도움을 줄 수 있지, 견성을 못하면 다른 사람에게 도움을 줄 수가 없다.

이 말씀을 하시고
땅에 침을 뱉어 진흙을 이겨 그의 눈에 바르시고
이르시되 실로암 못에 가서 씻으라 하시니
(실로암은 번역하면 보냄을 받았다는 뜻이라)
이에 가서 씻고 밝은 눈으로 왔더라.

실로암은 저수지를 말한다. 예루살렘에는 저수지가 여러 개 있다고 한다. 산꼭대기에 이루어진 도시니까 필요한 물을 저장해 놓아야만 한다. 더구나 전쟁이 나거나 비상시에는 정말 물이 없어서는 안 된다. 그래서 이런 산꼭대기에 있는 도시는 반드시 물을 저장하는 저수지가 있게 마련이다. 예루살렘에도 남쪽과 북쪽 등 몇 개의 저수지가 있는 것으로 알려져 있다.

요전에 요한복음 5장에서도 예수께서 38년 동안 앓던 환자를 낫게 했던 기적을 행한 곳이 베데스다 못가였다. 여기에 나오는 실로암의 뜻이 '보냄을 받았다'는 말이라고 했는데, 그 말이 곧 하나님의 사자使者라는 말이다. 베데스다 못도 한 번씩 물이 솟구치는 순간이 있어, 그때 병자가 들어가야 병이 나을 수 있다고 했는데, 마치 간헐천처럼 물이 솟구쳐 오르는 것을 하나님의 천사가 그렇게 하는 것으로 믿었다.

여기의 실로암이란 곳도 마찬가지로 하나님의 천사라는 뜻을 가진 못이란 말이다. 이 실로암이란 저수지는 상上, 하下의 두 개로 나누어져 있는데, 상저수지의 물이 흘러 하저수지로 나올 때 물이 솟구쳐 오르는 것처럼 보일 때도 있었을 것이다. 어느 곳이나 사람들은 그런 말 만들기를 좋아해서 전설로 되어 내려오는 곳이 있게 마련이다.

불국사도 신라시대부터 내려오는 전설이 있는데, 절 앞의 무영탑이 연지蓮池에 그림자가 비치지 않았다는 전설인데, 그 연지가, 나는 바로 무영탑 아래에 있는 줄 알았는데 직접 가서 보니까 그곳에서 한 2km는 넘을 정도로 멀리 떨어져 있었다. 그러니까 그곳까지는 그림자가 가지도 못할 거리였다. 그런데도 사람들은 그런 이야기를 만들어 그림자가 연못에 비치지 않았다, 라는 전설이 되어 내려온다.

마찬가지로 실로암 못도 상저수지의 물이 하저수지로 연결되어 내려갈 때 물이 솟아 나오는 것을 보고, 사람들은 천사가 내려와 그렇게 만든 것이라고 이야기를 지어낼 수도 있을 것이다.

어쨌든 여기 9장에 나오는 실로암이라는 저수지는 천사가 내려오는 못이라는 뜻이 있지만, 5장에 나오는 베데스다라는 못은 사실 그런 뜻이 없는 못이다. 그렇게 보면 이 글을 쓴 사람이 그만 혼동을 하여 베데스다 못도 물이 솟구쳐 오르는 곳으로 표현했는데, 그것은 잘못 기록된 것으로 볼 수 있다. 베데스다는 물이 솟구쳐 오르는 것도 없고, 또 저수지도 두 개로 나누어져 있지 않다.

이 실로암 못에서 예수께서 눈먼 장님의 눈을 뜨게 해주는 기적을 행하게 되었다. 이러한 기적에 대해서 처음 기독교를 믿는 사람들은 받아들이기가 쉽지 않다. 그러나 오랜 동안 믿음을 가진 사람들은 이러한 기적이 없으면 오히려 매력이 없음을 느낄 것이다. 그러니까 이런 기적에 관한 문제에 대해서 맨 처음 신앙을 갖는 사람들은 억지로 받아들일 필요는 없다. 그러다가 차츰 신앙이 생기게 되면 기적이라는 것에 대해 익숙해질 수 있을 것이다.

마치 우리의 김치를 외국 사람들이 처음에는 먹지 못하다가 차츰 맛들이면 잘 먹게 되는 것과 마찬가지다. 신앙의 세계도 이와 비슷하다고 생각할 수 있다. 맨 처음에는 예수가 부활하고, 장님이 눈을 뜨게 된 것에 대해서 비과학적이고, 있을 수 없는 일이라고 생각되겠지만, 믿음이 생기게 되면 눈이 떠야 되고, 예수가 부활해야 된다는 생각을 갖게 되고, 그런 사실로 인해 우리의 인생이 더 멋있고, 우리의 생명이 더 풍부한 것이 됨을 알게 되는 것이다.

부활과 기적에 대해 자꾸 설명하려고 하는 사람도 있지만 그것이 설명으로 이해되는 문제가 아니다. 마치 김치의 독특한 맛을 설명으로 이해시킬 수 없는 것이나 마찬가지다. 그것은 지적知的으로 아는 것이 아니라 체득體得하는 길 밖에 없다. 미국에 가면 치즈가 그렇고, 중국의 또장이 그런데, 이런 것들이 처음에는 도저히 먹을 수 없는 것처럼 생각되지만 맛을 들여놓으면 그것 없이 살 수 없게 되는데, 나에게는 부활 없이는 못사는 것이 되고, 기적 없이는 못사는 것이 되고 말았다.

그래서 교회를 오래 다니게 되면 저절로 믿음도 갖게 되고 기적이나 부활에 대해서도 아무런 거부감 없이 받아들이게 되는 것이다. 이런 것을 보통 '신앙적 사실'이라고 말하는데 그것은 객관적 사실이나 주관적 사실이 아니고 내가 신앙이 생기면 저절로 받아들일 수 있는 신앙적 사실인 것이다. 그래서 우리가 신앙이 무엇인가 하는 문제를 풀게 되면, 그러한 기적에 관한 문제는 저절로 해결되는 것이다.

오늘 공부한 구절 중에서 가장 중요한 말은, 장님이 장님으로 태어난 것은 누구의 죄로 인한 것이 아니라, 하나님의 영광이 드러나기 위함이라는 것이다.

요전 시간에 즉유이증무卽有而證無라는 말을 했는데, 유有에 나아가서 무無를 증거한다는 말로서 간단히 말하면 유즉무有卽無이다. 불교식으로 말하면 색즉공色卽空이란 말이고, 기독교식으로 말하면 십자가즉부활十字架卽復活이다. 그래서 이러한 말들이 자기의 말로 승화가 되어야 한다. 그렇게 되어야 그것이 믿음이다.

아까 말한 김치, 그러면 김치가 나의 것으로 승화가 되어야 한다. 김치가 나의 반찬이 되고, 내 삶의 일부분이 되어야 한다는 말이다. 그래서 김치 없이는 못사는 그런 것이 되는 것이다.

마찬가지로 그리스도가 내 삶의 일부분이 되고, 그리스도 없이는 못사는 것이 되어야 하는 것이다. 나하고 그리스도가 아주 깊은 관계가 되는 것이다. 그래서 즉유이증무卽有而證無, 이런 말들이 아주 중요한 말이다. 유有에 즉卽해서 무無를 증거하는 것이다.

오늘 나온 구절로 말하면, 장님에 즉卽해 가지고 하나님의 영광을 증거한다는 말이다. 그러니까 왜 장님으로 태어났는가 하면 무無라고 하는 것을 드러내기 위한 것이란 말이다. 어떻게 예수께서 이런 식으로 표현했는지 정말 신기하다. 우리가 즉유이증무卽有而證無라고 하면 추상적으로는 알기 쉽다. 또 그렇게 표현하기도 쉽다. 그러나 구체적으로, 장님이 왜 장님이 되었는가. 증무證無, 즉 하나님을 증거하기 위해서 장님이 된 것이다, 라고 표현하는 것은 쉬운 일이 아니다.

이런 것을 현대철학에서 가장 잘 표현한 사람이 키르케고르이다. 키르케고르는 유有라는 말 대신에 불안不安이라는 말을 썼다. 키르케고르는 유명한 『불안不安의 개념』이란 책을 썼는데, 불안不安이라는 것이 왜 있는가에 대해 말해 놓은 것이다. 키르케고르는 무無라는 말 대신에 실존實存이라는 말을 써서, 불안不安이라는 것이 무엇인가 하면 실존이 되는 길이라고 했다.

요새 우리 김영삼 대통령이 잘 쓰는 '대도무문大道無門' 이란 말도 같은 말이다. 그러니까 '무문無門이 곧 대도大道'라는 말이다. 그것이 또한 무문관無門關이란 말이다. 무문관이란 말이 바로 무문대도無門大道라는 말로서 이것을 뒤집어 놓으면 대도무문大道無門이란 말이 된다. 이 말의 뜻도 결국 즉유이증무卽有而證無와 같은 뜻이다.

철학이란 것이 바로 이런 것을 말한다. 키르케고르는 사람이 왜 불안을 가지게 되었는가. 그것은 바로 실존이 되기 위해서 불안을 가지게 된 것이다, 라고 말한다. 그러니까 즉불안증실존卽不安證實存이란 말이다. 오늘 나온 예수께서 말한, 장님이 왜 장님이 되었는가, 하나님을 알기 위해서 장님이 된 것이다, 라는 것과 마찬가지이다.

키르케고르에게 또한 불안의 원인은 무엇인가 하면 우울이었다. 키르케고르는 아주 심한 우울증으로 시달렸다. 그런데 그 우울증이 키르케고르를 철학자로 만들게 된다. 만약 키르케고르에게 우울증이 없었다면 철학하고는 상관없는 사람이 되었을 것이다.

여러분들이 잘 아는 니체라는 철학자도 마찬가지다. 니체도 실존철학자인데, 니체도 심한 안질로 두터운 안경을 써야 했고, 또한 항상 편두통에 시달렸다. 그래서 니체는 일생동안 안질과 편두통을 치료하기 위해서 병원을 드나들었고, 그 병원비를 벌기 위해 끊임없이 글을 써야 했다. 물론 니체는 돈을 벌기 위해 글을 썼지만 그 글을 쓸 때가 니체에게는 가장 행복한 시간이었다. 왜냐하면 그 글을 쓸 때만은 편두통을 느낄 수 없었기 때문이다. 그것이 즉유증무卽有證無라는 것이다. 그러니까 니체의 모든 작품은 어디에서 나왔는가 하면 바로 편두통에서 나온 것이라고 말할 수 있다. 니체에게 편두통이 없었다고 하면 그런 위대한 철학이 나올 수 없었을 것이다.

또 여러분이 잘 아는 도스토예프스키라는 작가는 어떤 병으로 항상 고생했는지 아는가. 간질이었다. 그래서 도스토예프스키의 모든 작품은 어디에서부터 나왔는가 하면 간질에서 나왔다고 할 수 있다. 이런 것을 우리가 깊이 생각해 보면 인생이라고 하는 것이 무엇인지 아는 데 도움이 될 것이다.

내가 조금은 극단적인 예를 들어 말한 것 같지만 키르케고르의 우울증이나 니체의 편두통, 그리고 도스토예프스키의 간질과 같이 이 세상에 사는 사람들에게는 누구든지 자신만이 가지고 있는 고통을 다 갖고 살게 마련이다. 결국 우리가 일생을 살다보면, 무엇 때문에 일생을 살았나 하고 생각해 보면, 그러한 자신만의 고통 때문에 살았다고 할 수도 있다. 그것이 없다면 내가 사는 의미가 없어지고 만다. 다시 말하면 그것 때문에 산 것이다. 그것이 무엇이든지 좋다. 그것이 남편이 될 수도 있고, 자식일 수도 있고, 병 때문일 수도 있고, 하여간 그러한 것이 없는 삶은 있을 수 없다. 사람마다 다 다르긴 하지만 우리가 그 문제를 해결하기 위해서 노력하는 그 과정, 그것이 나를 사람으로 만들어 가는 것이다.

이것을 불교식으로 표현하면 번뇌즉보리煩惱卽菩提라는 말을 쓴다. 인간을 괴롭히는 번뇌가 바로 보리를 만드는 것이다. 보리로 만들었다는 말이 부처로 만들었다는 말이다. 다시 말해 견성성불見性成佛하게 되었다는 말이다. 견성見性, 견성이란 말을 자주 쓰는데 여기에서 성性이란 말은, 나에게 가장 다른 것이란 말로, 그것이 바로 나를 가장 괴롭게 하는 것으로, 그것이 나에게 가장 다른 것이 되는 것이다. 그것은 나만이 가지고 있는 것이지, 다른 사람은 알 수가 없는 것이다.

남편이 속을 썩인다고 하는 것도 내 남편이 속을 썩이는 것은 다른 사람과는 다른 것이 되는 것이다. 내 자식이 속을 썩이는 것은 다른 자식이 속을 썩이는 것하고는 다른 것이다. 나에게는 그것이 견딜 수 없는 고통이 되며, 다른 사람들이 자식 때문에 갖는 고통은 아무것도 아닌 것이 되고 만다. 내 남편이 속 썩이는 것이 제일 지독한 것이 되는 것이다. 그렇게 피할 수 없는 관계가 주는 지독한 고통, 그것이 성性이란 말이다. 그 성性이 바로 번뇌요, 고苦가 되는 것이다. 그것이 나를 못살게 구는 악마요, 사탄이다. 그 악마가 눈을 뜨고 보면 하나님으로 보이게 되는 것이다. 그러니까 눈을 감았을 때는 그것이 악마로 보였지만, 눈을 뜨게 되면 그것이 하나님의 사랑이란 것을 알게 된다는 말이다. 그것을 발견하는 것, 그것이 믿음이다.

여러분이 잘 아는 바울은 무슨 병이 있었는지 아는가. 확실치는 않지만 간질병이라고 말한다. 그 병을 없이 해달라고 여러 번 하나님께 기도를 했다고 성경에는 나와 있다. 그러니까 그 병에서 결국은 고린도전서도 나오고, 갈라디아서도 나오고, 다 나왔다고 할 수 있다. 그것이 바로 십자가인 것이다. 그래서 다 각각의 십자가를 지고 따른다는 말은 누구에게나 이러한 고민거리가 다 있다는 말이다. 그러나 그 고민거리를 통해서 인간은 부활할 수 있게 되는 것이다. 그러한 고민이 없다면 부활도 없는 것이다.

우리는, 십자가는 무시하고 자꾸 부활만 얘기하는데 그것이 아니다. 십자가가 곧 부활이다. 우리는 십자가를 통해서 부활을 얻게 되는 것이지 십자가가 없는 부활이란 것은 있을 수 없다. 그러니까 즉유증무卽有證無이다. 유有를 버리고 무無를 찾으면 그것은 무無가 아니다. 유有를 통해서 무無를 찾아야 그것이 무無가 되는 것이다. 그러니까 하나님께서 우리를 사람 되게 하기 위해서 우리에게 채찍을 주시는 것이다. 그 채찍이 바로 고苦라는 것이다. 그러한 고苦가 없이는 사람이 될 수가 없다. 사람이 깨는 만큼 하나님께서 우리들에게 더 큰 고苦를 주시는 것이다. 맹자에도 그런 말이 나온다. 그렇게 보면 고苦라는 것만큼 우리에게 고마운 것은 없다.

키르케고르는 말하기를, 하나님이 우리를 사랑하실 때에는 손으로 사랑하는 것이 아니라 발로 사랑한다, 라고 했다. 발로 사랑한다는 말은 발로 걷어찬다는 말이다. 사자는 새끼를 낳으면 새끼사자를 깊은 골짜기 밑으로 내어 던진다고 한다. 그것이 사자의 사랑이다. 그래서 새끼사자가 악을 쓰면서 올라오며 소리치는 것을 사자후獅子吼라고 한다. 그렇게 기어오른 새끼는 기르고, 기어오르지 못한 새끼는 결국 내어버린다는 말이다. 그러니까 하나님도 어미사자다, 라고 생각하면 된다. 우리를 사랑하시는 것이 손으로 어루만져 주시는 것이 아니다. 발로 매몰차게 찼다가 기어오르는 자만을 받아주시고, 못 오른 자는 버리고 만다고 생각하면 된다. 인간이 부닥치는 번뇌, 고민, 죄악, 여기에 나오는 장님 등, 이러한 일체의 고통이 왜 있는지, 그것을 우리는 알아야 한다. 그것은 내가 나 되게 하기 위해서 있는 것이다.

우리가 존덕성尊德性이라고 했는데, 사람이 사람 되기 위해서 그러한 고통이 뒤따르는 것이다. 그것은 사람이 되어보면 알 수 있다. 그래서 바울도 죄가 많은 곳에 은혜가 풍성하다는 말을 하게 되는 것이다. 그것이 또한 번뇌즉보리라는 말이다. 죄, 죄 때문에 얼마나 내가 고통스러웠는지 모르는데, 알고 보니 그것이 하나님께서 나에게 주신 은혜로구나, 라는 것을 느끼게 된다는 말이다. 이러한 것은 저절로 그렇게 느끼게 되어야지, 말로 표현한다든가, 억지로 느끼려 한다고 되는 것이 아니다. 그러니까 이런 것은 말로 설명할 수 없는 것인데 오늘 부활절을 맞아 어쩔 수 없이 말로 설명하는 것이다.

결국 이러한 것은 자기 자신이 눈을 뜨면 알게 된다. 그래서 이런 것은 말로 하거나 알 수 있는 것이 아니라, 눈을 뜨면 보이게 되는 것이다. 눈을 떠야 이것이 하나님의 사랑이구나, 하는 것이 보이게 된다.

그래서 즉유증무卽有證無이다. 또는 유즉무有卽無이다. 유를 통해서 무를, 번뇌를 통해서 보리를, 고苦를 통해서 낙樂을, 십자가를 통해서 부활을, 그렇게 되어야 한다. 언제나 유, 번뇌, 고를 통해서 무와 보리와 낙이 나오는 것이지, 유 없는 무, 고 없는 낙은 의미가 없는 것이 되고 만다. 밥맛도 배고파서 먹을 때 정말 맛있게 먹을 수 있지, 배부를 때는 밥맛이 좋을 수가 없는 것이나 마찬가지다. 언제나 그 반대에서 나와야 하는 것이다. 물도 바위틈에 나오는 물이 좋은 물이지, 강이나 저수지 물이 좋은 물이 아닌 것이나 마찬가지다. 언제나 유에서 나오는 무, 그것이 진짜 무이지, 유 없이 무가 나온다면 그것은 진짜 무라고 할 수 없다. 이런 것을 우리가 알아야 한다. 또 알아서만 되는 것이 아니고 체득이 되어야 한다. 예수가 소경의 눈을 뜨게 했다는 것을 알고 따라 외웠다고 해서 무엇하겠는가. 내가 눈을 떠야 하고, 내가 깨닫게 되어야지 성경을 많이 알고 따라

외워서 신학박사가 된들 무슨 소용이 있겠는가.

결국은 내가 되어야 한다는 말이다. 실존實存이다. 현실적으로 내가 존재가 되어야 한다는 말이다. 그것이 구체적으로 내 속에서 이루어져야 한다는 말이다. 여러분 각 사람이 받는 고통은 다 다르겠지만 그 고통을 통해서 반드시 눈을 뜨는 순간이 있게 될 것이다. 그래서 그 순간을 맞이할 때 진짜 부활을 경험하고 천국이 자기 속에 임함을 느낄 수 있게 될 것이다. 그러니까 고통이 천국에 이르는 길이라는 것을 깊이 알아야 한다. 십자가가 부활의 수단이지 다른 것이 아님을 우리는 알아야 한다.

기 도

주님의 십자가와 부활에
저희들이 언제나
참여할 수 있도록 인도하여 주시고
또 주님을 따라서
주님의 십자가와 부활을
저희들도 가질 수 있도록 도와주시옵소서.

그래서 저희가 인생을 사는 것이
무의미하게 사는 것이 아니고
한없는 의미와 가치를 발견하고 살아갈 때,
하루를 살아도 참 가치와 의미를 느끼면서 사는
저희들이 될 수 있도록 도와주시옵소서.

온 땅에 봄이 와서 모든 꽃이 만발한 이때에
자연으로부터 아름답고 깨끗함을
느낄 수 있도록 도와주시고
저희들도 이 자연과 한 몸이 되어서
아름답고 깨끗한 삶을 살 수 있도록
당신께서 도와주시옵소서.

오늘 이 시간도
저희들과 같이 하여 주시옵기를 바라옵고
예수님 이름 받들어 기도하옵나이다.
아멘.

36. 안식일의 주인

1994년 4월 10일

요한 9:8~17

이웃 사람들과 전에 그가 걸인인 것을
보았던 사람들이 이르되
이는 앉아서 구걸하던 자가 아니냐.
어떤 사람은 그 사람이라 하며
어떤 사람은 아니라 그와 비슷하다 하거늘
자기 말은 내가 그라 하니,
그들이 묻되 그러면 네 눈이 어떻게 떠졌느냐.
대답하되 예수라 하는 그 사람이
진흙을 이겨 내 눈에 바르고
나더러 실로암에 가서 씻으라 하기에
가서 씻었더니 보게 되었노라.
그들이 이르되 그가 어디 있느냐.
이르되 알지 못하노라 하니라.

이 내용은 전번에 나온 이야기이다. 장님이 어떻게 눈을 뜨게 된 것인지 설명한 내용이다.

그들이 전에 맹인이었던 사람을 데리고
바리새인들에게 갔더라.
예수께서 진흙을 이겨 눈을 뜨게 하신 날은
안식일이라.
그러므로 바리새인들도
그가 어떻게 보게 되었는지를 물으니
이르되 그 사람이 진흙을 내 눈에 바르매
내가 씻고 보나이다 하니,
바리새인 중에 어떤 사람은 말하되
이 사람이 안식일을 지키지 아니하니
하나님께로부터 온 자가 아니라 하며,
어떤 사람은 말하되 죄인으로서
어떻게 이러한 표적을 행하겠느냐 하여
그들 중에 분쟁이 있었더니,
이에 맹인 되었던 자에게 다시 묻되
그 사람이 네 눈을 뜨게 하였으니
너는 그를 어떠한 사람이라 하느냐.
대답하되 선지자니이다 하니,

유대 사람들에게 제일 큰 문제가 이 안식일 문제다. 우리나라 사람들에게 제일 큰 문제가 있다면 꼭 대학을 가야 한다는 것이다. 어느 곳이나 큰 문제는 있기 마련이다. 요즈음 와서는 대학 가는 것보다 더 큰 문제가 생겼다. 영어를 잘 해야 한다는 것이다. 요전에 텔레비전에서 보았는데 세 살 난 어린애에게 영어를 가르치기 시작한다는 것이다. 그 엄마가 영어 공부 때문에 너무나 고생을 했기 때문에 자기 아이에게는 쉽게 영어를 익히기 위해 세 살 때부터 영어를 가르친다는 것이다. 이러다가는 뱃속에서부터 영어를 가르쳐야 한다는 말이 나올 지경이다. 그런 것을 보면 어떤 나라든지 다 문제가 있다. 더구나 우리처럼 나라를 잃었던 사람들에게는 더 문제가 많을 수도 있다.

왜정 때는 일본말 잘 하기 위해 애를 썼고, 독립을 한 후 이번에는 영어 때문에 이렇게 또 애를 써야 한다는 문제에 부닥치게 된 것이다. 독립을 했으면 한국말만 갖고서도 살 수 있지 않겠는가. 그런데도 이제는 미국 사람들이 쓰는 영어를 꼭 해야 한다는 것은 무슨 일인지 모르겠다.

불란서에서는 영어를 알아도 못쓰게 한다. 불란서말로도 충분한데 왜 영어를 쓰는가 하고 절대 영어를 쓰지 않는다. 그런 것을 보면 불란서 국민들은 자주성이 강하다고 할 수 있다. 불란서에 가보면 어느 곳이든지 불란서어로 표기를 해 놓아서 화장실이 어디인지 찾기가 힘들었다. 그런 것이 다 무엇을 말하는 것인가 하면, 불란서나 독일, 영국, 이 세 나라는 서로 자주성을 내세우는 것이다.

다시 말해서 자기네들이 근세문명의 주도권을 갖고 있다는 자부심이다. 사실 독일, 불란서, 영국, 이 세 나라가 근세문명을 시작한 나라들이다. 독일은 게르만을, 영국은 앵글로색슨을,

프랑스는 프랑크 민족을 서로 내세우면서 자기네들만의 개성을 지키려고 하는 정신들이 얼마나 강한지 모른다. 그래서 이 세 나라가 몇 백 년에 걸쳐서 세계문명의 주도권을 쥐고 있는 것이다.

그런 것을 생각해 볼 때, 이제 우리도 우리의 자주성을 찾는 무엇이 나올 때가 되었다는 생각이 든다. 그런데도 우리는 어떻게 된 것인지 계속 식민지 근성만 이어가고 있으니, 그것이 안타까울 뿐이다. 우리도 우리의 것에 대한 자부심을 갖고, 우리 것을 내세우며 산다는 그런 정신이 있어야 하는데 그런 것이 아직 부족하다.

길거리에 나서보면 간판이란 간판은 거의 영어식 표기다. 어떤 간판을 보니 클린턴의 부인이름까지 쓰고 있었다. 힐러리라는 이름을 단 간판이었다. 영어가 아닌 곳은 또 불어나 독일어식 간판을 쓰기도 한다. 이러다가 앞으로는 전부 외국어 간판만 즐비해질 것이다. 왜 우리나라는 자꾸 이렇게만 되어갈까. 그런 것을 생각하면 정말 한심하기 짝이 없다. 어떻게 해서든지 우리도 우리들의 자주성을 회복하고, 우리의 것을 찾고 내세우면서 살아가도록 해야겠는데, 자꾸 남의 나라 문화에 빌붙어 사는 그런 나라가 되어 가고 있으니 정말 걱정스럽다. 아직 한국말도 제대로 못하는 아이에게 영어부터 가르쳐야 한다는 현실이 안타깝기만 하다.

마찬가지로 유대인들도 그 당시에 문제들을 갖고 있었다. 그중에서도 큰 문제가 두 가지 있었는데, 그중 하나가 안식일 문제였다. 이 안식일을 지키는 문제는 사실 좋은 것에 속하는 것이다. 이 사람들이 왜 이 안식일을 지키도록 강요하는가 하면 안식일에 자기네들의 경전을 배우도록 되어 있기 때문이다. 유대인들은 경전을 갖고 있는데 그것이 모세 오경이라는 것이다. 그것을 유대 민족이라면 누구에게나 꼭 가르쳐야 된다는 것이다. 하나의 정신교육이다.

그렇기 때문에 유대 사람들은 지금도 유대 사람들이 모여 사는 곳에는 반드시 유대 교회가 있다. 시나고그(Synagogue)라고 하는 교회인데, 그 교회에는 각각 자기의 자리가 정해져 있다. 어떤 사람이 일 년에 한 번밖에 교회를 안 나왔다 해도 그 자리는 그 사람 것이 된다. 다른 사람은 그 자리에 앉을 수 없다. 그리고 반드시 그 자리 값을 내도록 되어 있다. 일 년에 얼마큼이라고 정해진 자리 값을 꼭 내야만 한다. 그래서 유대 교회는 경제적으로 어렵다는 법이 없다. 세금같이 꼭 자리 값을 받기 때문이다. 그리고 언제든지 불을 켜 놓아 누구든지 와도 예배를 드릴 수 있도록 해놓고, 다윗의 별이라고 하여 표시를 해놓고, 안식일이 되면 항상 그곳에서 모세 오경을 읽게 되어 있다. 모세 오경을 쭉 읽고 그다음에는 해설을 해나간다. 그러니까 중국 사람들이 사서오경 가르치는 것이나 같은 것이다. 서

당에서부터 가르치는 것이 사서오경이니까, 그것을 가르침으로써 자기들의 주체의식을 강조하는 것이다.

이 안식일을 지키는 문제가 하나이고, 또 하나는 할례라고 해서 사람의 몸의 일부분에 상처를 내어서 누구든지 유대 사람은 표시가 나게끔 만들었는데 아기가 태어나면 8일 만에 할례를 받게 되어 있다. 그래서 유대 사람은 어디를 가도 유대 사람이지 유대 사람이 아니라는 것을 부정하기 어렵게 되어 있다.

만일 그 할례가 없었다면 2차대전시 독일의 히틀러가 유대 사람들을 600만이나 죽였을 때 살아남았을 유대인이 많았을 것이다. 외모나 행동으로는 독일 사람과 구별하기 힘들지만 할례를 받았기 때문에 유대인이라는 것을 피할 길이 없었던 것이다. 정신에 도장을 찍는 것이 안식일이라면, 육체에 도장을 찍는 것은 이 할례라고 할 수 있다. 그래서 유대 사람은 언제나 유대 사람으로 살고 죽으라는 것이다. 그러니까 유대인들이 나라를 잃은 지 2,000년이 되어도 다시 나라를 찾게 되는 것이다.

유대 사람들은 어디를 가도 게토라고 해서 자기네들끼리만 살지 다른 민족이나 다른 나라 사람들하고 결혼하는 것을 절대 허락하지 않는다. 결혼하면 유대 사람이 아닌 사마리아 사람이 되는 것이다. 다시 말해서 상놈이 되는 것이다. 그래서 반드시 자기네들끼리 결혼해야 하고 유대교를 믿게 되어 있지, 예수를 믿는다고 하면 큰일 나는 것이다. 그러니까 유대인들에게 예수는 메시아도 아니고, 그리스도도 아니다. 이렇게까지 함으로써 자신들의 독립정신과 자주정신을 지키고 길러 나가는 것이다.

그러므로 유대인들이 지금까지 나라 없이도 자신들을 유지해 나갈 수 있었던 것이지, 그런 것이 없었다면 벌써 유대인이라는 것은 없어지고 말았을 것이다. 그러니까 유대인들의 문제라는 것은 자주성, 독립성을 지키자는 것이다. 내 앞에서 다른 신을 섬기지 말라는 것은 너는 유대 사람 외에 다른 사람은 절대 되면 안 된다는 말이다. 미국 사람이 되든지 불란서 사람이 되면 안 된다는 말이다. 유대 사람은 유대 사람으로 났다가 유대 사람으로 죽어야 한다는 말이다.

이렇게 자기네들의 개성, 자주성, 주체성을 강하게 지키기 위해서 유대인이라면 누구나 이 두 가지를 반드시 받아들여야만 한다. 그래서 이 안식일이라는 것이 자꾸 문제가 된다. 또 그것을 엄격하게 지켜나가다 보니까 폐단도 많이 나오게 된다. 우선 안식일에는 조금도 일을 해서는 안 된다는 것이다. 일을 하지 말고 교회에만 나가서 모세 오경을 읽고 배워야 한다는 말이다. 일을 하지 말라는 것은 좋은데, 그러면 할 수 없는 일이 무엇이냐가 문제가 된다. 구약에 나오는 것을 보면 8가지를 하면 안 된다고 되어 있다. 예를 들면 농사를 하지 말라든지, 장사를 하지 말라든지, 하여튼 8가지 하지 못하는 일들을 정해 놓았다.

그런데 그것이 자꾸 새끼를 쳐 가지고 나중에는 39가지로 늘어나게 되는데, 그러한 내용은 구약에 나오는 것이 아니고, 그 후에 그 사람들의 전통 교육서인 탈무드에서 정해놓은 것이다. 그러다가 마지막에 가면 이것이 몇 개로 늘어나나 하면 1,521개로 늘어나게 된다. 안식일 날 하면 안 되는 일이 1,521개가 된다는 말이다. 사실은 안식일에 모세 오경을 배우고 가르치자는 것이 본질이었는데, 그 본질을 달성하기 위해서 일을 하지 못하도록 정한 것이, 나중에는 차츰 늘어나서 1,521개까지 되는 것이다. 이것이 소위 율법이라는 것이다. 율법이라는 것이 누구나 지켜야 하는 하나의 계율이다. 그렇게 지켜야 할 것이 많아지게 되는 것이다.

이것이 동양식으로 말하면 문질文質이라는 것인데, 논어論語에 나오는 말로서 문질빈빈文質彬彬이라는 말이 옹야편雍也篇에 나오는데, 질質이 문文보다 강하면 야野하고, 문文이 질質보다 강하면 사史하니 반드시 문文과 질質이 일치해야 한다고 말하였는데, 이 말은 속과 껍데기가 들어맞아야 군자君子라 할 수 있다는 말이다. 그런데 이 속과 껍데기를 맞춘다는 것이 쉽지 않다.

계절이 바뀌어 옷을 입는 데에도 어떤 옷을 입는가 하는 것이 복잡해지고, 결혼식을 하는 데에도 둘이서 식만 올리면 되는 것인데 어떤 식으로 결혼하느냐 하는 문제가 또 복잡하기 한이 없다. 결혼식을 기독교식으로 하자고 했다면 식에서는 어떤 드레스를 입느냐, 또 드레스는 얼마짜리로 할 것인가, 일생에 한 번 있는 결혼식인데 싼 것을 입을 수 있느냐, 남의 것을 빌려 입을 것인가, 등등 드레스 하나 결정하는 일도 쉽지 않다. 거기다가 예단문제, 폐백문제, 피로연 문제, 예식장 문제 등, 결정해야 할 문제들이 한두 가지가 아니다. 사람이라고 하는 것은 자꾸 문제를 만드는 동물이다. 아무것도 아닌데 자꾸 문제를 만들어 나가는 것이다.

그래서 공자는 너무 외관에만 힘쓰면 사史가 된다고 했는데, 사史 자를 사死 자로 보아 그러다가는 죽게 된다는 말이다. 너무 형식에 얽매이게 되면 그것이 짐이 되어서 다 죽게 되는 것이다. 자꾸 문제를 만들어 가지고 결혼식 하는 것이 하나의 큰 사건이 되고 만다.

얼마 전에 유명한 가수인 조용필이 나와서 말하는데, 자기 결혼식을 위해 300명이 한 달 동안 준비를 했다고 한다. 그런가 하면 또 텔레비젼에서 독일 사람이 결혼하는 것을 보았는데, 두 사람이 시청에 가서 담당직원 앞에서 간단하게 서약을 하고 결혼식을 끝마치는 것을 보았는데 한국기자가 그들에게 결혼비용을 얼마 썼느냐고 물었더니 독일 돈으로 50마르크 정도 들었다고 했다. 한국 돈으로 치면 2,500원 정도 되는 돈이었다. 2,500원을 들여서도 결혼할 수 있고, 2억 5천만원을 들여서 결혼할 수도 있고 그 형식에 따라, 사람에 따라 천차만별이 될 수 있다.

마찬가지로 안식일에 일하지 마라라는 한마디면 되는 일이, 자꾸 새끼를 치게 되면 1,521개까지 벌어지게 되는 것이다. 왜 이렇게 문제가 복잡해질까. 그래서 예수님께서는 그 당시에 안식일에 대해 어떻게 생각하셨을까 하는 것을 우리는 생각해 볼 수 있다. 왜 안식일에 지켜야 할 것이 1,521가지나 되며, 병이 나도 안식일에는 고치면 안 되는가라는 문제에 대해서, 생각이 있는 사람은 누구든지 의문을 가지게 된다. 어린애를 안식일에 낳게 되면 어떻게 될까. 어린애도 받으면 안 될 것이 아닌가, 안식일이니까. 그런데 다행히도 안식일에 아이는 받아도 좋다고 되어 있다. 소가 물에 빠지면 어떻게 해야 하나, 그것은 건져도 좋다고 되어 있다. 그러니까 예수께서도 소도 빠져 죽게 되면 건져주는데 사람이 병들어 죽게 되면 살려주어야 하지 않느냐, 라고 주장할 수 있는 것이다.

요전에 5장에 보면 병든 사람을 예수께서 구해주는 이야기가 나오는데, 그것을 가지고 유대인들은 안식일에 소는 물에 빠져 죽게 되면 구해주라고 율법으로 되어 있지만, 사람은 병들어 죽게 되어도 고쳐주라는 말이 없지 않느냐, 라며 달라붙는다.

사람의 어리석음은 끝이 없다. 여러분들도 집안의 대소사 문제로 끝없이 싸우는 경우를 많이 경험할 것이다. 사실은 아무

문제도 아닌 것을 갖고 싸우는 것이다. 결혼식 때도 그냥 입던 옷을 입으면 되지 굳이 몇 백만 원 하는 드레스를 꼭 입어야 할 필요는 왜 있겠는가. 한 번 입고 말 옷인데 꼭 그렇게 비싼 옷을 입어야만 하는가. 사람을 이성적 동물이라고 했는데, 이상한 동물이라는 게 더 어울릴지 모르겠다. 소크라테스가 이야기를 잘못한 것 같다. 사람은 왜 그런지 모르겠지만 이렇게 자꾸 문제를 만들어 가지고 그 속에 빠져 헤매기를 좋아하는 것 같다.

오늘 성경에 나오는 이야기도 병이 나았으면 그것으로 축복할 일이지 누가, 무엇 때문에, 하필이면 안식일에 낫게 해주었느냐고 따질 이유가 없는 것이다. 율법에 안식일에 병 고치면 안 된다고 되어 있는데 예수가 병을 고쳤으니 그것은 잘못이다, 라고 하여, 결국 예수를 비난하고 잡아 죽이는 구실로 삼는 것이다. 예수가 왜 죽게 되는가 하면 안식일에 병을 고쳐 주었다는 것 때문이다. 그래서 이 안식일에 대한 이야기가 성경에도 여러 번 나오게 된다.

오늘 나온 구절에도 보면 안식일을 지키지 않는 것으로 보아서, 그는 하나님에게서 온 사람이 아니오, 라는 말이 나오는데, 이 사람들은 안식일이라는 것을 하나님이 정했다고 생각했다. 창세기에 보면, 하나님께서 엿새 동안 우주를 창조하고 이렛날 되는 안식일 날 쉬었다, 라고 되어 있는데 그래서 우리도 이렛날인 안식일에는 쉬어야 된다, 라고 생각하는 것이다.

그러나 예수의 생각은 다르다. 하나님이 왜 쉬겠는가. 하나님은 전지전능하신 분인데 쉴 필요가 어디 있겠는가. 하나님이 쉬면 이 우주가 그대로 있을 수 있겠는가. 그래서 하나님께서 지금에 이르기까지 일하고 계시므로 나도 일하고 있다고 요한복음 5장 17절에 예수께서 말하는 것이다. 창조는 엿새 만에 끝난 것이 아니라 지금에 이르기까지 계속 되는 것이다. 지구는 계속 돌아가고, 태양도 계속 뜨는 것이지, 하나님이 쉬면 지구와 우주가 돌아갈 수 있겠는가. 그러니까 예수의 생각에는 하나님에게는 안식이란 것이 없다고 생각하는 것이다.

그러면 왜 안식일이 생겼는가. 그것은 유대 사람들이 하루를 정해 사람들을 가르치기 위해 생긴 것이라고 할 수 있다. 사실 모세 오경이 나온 것이 바로 그것이다. 그러니까 하나님에게는 사실 배우거나 가르칠 일이 없다. 하나님에게는 안식일이 필요 없다. 꼭 안식일이 필요하다면 사람에게 필요한 것이다. 사람은 엿새를 일하고 고단하니 하루정도는 쉬어야 한다. 사람을 쉬게 하기 위해 안식일이 만들어졌는지 모르지만 하나님에게는 안식일이 필요없다. 그러니까 예수께서, 하나님께서 일하시니 나도 일해야지 안식일이라고 내가 쉬어서야 되겠는가, 라고 생각하는 것이 유대인들하고 다른 점이다. 나는 계속 일해야겠다. 나는 계속 다른 사람을 살려 주어야겠다. 그래서 안식일에도 병자를 고쳐주어야 하고 눈먼 사람의 눈을 뜨게 해주어야겠다. 그것이 곧 나의 책임이다, 라고 생각하는 것이다.

그런데 그 당시 유대인들은 이런 예수를 보고 네가 무엇인데 잘난 체 하느냐, 네가 건방지게 우리를 가르치려 드느냐 하고 예수를 비난하고 잡아 죽이려 하는 것이다. 그 당시 지도자들은 자신들의 관습과 생각을 바꾸려고 하지 않고, 자신보다 앞선 생각을 가진 예수를 그냥 놔 둘 수가 없었던 것이다. 자기네들 방식대로 다스리려고 하는데 예수가 나타나서 자꾸 사람들을 선동하니 자기들이 곤란에 빠지게 된다는 것이다.

자기들보다 잘난 사람은 죽여 없애버려야 한다는 것이 독재자들의 생각이다. 이북에서도 김일성이 혼자 독재할 수 있는 것은 자기보다 잘난 사람들을 다 죽였기 때문이다. 그래서 김일성을 능가할 사람이 아무도 없게 된다. 마찬가지로 그 당시 유대인들의 지도자인 바리새파 사람들도 자신보다 잘난 예수를 안식일을 위반했다고 죄인으로 몰아 죽이게 되는 것이다.

오늘 배운 마지막 구절에, 그는 예언자(선지자)다, 라는 말이 나오는데 그 말이 '그는 하나님의 사람이다' 라는 뜻이다. 다시 말해서 예수는 우리와는 다른 사람이라는 말이다. 그러니까 우리는 그 사람의 말을 따라야 한다는 것이다. 안식일에 대한 예수의 생각은 한마디로 말해서 마가복음 2장 28절에 나오는 인자人子는 안식일에도 주인主人이니라, 라는 말이다.

양명의 말로 말하면 심즉리心卽理라는 것이다. 바꾸어 말하면 내가 우주의 주인이다, 라는 생각이다. 수처위주隨處爲主면 입처개진立處皆眞이나 같은 말이다. 그러니까 사람이 안식일의 주인이 되어야지 안식일에 끌려 다녀서 되겠는가, 라는 말이다. 그것이 예수가 안식일에 대해서 마지막으로 주장한 내용이다.

율법에 대해서도 마찬가지다. 사람이 율법의 주인이 되어야지, 율법의 노예가 되어서 되겠는가, 라는 것이 예수의 생각이다. 이것이 소위 자유라는 말이다. 사람이 결국은 자유가 되어야지, 어디에 얽매여서는 안 된다는 말이다. 물론 법에 순종해야 한다. 그러나 내가 법의 주인이 되어야지 법에 끌려 다녀서는 안 된다는 말이다.

그러니까 나는 준법자이면서도 동시에 입법자가 되어야 한다. 내가 준법자만 되어서는 자유가 될 수 없다. 자유라는 것은 어디에서 나오는가 하면 우리가 법을 지배할 때 자유가 나오는 것이다. 법에 끌려 다니면 노예이지, 자유가 될 수가 없다.

가장 완전한 법을 가진 세계를 자연이라고 한다. 그야말로 법의 덩어리가 자연이다. 그래서 법계法界라는 말을 쓴다. 그러나 인간은 자연보다 더 높다. 그래서 인간이 자연의 주인이란 말이다. 이것이 바로 심즉리心卽理라는 사상이다. 그것도 인간이 자연의 주인이란 말이다. 인간은 자연을 깨끗하게 할 수도 있고, 더럽게 할 수도 있다. 인간이 잘못되면 자연도 더렵혀지는 것이고 인간이 잘하면 자연도 깨끗해지는 것이다. 그것이 심즉리心卽理라는 말이다.

안식일도 마찬가지다. 인간이 안식일을 제대로 잘 이용하면 안식일의 주인이 될 수 있다. 그런데 인간이 안식일을 제대로 못 쓰게 되면 안식일의 노예가 되고 마는 것이다. 그러니까 사람이 안식일에 주인이다, 라는 사상이 양명이 말한 심즉리라는 사상과 같은 것이다.

그래서 일본 사람들 중에 양명을 따르던 사람들이 기독교도가 쉽게 되었다는 이유가 바로 이것 때문이다. 주자학이 자연을 주장한 사상이라면 양명은 그 자연을 넘어서야 한다는 사상이다. 그러니까 인간 철학이 되는 것이다. 기독교도 마찬가지로 유대교의 율법주의를 벗어나 인간주의로 가자는 것이다. 율법을 넘어서는 것이 사람이라는 것이다.

율법을 초월한다는 말이 율법을 지키지 않는다는 말이 아니다. 율법을 지키되 율법의 주인이 되어야 한다는 뜻이다. 그러니까 언제나 자유가 자연보다 높다는 사상이다.

사람이 이 우주의 주인이라는 사상이다. 이것이 양명의 심즉리의 사상이고, 오늘 나온 예수의 안식일에 대한 사상이다. 인간이 안식일의 주인이다. 그것이 예수가 말하는 안식일에 대한 견해이다. 이것이 정말 중요한 사상이다. 마가복음 2장 28절에 나오는 이 말이 중요한 것이다. 우리가 안식일에 주인이 되어야지 안식일에 빠져서는 안 된다는 말이다. 다시 말해서 우리는 안식일을 가장 가치있게 이용해야지, 안식일에 끌려 다녀서는 안 된다는 말이다.

기 도

사랑하는 주님,
화창하고 아름다운 봄날을 맞이해서
저희들이 한없이 즐거운 마음으로 모여
찬송하고 기도드릴 수 있게 하여 주신 데 대해서
진심으로 감사를 드립니다.

온 자연이 다 나를 위해서
자신들의 최선을 다하고 있습니다.
하늘도 땅도 산도 나무도 일체가
나와 관계없는 것이 하나도 없습니다.
우리가 이 모든 대자연을 진심으로 사랑할 수
있도록 도와주시옵소서.
자연을 아끼고 자연을 살려서
깨끗한 자연을 만드는데
우리 민족의 힘을 쓸 수 있는
저희들이 될 수 있도록 도와주시옵소서.
자연이 우리를 사랑하듯이
우리도 자연을 사랑하여
서로 한 몸이 되어서 같이 사는
저희들이 될 수 있도록 도와주시옵소서.

오늘도 주님께서 저희들을 지혜롭게 하여 주시고
당신의 말씀을 깨달을 수 있도록 도와주시고
하나님의 사랑을 좀 더 느끼고 살 수 있는
저희들이 될 수 있도록 도와주시옵소서.
이 모든 말씀 예수님 공로 받들어 기도하옵나이다.
아멘.

37. 메시아

1994년 4월 17일

요한 9:18~34

유대인들이 그가 맹인으로 있다가
보게 된 것을 믿지 아니하고
그 부모를 불러 묻되,

요전 시간에 나온 장님의 이야기가 오늘도 계속 되는데, 사람들은 장님이 보게 된 사실을 믿을 수 없어서 그의 부모를 불러서 확인을 해보게 되었다는 이야기다.

이는 너희 말에 맹인으로 났다 하는 너희 아들이냐.
그러면 지금은 어떻게 해서 보느냐.
그 부모가 대답하여 이르되
이 사람이 우리 아들인 것과 맹인으로 난 것을 아나이다.

그러나 지금 어떻게 해서 보는지
또는 누가 그 눈을 뜨게 하였는지
우리는 알지 못하나이다. 그에게 물어 보소서.
그가 장성하였으니 자기 일을 말하리이다.
그 부모가 이렇게 말한 것은
이미 유대인들이 누구든지
예수를 그리스도로 시인하는 자는
출교하기로 결의하였으므로 그들을 무서워 함이러라.
이러므로 그 부모가 말하기를 그가 장성하였으니
그에게 물어 보소서 하였더라.

유대교라고 하는 것은, 우리들이 말하는 기독교나 불교나 유교라는 종교와는 다르다고 할 수 있다. 다르다는 것은 무엇인가 하면 이 종교가 국가나 마찬가지라는 것이다. 왜 그렇게 되었나 하면 이스라엘이 바빌론에게 망하게 되고, 그 사람들에게 붙잡혀 70여 년을 있다가 돌아오게 되는데, 그때쯤에는 페르샤란 나라가 강대국이 되어 바빌론에 붙잡혀 있던 유대 사람들을 이스라엘로 돌려보내게 된다. 그 후로 계속해서 페르샤의 지배를 받게 되는데 독립은 생각할 수도 없었고 기껏해야 예루살렘 성전을 중심으로 해서 사는 것이지, 국가 형태를 이루는 것은 불가능했다.

우리가 일제시대에 우리나라를 잃고 애국가도 부를 수 없으니까 교회에 모여 애국가와 같은 곡조인 천부여 의지 없어서란 찬송을 애국가 대신 불렀는데, 그 당시에는 이 찬송을 부르면 누구든지 애국가를 부른다고 생각했다. 그리고 그 당시 한국의 지도자란 사람들이 자리를 가질 수가 없으니까 대개는 다 교회에 가서 목사노릇을 한 사람이 많았다. 그러니까 그 당시에 목사라고 하는 사람들은 다 애국자들이었다.

그것은 기독교만 그런 것이 아니고 불교나 유교도 마찬가지였다. 더구나 천도교는 그런 정신이 강했다고 할 수 있다. 동학은 천도교인들이 모인 곳일 뿐만 아니라 애국인들이 모인 곳이었다. 우리가 잘 아는 삼일운동이 무엇인가 하면 독립운동인데 그것을 누가 주동하게 되나 하면 손병희가 주동하게 된 것이다. 손병희와 함께 이승훈도 참여하게 되고, 한용운도 참여했다. 그러니까 종교라고 하는 것이 애국인들의 모임이 되고 만 것이다.

유대교도 마찬가지로 오래 동안 강대국의 지배를 받다 보니까 애국인들이 갈 데가 없어 유대교에 모이게 된 것이다. 페르샤 다음에는 희랍의 알렉산더 대왕이 또 유대를 점령하게 되고, 그다음 희랍이 망한 후에는 또 로마가 지배하게 된다.

그 후 1948년까지 약 2천 5백 년 정도를 유대인들은 독립하지 못하고 지나게 된 것이다. 우리가 36년 동안 나라를 빼앗겼는데 유대인들은 2천 5백년을 나라 없이 지내게 된 것이다. 그러니까 유대 교회가 그 사람들의 독립운동의 본거지가 되었다. 그래서 유대교라고 하면 하나의 종교인들이 모이는 곳이 아니고 애국인들이 모이는 곳이다, 라고 생각할 수 있다. 그러므로 유대교에서 쫓겨난다는 말은 결국 국가에서 쫓겨나는 것이 된다. 그러니까 유대교에서 축출된다는 말은 죽는 것이나 다름이 없다.

여러분이 잘 아는 스피노자도 유대교에서 쫓겨났는데, 그때가 스피노자의 나이 24살 때로서, 그렇게 축출 당하게 되면 다른 유대인들은 스피노자와 말을 해도 안 되고, 스피노자 집에서 살아도 안 되고, 스피노자의 책을 읽어도 안 되고, 하여튼 일체의 인연을 끊어야 했다. 그래서 스피노자는 할 수 없이 유대인 집단에서 나와 가지고 기독교인 집단에 가서 살게 된다. 기독교 집단에 사는데도 밤낮 유대인들이 죽이려 하고 못살게 굴어 16번인가를 집을 옮겨 다니며 살게 되고, 한 번은 길거리에서 칼침을 맞게 되는데 마침 겨울이어서 두꺼운 외투를 입은 덕택에 죽지 않고 살아나게 되는 일도 있었다. 그러니까 유대교에서 추방된다는 것은 유대인들에게는 보통 심각한 문제가 아닌 것이다. 그것은 죽는 것과 다름없게 되고 보호해줄 사람들이 아무도 없게 되는 것이다. 그래서 유대교라는 것은 정치적인 권력보다도 강한 힘을 갖고 있었다.

깡패조직에 한 번 들어가면 나올 수 없고, 옛날에 백백교나 요즘 말썽이 되고 있는 영생교에도 한 번 그곳에 들어가면 나올 수 없게 된다고 하는데, 나오게 되면 죽이니까 그곳에서 빠져 나올 수가 없는 것이다. 공산당이라는 것도 마찬가지다. 한 번 공산당이 되면 나올 수가 없게 된다. 그래서 집단조직이란 것은 들어가는 것은 쉽지만 나오는 것은 쉽지 않은 것도 사실이다. 하여튼 유대교라는 것도 종교적인 것뿐만 아니라 자기네들끼리의 정치적인 벌레집단과 마찬가지라고 할 수 있다. 꼭 그곳에 붙어있어야만 살 수 있기 때문이다. 그러니까 상당히 무서운 집단이 되고 마는 것이다. 그래서 여기서 말하는 축출 당하게 되면 모든 것이 끝장난다는 말이 된다.

예수를 그리스도라고 시인하는 사람은 예수를 유대말로 '메시아'로 부른다는 말이다. 메시아란 말이 희랍어로는 그리스도가 되는 것이다. 메시아란 말은 유대인들에게 정말 나라를 독립시켜 줄 사람이란 말로 다윗과 같은 존재다. 다윗이 유대 나라를 독립시키고 통일한 사람으로 유대인들에게는 메시아나 그리스도가 되는 것이다. 그래서 맨 처음 예수가 나타났을 때에도 유대인들은 그런 기대를 갖고 예수를 눈여겨보았는데 예수는 그런 의도가 전혀 없다는 것을 알게 되었다. 정치적으로 유대 나라를 독립시키려는 의도가 하나도 없었다는 말이다.

전번 시간에 장님이 말했던 것처럼 예수는 예언자, 선지자이지, 정치적인 지도자나 왕이 아니란 말이다. 그런데 이 사람들은 왕을 찾고 있는 것이다. 다시 말해서 유대인들을 독립시켜 줄 독립투사를 찾고 있는 것이다. 유대 역사에는 그런 사람도 있었다. 유대인들이 희랍의 지배를 받고 있을 때, 셀레우코스

왕조의 마지막 왕이었던 안티오쿠스 에피파네스가 통치를 하고 있었는데, 예루살렘 성전의 보물은 다 탈취해가고 그 성전에 제우스 신상을 갖다 놓고 제우스 신전으로 만들어 버리고 말았다.

그래서 성경에 나오듯이, 예수님께서, 세상의 끝에는 무슨 징조가 있사오리까, 라는 제자들의 질문에 답할 때, 멸망의 가증한 것이 거룩한 곳에 선 것을 보거든, 이라는 말을 했는데, 결국 예루살렘 성전에다가 제우스 신전을 만든 것처럼, 예루살렘이 다른 나라의 지배를 받아 황폐하게 됨을 이야기하는 것이다.

일제시대 때 우리나라에 신사를 만든 것이나 마찬가지다. 그때에는 교회는 그대로 두고 신사를 별도로 만들었지만 이스라엘에서 희랍 사람들은 아예 교회를 없애고 그곳에 신사를 세운 것이다. 그래서 이것을 도저히 참을 수 없다고 하여 마카비라는 유대인이 떨치고 일어나 투쟁을 벌이게 되는데, 마침 그 당시에 희랍의 힘이 점점 쇠약해져 갈 때여서 아테네에서 유대나라까지 제대로 힘이 미치지 못하게 되어 결국 희랍 군이 마카비가 이끄는 유대 군에게 지고 말았다. 그래서 마카비에 의해 유대 나라가 독립하는 사건이 벌어지는데, 이때에 다시 예루살렘 성전을 회복시키게 되었다.

그러니까 유대 사람은 이러한 마카비와 같은 독립투사를 바라고 있는 것이다. 그런데 예수는 그러한 사람이 못 된다는 말이다. 그래서 누구든지 예수를 그리스도로 고백하는 자가 있으면, 이란 말은 예수가 마카비와 같이 유대 나라를 독립시켜줄 사람이라고 고백하는 자가 있으면, 이란 말이 되고, 그런 사람은 곧 유대교에서 축출될 것이라는 말이 된다.

그러니까 유대인들은 예수를 인정하지 않는 것이다. 왜냐하면 사람들이 예수에게 몇 번이나 그런 뜻을 물어 보았지만 예수는 전혀 그런 의도가 없었기 때문이다. 그래서 유대인들은 예수를 이단처럼 몰아붙여 그를 따르는 사람들도 유대교에서 축출하는데 이르게 되는 것이다. 그러므로 여기에 나오는 소경의 부모도 그러한 사실을 두려워하여 유대인들에게 자기 아들이 성년이 되었으니, 직접 물어 보라고 대답하는 것이다.

이에 그들이 맹인이었던 사람을 두 번째 불러 이르되
너는 하나님께 영광을 돌리라.
우리는 이 사람이 죄인인 줄 아노라.

그래서 유대인들은 그 소경을 다시 불러서 거짓말하지 말고 진실을 말하도록 촉구하면서, 자신들은 예수가 그리스도가 아닌 것을 확실히 알고 있다고 말했다.

그 당시에 유대인들을 지배하고 있던 나라는 로마로서, 이때에 로마는 국력이 한창 강할 때였다. 예수가 태어날 즈음에 시저의 양자였던 옥타비아누스가 제왕으로 있었는데 그 로마를 물리치고 독립을 한다는 것은 생각조차 할 수 없을 때였다. 그러나 로마 통치자들이 유대인들을 워낙 심하게 탄압하니까, 이에 반발하여 예수님께서 세상을 떠난 뒤인 주후 66년에 독립운동을 다시 시작하게 되는데, 결국 주후 70년에 예루살렘 성전이 로마군에 의해 불에 타 소실되는 사건이 벌어지게 된다.

그래서 성경에 예수님께서, 돌 하나도 돌 위에 남지 않고 다 무너뜨려지리라, 라는 말씀을 하였는데 정말로 예수님께서 죽으신 후 약 40년 만에 성전이 무너지고 마는 것이다. 그리고 그 후에 주후 130년경에 다시 한 번 유대인들이 반항을 하게 되는데 그때에는 완전히 멸망하게 되어 예루살렘 성전이 주피터 신전으로 바뀌게 된다. 희랍 사람들이 제우스신을 믿듯이 로마시대에는 주피터 신을 믿고 있었다. 그래서 역사적으로 볼 때 예루살렘 성전이 두 번 다른 신전으로 바뀌는 사건이 벌어진 것이다. 그 이후에는 유대인들이 다 흩어져 살게 되어 다시 성전을 회복시키지 못하게 되고 만다.

> 대답하되 그가 죄인인지 내가 알지 못하나
> 한 가지 아는 것은
> 내가 맹인으로 있다가
> 지금 보는 그것이니이다.

소경이 대답했다. 예수가 정치적인 능력이 있는지 없는지는 잘 모르겠지만 눈을 뜨게 해주는 능력이 있는 것만은 확실합니다.

그들이 이르되
그 사람이 네게 무엇을 하였느냐.
어떻게 네 눈을 뜨게 하였느냐.
대답하되, 내가 이미 일렀어도 듣지 아니하고
어찌하여 다시 듣고자 하나이까.
당신들도 그의 제자가 되려 하나이까.
그들이 욕하여 이르되
너는 그의 제자이나 우리는 모세의 제자라.
하나님이 모세에게는 말씀하신 줄을 우리가 알거니와
이 사람은 어디서 왔는지 알지 못하노라.

모세라는 사람이 결국 유대 나라를 시작한 사람이다. 물론 나라를 통일하는 것은 다윗이 했지만 모세가 그 기반을 닦은 것이다. 애급에 흩어져 있는 유대 민족들을 모아 이끌고 나와서 법을 만들고 정신을 세우게 된다. 그래서 여기서 말하는 하나님께서 모세에게 직접 말씀하신 말이란 곧 모세의 율법을 말한다.

그 사람이 대답하여 이르되
이상하다. 이 사람이 내 눈을 뜨게 하였으되
당신들은 그가 어디서 왔는지 알지 못하는도다.
하나님이 죄인의 말을 듣지 아니하시고
경건하여 그의 뜻대로 행하는 자의 말은
들으시는 줄을 우리가 아나이다.
창세 이후로 맹인으로 난 자의 눈을 뜨게 하였다
함을 듣지 못하였으니,

이 사람이 하나님께로부터 오지 아니하였으면
아무 일도 할 수 없으리이다.

소경은 예수를 왕은 아니지만 예언자로 받아들이고 있다. 메시아란 말뜻은 세 가지의 뜻이 있다. 하나는 왕이고, 다른 하나는 예언자이고, 또 하나는 제사장이란 뜻이다. 동양에서는 이것을 군사부君師父로 부른다. 군은 왕이고, 사는 선생이란 말이고, 부는 아버지란 말이다. 그러니까 소경은 메시아를 예언자의 뜻으로 말하는 것이고, 유대인들은 메시아를 왕이란 뜻으로 말하는 것이고, 같은 말을 쓰지만 내용으로는 다른 말을 하고 있는 것이다.

그들이 대답하여 이르되
네가 온전히 죄 가운데서 나서
우리를 가르치느냐 하고

여기서 '죄의 씨앗'[1]이란 말은 죄인이란 뜻을 말하는 것이 아니고 우리말로 하면 상놈이란 뜻이다. 그러니까 너 같은 상놈이 우리 같이 높은 지도자를 가르치려고 하느냐란 말이다.

이에 쫓아내어 보내니라.

1. 고병려(1987), 『요한 문학』(약주/신약성서 시리즈, 종울림 신학 총서 4, 서울: 종로서적), p. 35 〈너는 오로지 죄의 씨앗으로 태어나서 이 우리를 가르치려 드느냐?〉

결국 그 소경을 자기들 집단에서 추방하게 되는데 그럴만한 잘못을 저지르지도 않았는데 대답을 잘 못했다는 사실 때문에 추방했다는 것은 지나친 처사라 할 수 있다.

지금까지도 유대인들은 예수를 그리스도로 인정하지 않는다. 그러니까 현대 유대인들도 정치적인 메시아를 기다리고 있지 종교적인 메시아를 찾고 있지 않다. 기독교에서는 메시아를 종교적인 메시아로 생각하지만 유대교에서는 그렇지 않다는 말이다. 그래서 오늘에 이르기까지 예수를 그리스도로 받아들이지 않는 것이다.

지금도 유대교는 존재하고 있고, 유대인들도 우리나라와 마찬가지로 1948년에 독립을 하게 된다. 많은 사람들이 이스라엘 독립을 위해 애를 썼는데 그중에 가장 큰 기여를 한 사람은 영국 사람들이라고 한다. 2차대전시 그 지역을 영국 사람들이 장악하고 있었는데, 그 사람들이 독일하고 싸울 때, 유대인들이 히틀러에게 600만이 처형당하게 되니까 그것을 조금이라도 위로해주기 위해서 그들에게 땅을 만들어 주어야겠다는 생각에서 팔레스타인 지역에다가 조그마한 땅을 주게 된 것이다. 그 당시 그 땅은 영국령으로 되어 있던 곳이었다.

맨 처음에는 유대인들이 그곳에 살고 있던 아랍 사람들과 같이 살기로 작정하고 그곳으로 모여들게 되었다. 그것을 그 당시에 말하는 시온주의라고 하는데, 예루살렘에 있는 산을 시온

산이라고 하는데, 그 산의 이름을 따서 유대인들이 그곳의 아랍인들과 함께 살겠다는 뜻에서 붙인 이름이었다.

그런데 나중에 차츰 마음이 바뀌기 시작하여 그곳에 사는 아랍인 50만 명을 내쫓고 말게 된다. 그것이 지금까지 계속되고 있는 유대인과 아랍인들 사이의 갈등의 시작이다. 독일 사람들에게 600만이란 유대인이 죽임을 당하는 비참한 일을 겪었으면 아랍 사람들에게는 자신들이 당한 그런 비극이 다시 되풀이되게 하면 안 되는 것이다.

우리 속담에 호된 시집살이 한 시어머니가, 더 혹독하게 며느리 시집살이 시킨다는 말이 있는데, 독일에게 그만큼 학대를 당했으면 아랍 사람들에게는 그런 짓을 하면 안 된다. 그러니까 이스라엘이 아랍 사람들에게 도덕적으로는 크게 잘못을 저지른 것이다. 하루 밤 사이에 그곳에 살던 50만 명의 아랍 사람들이 쫓겨나서 지금까지 49년을 넘도록 천막생활을 하면서 돌아갈 날을 기다리는 것이다. 우리 동포들이 해방 후 49년이 넘도록 연해주나 사할린에서 못 돌아오고 있는 것이나 마찬가지다. 그런 것을 보면 유대인들의 역사나 우리의 역사나 비슷한 점이 많다. 그래서 요즈음 들어서 가자 지구에 팔레스타인 난민을 위해 자치구역을 만들도록 해 준 것이다.

49년 동안을 정착하지 못하고 떠돌던 팔레스타인 사람들을 위해 이스라엘뿐만 아니라 다른 국가에서도 독립을 할 수 있도록 도와주어야 할 것이다. 그래서 아랍 사람들은 이스라엘 사람들 보기를 원수처럼 여긴다. 왜 처음에는 같이 살겠다고 해놓고는 다 내쫓고 자기들만 사는가 하고, 이스라엘 사람들을 다 없애버려야 한다고 생각하는 것이다. 이라크가 자꾸 전쟁을 하겠다는 것도 이스라엘을 멸망시키려고 하는 것 아니겠는가. 그러다가 미국에게 당하고 말았는데 어쨌든 정치적으로는 복잡한 문제가 걸려 있겠지만 애초에 이스라엘에서 잘못한 것만은 확실하다. 처음부터 팔레스타인 사람들과 함께 잘 살았다면 아무런 문제가 없었을 텐데 그 사람들을 내쫓다 보니까 50년 동안을 전쟁과 테러가 끊일 날이 없는 것이다.

그러니까 국가적으로 잘못되면 문제해결 하기가 쉽지 않다. 내 경우도 이산가족이 된 지 벌써 50년이 다 되었는데 아직도 내 동생이 살았는지 죽었는지도 모르고 있다. 앞으로 얼마를 더 기다려야 하는지 정말 답답하기 짝이 없다.

유대교와 기독교는 서로 상반되는 것도 많은데, 예를 들면 기독교에는 개조開祖라는 것이 있지만 유대교에는 개조라는 것이 없다. 기독교는 예수가 개조이다. 그러나 유대교는 모세라고 말할 수 있을는지 모르지만 사실 모세는 개조가 아니다. 그전에 아브라함 시대도 있었고 아브라함 이전에 또 노아 시대도 있었다. 그런데 유대 사람들에게 특별한 점이 있다면 얼마 안 되는 종족 중에서 큰 인물이 많이 나왔다는 것이다. 우선 예수라는 세계적인 성인이 나왔으며 여러분들도 잘 아는 아인슈타인도 유대인이며 카를 마르크스, 스피노자 등 수없이 유명한 인물들이 이 조그마한 민족에서 배출되었다. 현대뿐만 아니라 과거에도 이사야, 예레미야, 에스겔, 다니엘 등의 쟁쟁한 큰 인물들이 많이 나왔다. 어떻게 이런 큰 인물들이 유대 민족에서 모두 나오게 되었는지 신비할 정도이다.

우리 한국에서도 앞으로 이런 큰 인물들이 자꾸 나와야 할 것이다. 우리 민족 중에서도 노벨상 받는 사람도 있어야 하겠고, 아인슈타인처럼 유명한 과학자도 나와야 하겠고, 하여튼 그러한 큰 인물들을 우리도 배출시키지 못할 이유가 없다. 그런 큰 인물들이 자꾸 나와야 우리나라가 세계에 공헌할 수 있는 나라가 될 수 있지, 그렇지 못하면 세계적인 나라가 될 수 없다. 그러한 사람은 그냥 나오는 것이 아니다. 온 국민이 힘을 합쳐서 나오게 되는 것이다.

산도, 높은 산이 그냥 우뚝 서 있는 것이 아니라, 낮은 산부터 차츰차츰 높아져서 히말라야 산처럼 큰 산이 나타나게 되는 것이지, 큰 산이 처음부터 우뚝 솟아 있는 것은 아니다. 그러니까 우리 민족에서도 큰 인물이 나오게끔 서로 바라고 힘을 합쳐 나가야 한다. 그런 큰 인물을 우리는 메시아라 할 수도 있다. 메시아라는 말이 곧 큰 인물을 뜻하는 것이다. 큰 인물이 나오는 것을 기다리는 것이 우리 한국의 바람이고 또한 모든 인류의 바람인 것이다. 우리처럼 경쟁심이 강한 민족도 드물 것이다.

그래서 단순히 지적인 인물뿐만 아니라 종교적으로나 과학적으로나 예술적으로 정말 뛰어난 인물들이 나오도록 해야 할 것이다. 메시아를 기다린다는 것이 유대 사람들의 특징이라고 할 수 있다. 메시아를 기다린다는 것이 바로 큰 사람이 나오기를 기다린다는 것이다. 우리도 이러한 메시아를 기다린다는 사상이 필요하다. 그래서 정말 세계를 이끌고 나갈 수 있는 인물이 한국에서 나오기를 기대해 본다.

기 도

화창한 봄날의 계절에
대자연의 아름다움을
우리가 깊이 느낄 수 있도록
당신께서 도와주시고
우리 속에도
봄이 활짝 핀 마음을
가질 수 있도록 도와주시옵소서.

그래서 언제나 우리도 어둠 속에서 벗어나서
주님을 만날 수 있는
저희들이 될 수 있도록 도와주시고
이 한 시간도
당신의 말씀 속에서
우리가 참 기쁨을 느끼는
저희들이 될 수 있도록
인도하여 주시옵소서.

이 모든 말씀
예수님 공로 받들어 기도하옵나이다.
아멘.

38. 그이

1994년 4월 24일

요한 9:35~41

예수께서 그들이 그 사람을
쫓아냈다 하는 말을 들으셨더니
그를 만나사 이르시되
네가 인자를 믿느냐.

사람의 아들을 인자人子라고 한다. 여기서 사람 인人을 어질 인仁으로 같이 생각해도 된다. 살신성인殺身成仁이라고 할 때 인仁이나 마찬가지이다. 그러니까 부활하신 몸, 그것을 인자人子라고 한다. 성경에 보면, 부활 승천했다가 다시 세상에 오는 그분이 인자이다. 기독교에서 특별한 말로 쓰는 것이 이 인자라는 말이다. 그래서 "당신만은 사람의 아들(인자人子)을 믿는가,"

라 묻는 것이다.[1] 양명의 말로 하면 양지良知라는 말이다. 혹은 본체本體라고 해도 좋다. 너는 본체를 믿는가, 라고 생각할 수 있다.

> **대답하여 이르되**
> **주여, 그가 누구시오니이까.**
> **내가 믿고자 하나이다.**

나는 본체를 믿고 싶습니다, 라는 말이다.

> **예수께서 이르시되**
> **네가 그를 보았거니와**
> **지금 너와 말하는 자가 그이니라.**

이런 말은 정말 해석하기 어려운 말이다. 말할 수 없는 말인데 말로 하려니까 어려운 것이다. 도가도道可道는 비상도非常道이다. 말로 하면 이미 진리를 벗어난 말이 되고 만다.

다음 글은 그동안 여러분에게 여러 번 말했던 것인데, 또 한 번 써보기로 한다. 동산양개洞山良价가 말한 것으로, 중국 당나라의 선불교에는 5개의 유명한 종파가 나오는데 그중에 하나인 조동종曹洞宗의 개조가 동산洞山인데, 우리나라에는 별로 잘 안 알려져 있지만 일본에는 상당히 강한 종파로 남아있다. 원래 조동종은 조산曹山이란 사람과 동산洞山이란 사람, 두 사람이 일

1. 고병려(1987), p. 36

으켜 세운 종파로서 조산이 동산의 제자가 되는데, 그렇게 보면 동조종洞曹宗이라고 해야 되는데 발음하기가 불편하니까 조동종曹洞宗이라고 부른다.

이 동산洞山에게 어떤 사람이 묻기를 "선생님, 더우면 어떻게 그것을 피해야 합니까?"라고 하니까, "불속으로 뛰어들면 될 것이 아닌가"라고 대답했다는 일화가 있는데, 이열치열以熱治熱이란 말이다. 더우면 설렁탕을 먹는 이치나 마찬가지다. 이 동산洞山이 어느 날 시냇물을 건너다가 물속에 비치는 자기의 그림자를 보고 다음의 시詩를 지었다고 한다. 그래서 이 시詩를 「과수게過水偈」라고 부르는데 '물위를 지나다 지은 시'라는 뜻이다. 선불교에는 좋은 시들이 많은데 이 시는 정말 좋은 시이다.

> 절기종타멱切忌從他覓 소소여아소迢迢與我疏
> 아금독자왕我今獨自往 처처득봉거處處得逢渠
> 거금정시아渠今正是我 아금불시거我今不是渠
> 응수여마회應須與麽會 방시계진여方始契眞如

절기종타멱切忌從他覓, 여기서 절切은 간절하다는 말이다. 기忌는 기피한다고 할 때의 기忌 자이다. 사람이 죽으면 기중忌中이라는 말을 하는데, 사람 오는 것이 싫다는 말이다. 그러니까 절기切忌 그러면, 간절히 싫어한다는 말이다. 무엇을 싫어하는가, 종타멱從他覓이다. 다른 사람을 쫓아다니면서 찾는 것이다.

또는 밖에서 찾는 것이라고 해도 좋다. 그래서 밖에서 찾으면 안 된다는 뜻이다.

그렇게 되면 소소여아소迢迢與我疏이다. 소소迢迢는 자꾸 멀어져 간다는 말이다. 무엇하고 자꾸 멀어지는가, 여아소與我疏이다. 나하고 자꾸 멀어지게 된다. 소疏는 소원해진다는 말로 간격이 생긴다는 뜻이다. 그러니까 밖에서 찾지 말고 안에서 찾으라는 말이다. 자꾸 남에게 배우려고만 하지 말고 깊이 생각을 하라는 말이다. 물론 배우는 것도 중요하지만 생각하지 않고 배우기만 하면 아무 쓸데 없는 것이 되고 만다.

논어論語의 위정편爲政篇에 보면, 학이불사즉망學而不思則罔이요 사이불학즉태思而不學則殆라고 했다. 배우고 생각하지 않으면 다 쓸데없는 것이 되고 말고, 생각만 하고 배우지 않으면 위태로운 것이다, 란 말로서 결국 배움과 깊이 생각하는 것, 둘 다 있어야 한다는 말이다. 그런데 보통은 배우는 것만 중요하게 생각하지, 깊이 생각하는 것은 별로 중요시하지 않는다.

지행일치知行一致라는 말도 마찬가지다. 사람들은 지知에는 많이 신경 쓰는데 행行에는 별로 신경 쓰지 않는다. 그래서 공자孔子도 논어論語의 맨 처음에 학이시습지學而時習之라는 말을 했는데, 어떤 책에서는 이것을, 하나를 배우면 실천을 아흔 아홉 번을 해라, 고 해석했는데, 그만큼 행行을 중요시하는 것이다.

보통은 한 번 배우면 한 번 연습하는 경우가 많다. 붓글씨를 배워보면 대개는 한 번 배우면 한 번만 연습해 가게 된다. 그러니까 한 번 배우면 백 번을 연습해야 된다는 소리이다. 지행일치知行一致가 안 되는 이유가 바로 그것이다. 한 번을 배우면 백 번을 연습해야 되는데, 한 번 배우면 한두 번 연습으로 끝내니까 지행일치가 안 되는 것 아니겠는가. 그래서 배우려고만 하여 자꾸 쫓아다니게 되면 생각하는 것하고는 점차 멀어지게 된다는 말이다.

아금독자왕我今獨自往, 그래서 나는 생각하기로 했다. 이제부터 나는 배우는 것보다 연습하는 것을 더 소중히 하기로 했다. 처처득봉거處處得逢渠, 그랬더니 정말 효과가 나타났다. 자꾸자꾸 깨달음이 나온다. 여기서 이 거渠 자를 옛날 사람들은 '그이'라고 해석했다. 그래서 여기저기서 그이를 만나게 된다, 라는 말이 된다. 거금정시아渠今正是我, '그이'가 진짜 나이다. 아금불시거我今不是渠, 나는 진짜 나가 아니다. 이것이 그러니까 본체本體와 현상現象을 말한다. 다리 위를 지나다가 물에 비친 그림자, 그것이 현상이고, 다리 위를 지나가는 것, 그것이 본체이다. 그래서 '과수게過水偈'라고 한 것이다. 물위를 지나가다가 이런 시를 짓게 되었다는 말이다.

또 다시 말한다면, 이 몸뚱이는 현상이고, 기독교서 말하는 그리스도가 본체이다. 불교로 말하면 부처, 그것이 본체이다. 그러니까 '그이' 그러면 그리스도가 '그이'이다. 바울이 다메섹 도상에서 '그이'를 만났다. 그리스도를 만난 것이다. 그런데 '그이'를 한 번 만나게 되면 여기저기서 자꾸 만나게 된다. 이것이 소위 부활사상이란 것이다. 부활사상이란 것이 무엇인가 하면 한 번 '그이'를 만나게 되면 여기저기서 자꾸 만나게 된다는 것이다. 이것이 부활사상이다.

그렇게 되면 거금정시아渠今正是我이다. 이제 내가 사는 것이 아니고 '그이'가 사는 것이다. 살신성인殺身成仁이 되는 것이다. 나는 십자가에 못 박혀 죽고 이제부터는 그리스도께서 사는 것이다. 아까 양명의 글에서 말했듯이 승사복리勝私復理이다. 나를 이기고 이치가 회복된다. 이것도 같은 말이다.

올림픽에 나간 선수들이 기자회견 할 때 보면 '자기와의 싸움'이란 말을 자주 하는데 결국 자기와의 싸움을 끝내야 세계 최고의 선수가 되고(치양지致良知), 금메달을 따게 되는 것이다(존천리存天理). 치양지致良知니까 존천리存天理가 되는 것이고, 존천리存天理이니까 치양지致良知가 되는 것이다. 그러므로 최고의 선수가 되려면 자기와의 싸움을 끝내야 하는 것이다. 자기와의 싸움이란 것이 무엇인가, 지행일치知行一致이다.

하루에 40리씩 매일 뛰는 것이다. 황영조 선수가 그랬다고 했다. 세계 최고의 마라토너인데 매일 40리씩 뛴다고 한다. 비가 오고 추울 때는 나가서 뛰는 것이 싫었다고 한다. 그래도

'승사勝私'이다. 자기를 이기고 나가서 40리를 뛰는 것이다(복리復理). 그래서 뛰고 뛰어서 40리를 다 뛰면 지행일치知行一致가 되는 것이다. 요전의 기록보다 조금 더 빠른 기록을 목표로 정해 그것을 맞추기 위해서, 그 목표가 지知라면 그 지知를 맞추기 위해서, 행行을 계속하는 것이다. 그래서 거금정시아渠今正是我이다. '그이'가 나라고 할 때까지 계속해야 한다. 그 말이 바로 목표로 정한 기록을 돌파해 나가야 된다는 말이다. 세계 최고의 기록을 돌파해야 황영조이지, 세계 최고의 기록을 돌파하지 않으면 황영조도 있을 수 없다.

그런데 아금불시거我今不是渠이다. 세계기록을 돌파 못 할 때까지는 내가 아니다. 세계기록을 돌파해야 그이(거渠)가 될 수 있는 것이다. 그렇게 되어야 본체(거渠)이다. 그래야 그리스도이다. 오늘 나온 성경 말씀에 자꾸 나오는 '그이'라는 말이다.

응수여마회應須與麽會, 이렇게 알게 될 때에, 방시계진여方是契眞如, 처음으로 금메달을 따게 된다. 그래야 진여眞如와 일치할 수 있는 것이다. 진리眞理의 세계와 일치하게 되는 것이다. 정말 좋은 시詩이다. 그래서 우리가 어떻게 하면 '그이'를 만나게 되나? 처처득봉거處處得逢渠가 되어야 한다. 뛰면 금메달이 되어야 한다.

왕희지라는 명필은 쓰기만 하면 걸작이 되는 것이다. 이것이 심즉리心卽理이다. 심즉리란 말이 바로 같은 말이다. 쓰면 그대로 명필이 되는 것이다. 이런 말은 예술의 세계를 가지지 않으면 이해하기가 참 어려운 것이다.

레오나르도 다빈치가 그리면 그대로 모나리자가 되는 것이다. 그 소리가 심즉리라는 말이다. 그 경지가 되면 레오나르도 다빈치는 양지良知가 되는 것이다. 그러기 위해서, 얼마나 지행일치知行一致가 되기 위해 노력했겠는가.

미켈란젤로는 4년 동안이나 천장을 쳐다보면서 천지창조를 그리다가 목이 굳어졌다고 한다. 얼마나 위만 쳐다보았으면 목이 돌아가지 않는 지경까지 되었을까. 그런 노력 없이 세상에 어떻게 천재가 있을 수 있겠는가. 그렇게 애쓴 결과가 천재이지, 천재가 따로 있는 것이 아니다. 그렇게 하면 천재가 되고 그렇지 못하면 낙제가 되는 것이다. 그래서 우리는 발분망식發憤忘食해야 하는 것이다. 밥 먹는 것도 잊어먹을 정도로 노력해야 한다. 그래야 천재소리를 들을 수 있다. 치양지致良知가 되는 것이다. 그래서 '그이'가 되는 것이 우리의 이상이요, 동시에 현실이 되어야 한다.

그래서 다시 성경으로 돌아가면 예수께서 "당신만은 사람의 아들을 믿는가"라 했는데 그 말은 당신은 그이를 믿는가. 양지良知를 믿는가"란 뜻이 되고 "선생님, 그이가 누구입니까"라는 것은 아직 이 소경은 처처득봉거處處得逢渠를 못했으니까 그이를 잘 모르는 것이다. 예수께서 말씀하시기를 "당신은 이미 그를 보았으며"에서 "그를 보았다"는 말은 '그이를 만났다'란 말로, 그이를 만났기 때문에 눈을 뜨게 되었지 그이를 만나지 않았다면 눈을 뜰 수 없다는 말이다. "당신과 말하고 있는 사람이 바로 그이다"에서 '당신과 말하고 있는 사람이 바로 나이다'라고 예수께서 대답하지 않고, "그이다"라고 말했다. 아금불시거 我今不是渠이다. 나는 그이가 아니다. 이런 것 때문에 성경이 신비한 것이다. 어떻게 이런 표현이 나오게 될까. 말로는 이해하기 어려운 말들이다. 그러니까 너는 나를 보면서 나를 보면 안 된다. 그이를 보아야 한다는 말이다. 그래서 예수를 만난 사람들 중에 그이를 본 사람은 아무도 없다고 할 수 있겠다. 예수의 열두 제자들도 그이를 못 보았다. 그런데 나중에 바울이 그이를 보게 된다. 그래서 바울이 예수의 후계자가 되고 마는 것이다.

당신과 말하고 있는 사람이 바로 그이다, 라는 말을 예수가 그리스도이다, 라고 우리가 해석하면 쉽지만 그것도 아니다. 예수도 지금 그이를 만나려고 하는 것이 아닌가, 라 하여 신학에서는 'of' 그리스도인가, 'about' 그리스도인가 하여 유명한 논쟁거리이다. '예수도 그이를 만나려고 하는 사람인가' 혹은 '예수가 그이인가'라는 것이 슈바이처를 중심으로 신학을 논하는 사람들에게 자꾸 문제가 되는 것이다. 예수가 누구인가? 'about'인가, 'of'인가 하는 것이 신학에서는 문제가 되는 것이다. 하여튼 아주 중요한 문제로서 이런 것이 신학의 핵심이다.

이르되
주여, 내가 믿나이다 하고 절하는지라.

이 소경이 믿는 것은 주를 믿는 것이다. 이 사람이 믿는 것은 심즉리心卽理이다. 주를 믿는다고 대답하고 예수에게 경배하였다. 그러면 예수가 주인가 하는 것이 또 문제가 된다. 이런 것이 정말 어려운 것이다.

예수께서 이르시되
내가 심판하러 이 세상에 왔으니,

요한복음 5장에서도, 인자됨으로 말미암아 심판하는 권한을 주셨느니라, 라는 말이 나온다.

보지 못하는 자들은 보게 하고,
보는 자들은 맹인이 되게 하려 함이라 하시니,

이 말도 마태 13장에 나오는 말로, 이사야의 예언을 인용한 내용이 마태 13장에 있다. 보지 못하는 사람은 보게 하고, 보는 자는 보지 못하게 하기 위함이다. 이 말도 중요한 말이다. 성경에는 이렇게 한 구절을 따로 떼어서 보면, 정말 이해하기 어려운 내용이 많다. 그러니 성경이 아니라고 할 수가 없다. 이렇게 짧은 글 속에 많은 뜻이 내포되어 있다. 그러니까 이런 말들은 누가 억지로 쓸려고 해도 못 쓰는 말이다. 우연히 된 말들인데 그 속에 깊은 뜻이 들어 있는 것이다. 예수가 집에서 연구해 가지고 가서 한 말들이 아니라, 그때그때 부닥치는 사건에 따라 우연히 한 말들이다. 그런데도 신학박사들 수백 명이 달려 붙어 연구해도 모를 말들이 자꾸자꾸 쏟아져 나오는 것이다. 그러니까 신비한 것이다. 그래서 우리가 하나님의 말씀이라고 하지 그렇지 않다면 우리가 성경을 배우고 따를 이유가 없다.

> 바리새인 중에 예수와 함께 있던 자들이
> 이 말씀을 듣고 이르되, 우리도 맹인인가.
> 예수께서 이르시되
> 너희가 맹인이 되었더라면 죄가 없으려니와
> 본다고 하니 너희 죄가 그대로 있느니라.

여기서 노자老子 71장를 한 번 보기로 한다. 지부지상知不知上, 알면서도 안다는 의식이 없는 사람, 그 사람이 최고이다. 알지 못하는 것을 아는 것, 그것을 지혜라고 보통 말한다. 그런데 알지 못하는 것을 안다는 것이 진짜 아는 것인데, 자기는 안다고 하는 의식이 없는 것이다. 그것이 소크라테스가 아니겠는가. 소크라테스는 진짜 아는 사람인데 자기는 안다는 의식이 없는 사람이다. 진짜 잘났는데 자기는 잘났다는 의식이 없다. 그런 사람이 진짜 잘난 사람이 아니겠는가.

테레사 같은 사람을 우리가 자꾸 성녀 테레사 라고 부르지만 본인은 잘났다는 의식이 전혀 없는 것이다. 그러니까 진짜 성 테레사가 되는 것이다. 조금이라도 자신이 잘났다는 것을 의식한다면 그것은 가짜이다.

예수도 마찬가지다. 예수는 진짜 하나님의 아들이다. 그러나 예수는 하나님의 아들이라는 의식이 없다. 그러니까 사람의 아들(인자人子)이라고 말하는 것이다. 인자人子란 말이 또 그런 뜻으로 말한 것도 된다. 사람의 아들이라고 그러니까 진짜 하나님의 아들이 되는 것이다. 지부지상知不知上이다. 알기는 아는데 안다는 의식이 없다는 말이다. 그렇게 되어야지 진짜 아는 것이다. 안다는 의식이 있다면 그것은 아는 것이 아니다. 많이 알고 있지만 자신은 밤낮 모르는 사람이라고 생각하는 사람, 그 사람이 아는 사람이다. 그것이 지부지상知不知上이다. 노자老子는 어떻게 이런 말을 할 수 있는지, 그것도 신기하다. 알고도 안다는 의식이 없어야 최고이다.

부지지병不知知病 모르고도 안다고 하는 것이 병이다. 아무것도 모르면서 아는 체 하는 것, 그것이 정신병자이다. 성인병병聖人病病, 그래서 성인은 병을 병이라고 한다. 공자孔子는 그랬다. 아는 것을 안다고 하고, 모르는 것을 모른다고 하는 것, 그것이 아는 것이라고 했다. 이것도 같은 말이다. 안다는 것과 모른다는 것의 한계를 확실히 아는 것, 그것이 아는 것이란 말이다. 성인병병聖人病病이다. 성인聖人은 아픈 것을 아프다고 하는 사람이다. 모르는 것은 모른다고 하는 것이다. 시이불병是以不病이다. 그러니까 병이 날 수가 없는 것이다. 나는 모른다는 것을 아니까 알기 위해서 애쓰는 것이다. 그렇게 되니까 진짜 알게 되는 것이다. 그래서 성인聖人은 병병病病이니까 불병不病이다. 지부지상知不知上이다. 이 사람은 눈을 떴으니까 지知가 된 것이다. 그런데 자기가 눈을 떴다는 것을 잘 모른다. 이렇게 생각해 보면 장님은 지부지상知不知上이고 바리새인은 부지지병不知知病이다.

다시 한 번 성경을 보자. "당신들이 차라리 눈이 멀었으면 죄가 없다"는 이 말은 당신들이 차라리 아무것도 모른다는 것을 알았으면 문제가 없다는 말이다. 그래서 열심히 알려고 노력해서 알면 되는 것이다. 그러나 실로 당신들이, 우리는 본다, 라고 하기 때문에, 자신들이 아는 체 하니까 배우려고 애쓰지도 않기 때문에 결국 모르게 되고 마는 것이다. 그래서 모르는 것에 머물러 있게 되는 것이다.

그 앞 구절에 예수께서 "나는 심판을 위하여 세상에 왔다. 곧 보지 못하던 사람은 보고, 보는 자는 눈멀어지기 위함이다"[2] 라고 했는데, 빛이 너무 강하면 도리어 보지 못하던 사람은 보게 되고, 보는 사람은 못 보게 되고 만다는 뜻으로 생각해도 좋

2. 앞의 책, p. 36

다. 우리가 불이 너무 강하면 구공탄은 불붙을는지 모르지만 종이나 작은 나무가지는 다 타버리고 마는 것을 볼 수 있다. 예수는 큰 빛이기 때문에 너무 눈이 부셔서 못 보는 사람들도 있고, 그 빛으로 인해 오히려 보게 되는 사람들도 있다고 생각할 수도 있다. 그래서 바리새 사람들은 못 보게 된 사람들이고, 장님은 보게 된 사람이란 말이 되는 것이다.

빛은 같은 빛이지만 그 빛이 심판자가 될 수 있는 것이다. 그러니까 예수가 빛으로 이 세상에 왔을 때 예수로 인해 눈을 떠서 살게 된 자도 있고, 예수로 인해 눈이 멀어 죽게 된 자도 있다는 말이다. 대표적으로 가롯 유다 같은 사람은 죽게 되었고, 요한 같은 사람은 살게 된 것이다. 그래서 예수가 심판자가 된 것이다. 살게 되기도 하고 죽게 되기도 하는 것은, 예수 자체가 심판하는 것이 아니라 심판 받는 자가 저절로 그렇게 되는 것이다. 요한 5장에 보면 예수의 뜻대로 심판하는 것이 아니라 예수는 자기를 보내신 이의 원대로 의로운 심판이 되고, 너희 자신들의 선악에 따라 심판받게 됨을 말하고 있다.

그래서 오늘 나온 구절 중에서는 '심판', '눈먼 자', '그이'라는 말이 중요한 의미를 가졌는데, 그중에서도 '그이'라는 말이 정말 중요한 말이다. 우리는 어떻게 해야 '그이'를 만나게 될까. 바울은 다메섹 도상에서 그이를 만나게 된다. 우리는 어디서 그이를 만날 수 있을까. 이것이 우리에게는 가장 큰 문제이다. 우리가 일생 찾는 것이 '그이' 다. 예수가 살았을 때 '그이' 를 만나는 것이 더 쉽지 않았을까, 라고 생각하겠지만 반드시 그렇지는 않다. 그래서 예수께서 말하기를 살아서 나를 만난 사람보다 죽어서 나를 만나는 사람이 더 행복하다, 라고 하였다. 살았을 때 못 만난 사람이 베드로이고, 죽어서 만난 사람이 바울이었다.

공자도 마찬가지이다. 공자가 살았을 때 제자인 안자나 증자가 공자를 알았는가, 그것도 문제이다. 공자가 죽은 후 200년이 지나서 맹자가 나와서 공자를 알게 된다. 그러니까 꼭 쫓아다녔다고 해서 안다고는 할 수 없다. 한 번도 보지 못했어도 더 잘 알 수 있는 것이다. '그이' 라는 것이 그러한 의미를 갖고 있다.

오늘 읽은 성경구절에, 그이가 누구입니까, 당신은 이미 그를 보았으며, 당신과 말하고 있는 사람이 바로 '그이' 다. 주여, 제가 믿습니다, 라는 말들이 계속 나오는데, 여기서 '주' 가 '그이' 이다. 그래서 오늘 말씀 중에서 가장 중요한 것이 '그이' 라는 말이다. 그이가 누구입니까.

중국 사람들은 이것을 시십마是什麽라고 한다. 이것도 아주 유명한 말이다. 그런데 '그이' 는 밖에서는 못 찾는다. 언제나 안에서 찾아야 한다는 것이 그 사람들 생각이다. 그래서 아금독자왕我今獨自往, 내가 혼자서 갈 때, 처처득봉거處處得逢渠이다.

어디서나 '그이'를 만날 수 있다.

여기서 혼자 간다는 것도 중요하다. 그래서 우리는 고독을 좀 사랑할 줄도 알아야 한다. 키르케고르는 언제나 고독을 사랑하라고 했는데, 사람은 혼자 있기를 싫어하는 경향이 있는데 쓸쓸함을 좋아하는 것도 필요한 것이다. 혼자 있는 것을 사랑할 줄도 알아야 한다는 말인데 그 말이 무슨 말인가 하면 혼자서 깊이 생각할 줄도 알아야 한다는 말이다. 혼자서 생각하는 것이 매우 중요하다는 말이다. 그이를 만나는 것도 자꾸 생각함으로써 만날 수 있는 것이지, 생각하지 않고는 만날 수 없다. 그래서 생각한다는 것이 굉장히 중요하다.

맹자는 생각한다는 것을 호연지기浩然之氣라고 말했는데, 이 세상에서 가장 지강지대한 것이 무엇인가 하면 호연지기인데, 그것이 생각하는 것으로, 생각하는 것처럼 크고 강한 것이 없다는 말이다. 사람이 왜 이렇게 위대해질 수 있었나 하면 생각함으로써 이렇게 위대해진 것이다.

그러니까 우리 한국 사람에게 정말 필요한 것도 이 생각하는 것이다. 우리 교육에서 가장 문제시되는 것이 생각하는 교육을 못한다는 것이다. 교육을 통해 생각할 기회를 통 주지 못하는 것이다. 정답에 동그라미 칠 줄만 알지 생각을 할 능력을 키워주지 못한다는 것이다. 우리가 고등학생 때에도 정말 좋은 작품들을 읽을 수 있는 기회를 주어야 하는데 그렇지 못한 실정이다. 대학에 가면 독서를 하는가 하면 그것도 아니다. 노느라고 바빠서 책 읽을 시간이 통 없게 된다. 너무 공부하는 것 때문에 책을 못 읽고, 너무 노느라고 책을 못 읽고, 그렇게 되고 만 것이다.

이제 좀 있으면 대학에서 중간고사를 치르게 되어 있는데, 교수들 말이 가르쳐 준 것이 없어서 걱정이라고 말한다. 학기 시작하고 한두 장章을 나갔는데 벌써 중간시험이고 또 앞으로 한두 장을 더 가르치면 학기말 고사가 된다. 박정희 대통령시절부터 학생들 데모하는 것을 막기 위해 학점을 줄이고 공부하는 시간을 줄이다 보니까 점점 대학에서 공부하는 분위기가 사라지고 만 것이다. 전습록도 다 배우려면 적어도 80시간은 필요한데 한 학기 다 가르쳐도 10시간 정도 밖에 되지 않는다. 그러니 교수만큼 수지맞는 직업도 없게 되었다. 여름, 겨울 방학을 각각 3개월 가까이 쉬고 일요일, 공휴일 빼고 나면 학생들 가르쳐 줄 시간은 얼마 되질 않는다.

그런데도 교수 봉급은 상당히 많다. 나도 어떻게 하다 보니 교수가 되었지만 우리나라에서 교수처럼 일하는 데 비해서 좋은 대우받는 직업도 없다. 별로 가르쳐주는 것도 없이 월급만 받는 느낌을 받는다. 요전 학기에는 학생들이 수업거부를 해서 한 학기 내내 강의를 하지 못했다. 시험까지 거부해서 평가할 재료도 없게 되었다. 그러고도 교수는 봉급을 다 받아먹게 되어 있다. 학생들이 수업거부를 해도 학비는 내고 수업거부를 한다. 그러니 교수처럼 편한 직업이 세상에 없다는 생각이 든다. 이렇게 교육시켜 가지고 앞으로 무엇이 되겠는가.

고등학교도 제대로 되지 않고, 대학도 제대로 되지 않고, 정말 우리의 교육이 문제다. 우리 학생들로 하여금 좋은 작품을 선택해 볼 시간을 만들어 주어야 한다. 그렇지 않고는 삭막한 인생이 되고 만다. 고등학교 때에는 밤낮 시험 준비 하느라 시간을 다 보내고 말고, 대학 들어와서는 노느라고 바빠서 책 읽을 시간도 없는 것이다.

요전 시간에 왕양명의 글에서도 말했지만, 우리가 언제나 과거시험 준비만 해서 되겠는가. 우리가 좀 인간 되는 공부를 하고 살 수는 없겠는가, 라 하였는데, 그것이 심즉리心卽理라는 말이다. 마찬가지로 우리도 우리의 교육문제를 되돌아보고 정말 훌륭한 인격을 만들기 위한 교육이 무엇인지 다시 한 번 생각해 볼 필요가 있다.

제 10 장

밑 힘

기 도

감사하신 하나님,
신록이 넘치는 이 아름다운 자연 속에서
우리가 하나님을 찬양하고
또 배움의 신비에 놀랄 수 있는
아름다운 기회를 주신 데 대해서
진심으로 감사를 드립니다.

오늘 하루도 저희들이
하나님의 자녀답게 살아갈 수 있는
하루가 될 수 있도록 도와주시고
우리의 정성과 뜻을 다해서
하나님을 사랑하는
저희들이 될 수 있도록
인도하여 주시옵소서.

오늘 이 시간에도
당신께서 같이 하여 주시고
당신의 거룩한 뜻이 무엇인지를
당신께서 친히 계시해주시옵기를 바라오며
예수님 공로 받들어 기도하옵나이다.
아멘.

39. 목자牧者와 도둑

1994년 5월 1일

요한 10:1~6

내가 진실로 진실로 너희에게 이르노니
문을 통하여 양의 우리에 들어가지 아니하고,
다른 데로 넘어가는 자는 절도며 강도요,
문으로 들어가는 이는 양의 목자라.
문지기는 그를 위하여 문을 열고,
양은 그의 음성을 듣나니,
그가 자기 양의 이름을 각각 불러 인도하여 내느니라.
자기 양을 다 내놓은 후에 앞서 가면,
양들이 그의 음성을 아는 고로 따라오되,
타인의 음성은 알지 못하는 고로
타인을 따르지 아니하고 도리어 도망하느니라.
예수께서 이 비유로 그들에게 말씀하셨으나
그들은 그가 하신 말씀이 무엇인지 알지 못하니라.

이것은 선생과 제자와의 관계를 비유로 말한 것이다. 진짜 선생님이 누구인가, 가짜 선생님이 누구인가, 그것을 말하는 것이다. 플라톤은 진짜 선생을 필로소파(philosopher)라 말하고, 가짜 선생을 소피스트(sophist)라고 했다. 그래서 소크라테스는 필로소파이고, 그 당시의 고르기아스, 피타고라스, 프로타고라스, 그리고 히피아스 등의 사람들은 모두 소피스트에 속하는 사람들이다, 라고 확실히 갈라놓았다.

플라톤은 이 가짜와 진짜의 구분을 돈을 받느냐, 안 받느냐로 하였는데, 돈 받는 사람은 가짜이고, 돈 안 받는 사람이 진짜라고 했다. 우리 동양식으로 말하면 학자學者와 각자覺者의 차이이다. 양명도 말했는데, 학자란 사람은 저수지 같아서 물을 많이 가두어 두고는 팔아먹는 사람이라면, 각자란 사람은 샘물 같아서 끊임없이 물이 솟아나와 사람들에게 그 물을 거저 마시게 하는 사람이다. 그러니까 학자는 돈하고 상관있는 사람이고, 각자는 돈하고 상관없는 사람이다.

요즘 불교가 싸움 때문에 시끄러운데 돈 때문에 싸움이 나는 것이지 돈을 빼고 나면 싸울 이유가 없다. 기독교에서 싸우는 것도 마찬가지로 돈이 문제이지 돈 문제가 아니라면 싸울 것도 없다. 그러니까 종교하고는 전혀 관계없는 것을 가지고 문제를 삼는 것이다.

교회에 가면 돈 내라는 말이 없어야 될 텐데 돈 내라는 소리 듣기 싫어 교회 나가기 싫다는 말이 나오는 것을 보면 우리 교회가 잘못 되어 있다는 것이 확실하다. 교회가 자꾸 돈을 문제 삼는 것은 교회당 짓는 것 때문에 그런 경우가 많다. 요 뒤에 있는 대신교회에서도 지금 교회 있는 곳에 9층을 짓겠다는 말이 나오는데 지금 쓰고 있는 2층으로도 충분할 텐데 무엇 때문에 9층을 지으려고 하는지 모르겠다. 상식적으로도 이해가 안 되는 일이다. 또 망우리 쪽에 있는 금란교회란 곳에도 지금 큰 교회가 서 있는데 그것을 허물고 새로 짓겠다고들 한다. 물론 예수가 목수였던 것은 확실하지만 요즘 교회 목사들이 다 목수가 되어 가는 느낌이다. 집 짓는 데에만 자꾸 골몰하여 어떻게 보면 자기의 왕국을 하나 만들려고 하는 것이 아닌지 모르겠다. 어떤 교회에 가면 몇 만 명씩 모이는 곳도 있다.

요새는 목사라고 하지 않고 당회장이라고 부르기도 하는데 이제는 목사는 시시한 것이 되고 말았다. 이렇게 우리 사회에 지위가 인플레가 되어서 옛날에는 사장 그러면 다들 대단하게 생각했는데, 이제는 구멍가게나 복덕방 주인도 사장으로 부르니까 회장이라고 해야 높은 사람인 줄 생각하게 된다. 앞으로는 회장보다 더 높은 명칭이 또 나올 것이다. 하여튼 우리나라는 인플레가 문제인데 돈의 인플레는 문제도 아니다. 이렇게 지위의 인플레도 문제이고 더구나 사람의 인플레는 더 큰 문제이다. 사람이라고 하는 것이 하나의 거품과 마찬가지인데 그 거품

이 자꾸 부풀려지면 터지는 것밖에 더 있겠는가.

이런 문제는 요즈음만 문제되는 것이 아니라 예수님 당시에도 마찬가지였다. 마태복음 23장에 보면 그런 말이 나오는데, 그 당시의 목사와 같은 종교지도자들에 대해 예수께서 어떻게 말했는지 상세하게 나오는데, 백성들을 구원하는 지도자들이 아니고 백성들을 착취하고 뜯어먹는 날 도적과 같은 사람으로 비유했다.

요즘 문제가 된 영생교회만 문제가 되겠는가. 다른 교회에서도 돈 때문에 얼마나 문제가 많은지 모른다. 교회에서 모이는 돈으로 생산적인 공장을 짓는다면 또 별 문제이다. 차라리 공장 짓는데 돈을 쓰고 예배는 천막에서 본다면 그것이 더 나을는지 모르겠다. 공장 지을 돈은 없는데 교회건물만 우후죽순으로 자꾸 늘어간다면 그것이 문제가 아닐 수 없다.

요새도 교회 짓는 것이 문제라면 예수님 당시에도 성전 짓는 것이 문제였다. 그 당시에 예루살렘 성전을 48년 동안이나 짓게 되는데, 그 성전도 예수 믿는 사람들이 짓는 것이 아니라 예수를 잡아 죽이려고 했던 헤롯이 짓게 된다. 이 헤롯은 정통 유대인도 아닌데 로마에 가서 황제에게 많은 돈을 갖다 바치고 이스라엘의 통치권을 맡게 되는데 결국 이스라엘을 청부 맡은 것이나 다름없었다. 그 청부 맡은 내용이란 이스라엘 사람들에게서 세금을 거두어 로마에 갖다 바치는 것이다. 그렇게 갖다 바치면서 자기도 그것에서 한 몫 떼어먹는 것이다. 그러니까 옛날 우리나라의 아전처럼 백성들에게 무거운 세금을 받아 일부는 착취하고 나라에 갖다 바치는 것이다. 요즘도 그런 세리들 때문에 문제가 되는데, 헤롯왕이란 사람도 그런 사람이었다.

그런데 그 당시 유대인들을 가장 마취시키기 쉬운 것이 화려한 성전을 짓는 것이었다. 그래서 48년이란 세월에 걸쳐 큰 성전을 짓고 유대인들을 착취하게 된다. 그 성전이 40년도 못되어 돌 위에 돌 하나 남김없이 다 파괴되고 마는 것이다. 그래서 예수께서 그런 말을 한 내용이 성경에 나오는데, 그것을 보면 예수께서도 성전에 대해서 굉장히 증오심이 크다는 것을 알 수 있다. 모든 유대인들이 성전에 양도 갖다 바치고 온갖 제물을 다 갖다 바치는데 예수께서는 그 성전에 대해 돌 위에 돌 하나 남김없이 다 무너뜨리리라는 증오심을 표현하고 있다. 성전의 처음 시작이 거짓으로 세워진 것이니까 무너지는 것이 마땅한 것이다.

헤롯은 믿음이 커서 성전을 지은 사람도 아니요, 사람 목숨 죽이기를 파리 죽이듯 하는 사람이기 때문이다. 세례 요한도 죽이고 많은 의인을 죽인 사람이 헤롯인데 그런 왕이 성전을 지었다는 것은 그 속셈이 뻔한 것이다. 그런 때이니까 예수께서 헤롯왕은 말할 것도 없고 헤롯에 의해 임명된 제사장, 그들과 함께 하는 바리새파 교인들을 보고 날도적이라고 표현하는 것이다. 유대인들을 중독 시켜 온갖 착취를 일삼는 그 무리들을 비유하여 양 우리의 문을 통하여 들어오지 않고, 울타리를 넘어 기어드는 자가 있으니, 그는 훔치는 자요 날도적이다, 라고 했다.

그러나 그런 때에도 세례 요한과 같은 사람도 많이 있었을 것이다. 정말 나라를 걱정하고 올바른 일을 위해 핍박받는 사람도 있었을 것이다. 그런 사람들이 정문으로 들어가는 양의 목자이다. 정말 백성들을 사랑하고 그들을 위해 걱정하는 양의 목자 같은 사람도 있었을 것이다. 그래서 그 목자를 따라 양들이 뒤따라가게 되는데, 수많은 양들이 있고, 그 많은 양들의 모습이 다 똑 같이 보이지만, 목자들은 한 마리 한 마리를 다 구분할 줄 알고 양들은 각각의 이름까지 다 갖고 있다고 한다. 마치 우리 시골에서 소나 개를 기르면 다 이름을 지어주고 부르는 것이나 꼭 같다. 그래서 성경에는 이렇게 말했다. 양들은 결코 낯선 사람을 따라가지 않을 것이고, 그에게서 달아날 것이다. 그것은 양들이 낯선 사람의 목소리를 알지 못하기 때문이다.

조선조 말에 동학란이 일어났을 때 전봉준을 뒤따른 사람들이 얼마나 많았는지 모른다. 그러나 그때의 관리들이 또한 얼마나 포악했으면 동학란을 일으켰을까. 이조 500년 동안 관리들에게는 나라에서 제대로 월급을 주지 않았다고 하는데 그저 적당히 관리들이 알아서 착취해 먹으라는 얘기가 되는 것이다. 그러니 나라꼴이 무엇이 되겠는가. 그래서 정다산의 글에 보면 관리들을 호랑이나 승냥이, 모기나 송충이에 비유하게 되는 것이다. 정다산의 글에는 아전이나 관리들의 착취와 학정에 시달리는 백성들의 모습을 적나라하게 표현해 놓은 글이 많다. 그런 관리들이 목자가 되면 안 된다는 것이 정다산의 『목민심서』에 나오는 내용이다. 요즘은 '복지부동'이 관리들을 비유하는 말로 자주 쓰는데 '땅바닥에 엎드려 꼼짝도 않는다'는 말이다. 언제 정말로 관리들이 제대로 목자다운 목자가 될 수 있을지 그것이 문제이다.

그런 관리들이 호랑이와 같이 백성들을 괴롭히는 것이다. 이북에 있는 김일성이만 호랑이가 아니라 이남에 있는 온갖 나쁜 정치인들 관리들도 호랑이요, 이리나 마찬가지다. 이것은 종교의 문제만이 아니라 국가 전체의 문제이다. 나라가 제대로 되려면 이 사람들이 정신을 차려야 한다. 그래서 옛날부터 이런 말이 내려온다. "하늘도 죄가 없고, 땅도 죄가 없고, 오직 사람만이 죄가 있다." 이 말은 무슨 말인가 하면, 왕에게도 죄가 없고, 백성들에게도 죄가 없고, 관리들에게만 죄가 있다는 말이다. 문제는 언제나 지도자가 문제이지 백성들에게 무슨 죄가 있을 수 있겠는가. 또 왕이란 사람도 대대로 그 자리를 이어받아 오는 사람이니까 순진하고 어리석은 사람일뿐이다. 그런데 중간에 있는 관리들이 항상 문제가 되는 것이다. 그래서 이 가운데 있는 사람들이 목자로서 제대로 된 목자인가, 아니면 양을 잡아먹는 목자인가, 그것이 문제가 되는 것이다.

지도자가 된다는 것이 그래서 어려운 것이다. 엊그제인가 텔레비젼에서 김진홍이라는 목사가 강연하는 것을 보았는데, 그 목사는 빈민굴에 들어가서 오래 동안 봉사활동을 했는데, 사흘 굶은 세 살 난 어린아이의 눈빛 속에서 그리스도를 자기는 발견했다고 했다. 마치 슈바이처가 아프리카에 가서 굶어 죽어가는 흑인들의 눈빛 속에서 그리스도를 발견했다는 말이나 같은 것이다. 역시 그리스도는 고난의 그리스도이니까 같이 고난에 동참할 때 그리스도가 보여지지, 고난을 통하지 않고는 그리스도를 볼 수 없다는 말이다.

나는 강연의 중간쯤부터 보게 되었는데 그 내용은, 아버지는 술주정뱅이고 어머니는 정신병자인 어느 예수 믿는 처녀가 5형제를 혼자서 돌보며 살아가다가 종래는 못 견디고 농약을 먹고 자살을 하고 마는데, 자살했다고 그곳의 목사가 장례식을 안 해주기 때문에 할 수 없어 자기가 가서 장례식을 해주게 되었다는 얘기였다. 처녀의 시신을 가마니로 싸서 둘러메고 장지로 올라가는데 앞에 가던 청년은 제대로 올라갔는데 자기는 힘에 부쳐서 시신을 놓치는 바람에 그 시신이 땅바닥에 굴러 떨어지게 되었는데, 그 시신의 가슴팍에서 성경책이 한 권 나와 그것을 열어 보니까 예수님의 사진이 한 장 들어 있었다. 그 성경책과 예수님 사진을 보고 힘을 내어 다시 그 시신을 둘러메고 장지까지 갔다는 얘기이다. 하여튼 여러 가지 자신이 고생한 얘기를 하여 많은 참석자들을 감동시키는 것을 보았다. 우리나라에는 이렇게 김 목사처럼 자신을 돌보지 않고 봉사하는 사람도 꽤 있을 것이다.

세상에는 나쁜 지도자나 목사만 있는 것은 아니다. 그러니까 사회가 유지되고 살아갈 수 있지 그렇지 않다면 어떻게 살 수 있겠는가. 요전에 불교 분규 때에도 쌍계사에 있던 법정스님이 동아일보에 글을 쓴 것을 보았는데, 몇 백 명의 깡패들이 동원된 싸움판을 전부 불교로 매도해서는 안 된다. 역시 우리 불교 속에는 열심히 수도하는 사람들도 꽤 있다는 것을 알아야 된다는 내용이었다. 그런 사람들이 있으니까 이 세상이 견뎌낼 수 있는 것이지, 이 세상 물이 다 썩었다면 먹을 물이 하나도 없게 된다. 그러니까 어느 곳을 가더라도 샘물이 나오는 곳이 있기 마련이지 다 썩을 수는 없는 것이다. 그런 샘물과 같은 사람 때문에 결국 이 사회가 유지되고 살아갈 수 있는 것이다. 그래서 그런 싸움판의 불교도 속에서도 바르게 수도하는 사람들이 많이 있을 것이고, 우리 기독교도 속에서도 열심히 기도하고 노력하는 사람들이 많이 있을 것이다.

얼마 전에 이현필이란 사람에 대한 『맨발의 성자』라는 책이 나왔는데, 엄두섭이란 사람이 쓴 것으로, 나도 그 이현필이란 사람을 직접 만난 적이 있었는데, 정말 성자처럼 느껴지는 사람이었다. 아무 욕심 없이 사는 사람으로, 옛날에는 이가 많던 시절인데 이가 몸 밖으로 기어 나오면 잡아서 다시 몸속으로 집어넣는다고 했다. 그 당시 이현필을 쫓아다니는 사람들이 많이 있었는데, 나도 한번 그 모임을 가보았다. 벽제 부근의 계명산 기슭에 있는 박토를 개간하여 농사를 지었는데 정말 농사가 잘 되었다. 또 소도 기르고 있었는데 얼마나 정성을 들여 키웠는지 소가 토실토실했다. 이현필이란 분은 그 모임을 이끄는 지도자였다.

한번은 그분께서 유영모 선생의 강의를 들으러 종로 YMCA에 왔다가 변소에 들어가 보고 변소가 너무 더러우니까 자기 제자들 중 두 사람에게 지시해 청소를 시켰는데 2년 동안을 청소했는데 그 2년 동안은 YMCA 변소가 아마도 한국에서 가장 깨끗한 변소였을 것이다.

그 사람들이 하는 일이 바로 남을 위해 봉사하는 것이었다. 남이 농사 못 지을 정도의 박토를 빌려서 옥토로 만들어 농사 짓다가 주인에게 돌려주기도 하고, 전라도 광주의 동광원이란 곳은 폐병환자를 모아 돌보아 주는 곳이다. 원래 이 모임의 시작은 이세종(이공李空)이란 사람이 했는데 성경책도 제대로 다 들여다보지 않고 성경구절 몇 개 들은 것으로 예수 믿기 시작했는데 그분의 믿음에 대한 견해는 예수는 믿는 것이 아니라 실천하는 것이다, 라는 것이었다. 그래서 성경에 있는 그대로 살아 보자고 하여 실천에 노력을 했는데, 나중에는 그 사람을 따르는 사람들이 나타나기 시작하여 그중의 한 사람이 이현필이란 사람이고, 지금도 그들을 따르는 사람들이 여러 곳에서 열심히 봉사활동을 하고 있다. 그 사람들이 역시 예수님 말씀 그대로 살아보자고 노력하는 수도사들이라고 할 수 있다.

우리가 잘 몰라서 그렇지 기독교내에도 그런 사람들이 많이 있을 것이다. 그런 사람들이 있기 때문에 기독교도 지탱해 나가는 것이다. 그렇지 않다면 어떻게 기독교가 지탱할 수 있겠는가. 언제나 우리가 깊이 살펴보면 역시 열심히 봉사하고 고생하면서 십자가를 지고 가는 사람들을 많이 발견할 수 있는 것이다. 그런 사람들이 정말 오늘 나온 '목자'들이다. 그렇지 못한 사람들은 결국 예수나 팔아먹는 날도적 같은 사람이라고 할 수 있다. 당회장이라고 하고 목사라고 해도 마찬가지로, 하기에 따라서는 날도적 같은 사람도 될 수 있는 것이다.

김진홍 목사가 말하기를, 지금 정부에서 농민들을 지원하기 위해 몇 천억, 몇 조의 예산을 책정해서 쏟아 붓고 있는데, 결국 그 돈은 농민에게 돌아가지 못하고 관련된 기업이나 재벌들이 차지하게 될 것이라고 했다. 김진홍 목사는 100여명의 사람들을 모아 두레마을이란 농사짓는 공동체를 운영하고 있는 사람이기 때문에 이런 사실을 더 잘 알 수 있을 것이다. 우리나라의 농민 문제는 시스템과 그것을 집행하는 사람이 문제이지 그것을 고치지 않고 정책만 세워 집행한다고 해서 해결될 사안이 아니다. 하여튼 김 목사가 직접 부닥쳐보고 고생한 끝에 나온 이야기들이니까, 많은 사람들이 수긍하고 감동을 받는 것이다.

오늘 성경말씀도 두 가지 사람, 즉 정말 백성을 위해서 사는 사람인가, 그렇지 않다면 백성을 착취하는 사람인가의 내용을 말한 것으로, 이것을 통해서 우리 자신은 어디에 속하는 사람인가를 한번 깊이 생각해 볼 기회를 가져야 할 것이다.

기 도

아름다운 자연과
아름다운 인생을 허락하여 주시고
우리들이 가족을 이루고 나라를 이루고 살 수 있는
이 기쁨을 주신 데 대해서 진심으로 감사를 드립니다.

온 세계가 하나님을 아버지로 모시고
그리스도를 형님으로 모시고
한 가족이 되어서 마음 놓고 먹고,
마음 놓고 살 수 있는 참된 세상이 될 수 있도록
당신께서 도와주시옵소서.

특별히 이 조그마한 나라의 오랜 역사 속에서
한 번도 제대로 먹지도 못하고
한 번도 제대로 자보지도 못한
이 불쌍한 민족을 하나님께서 돌보아 주시고
우리도 모든 사람들이 마음을 합쳐서 하나가 되고
우리가 가지고 있는 자질을 최대한으로 발전 시켜서
우리도 남과 같이 제대로 먹고, 제대로 자는
그런 나라가 될 수 있도록 당신께서 도와주시옵소서.

오늘 이 시간에도 당신께서 저희들과 같이 하시고
당신의 말씀을 참 기쁨으로 받아들이는
저희들이 될 수 있도록
당신께서 인도하여 주시옵소서.
이 모든 말씀
예수님 공로 받들어 기도하옵나이다.
아멘.

40. 제삼第三의 개념槪念

1994년 5월 8일

요한 10:7~21

그러므로 예수께서 다시 이르시되
내가 진실로, 진실로 너희에게 말하노니
나는 양의 문이라.
나보다 먼저 온 자는 다 절도요 강도니
양들이 듣지 아니 하였느니라.
내가 문이니,

예수님께서 말씀하신 "진정으로, 진정으로"란 말은 요새말로 하자면, '참으로, 참으로' 또는 '간절히, 간절히'라는 말이다. 그 당시 유대말로는 "아멘, 아멘"이다. 예수님께서 이 말을 자주 썼기 때문에 요즘에도 기도할 때 "아멘, 아멘"이란 말을 많이 쓰는데 이 말의 뜻이 '진정으로, 진정으로'란 말이다. 나야말로 양의 문이다, 라는 말은 나야말로 진리의 세계에 들어갈 수 있는 길잡이다란 뜻이다. 또 나는 하나님의 나라에 들어갈 수 있는 문이다, 안내인이다, 선생이다, 라고 생각해도 좋겠다. "나보다 먼저 온 사람은 다 도둑이고 강도이다." 과거에 온 사람들은 진짜 선생이 아니다. 왜냐하면 그 사람들은 진리를 못 깨달은 사람들이기 때문이다.

> 누구든지 나로 말미암아 들어가면 구원을 받고
> 또는 들어가며 나오며 꼴을 얻으리라.

나는 진리를 깨달았기 때문에 누구든지 나의 말을 듣는 사람은 하나님나라에 들어 갈 수 있고, 진리를 깨닫고, 생명을 얻을 수 있는 것이다. 동양식으로 문은 마음 심心으로, 꼴(풀)은 성性으로 표현하여 심성으로 생각할 수도 있다. 그래서 존심양성尊心養性이란 말이 된다. 이것이 기독교에서는 진리와 생명이란 말이다. 그러니까 문을 드나들며 꼴(풀밭)을 만난다는 말이 진리를 깨닫고 생명을 얻는다는 말이다.

> 도둑이 오는 것은
> 도둑질하고 죽이고 멸망시키려는 것뿐이요,
> 내가 온 것은 양으로 생명을 얻게 하고
> 더 풍성히 얻게 하려는 것이라.

과거의 지도자들은 결국 백성들을 착취하고 못살게 굴었지만 나는 참으로 살려주고 구해주기 위해서 온 사람이란 말이다.

나는 선한 목자라
선한 목자는 양들을 위하여
목숨을 버리거니와

나는 정말로 너희들을 위한 선생이다. 진짜 선생은 학생들을 위해 정성을 다한다.

삯꾼은 목자가 아니요
양도 제 양이 아니라
이리가 오는 것을 보면
양을 버리고 달아나나니,

김활란 박사가 늘 말했듯, 삯꾼인가 일꾼인가란 말이다. 정말 목자는 일꾼이지 삯꾼이 아니란 말이다.

이리가 양을 물어 가고 또 헤치느니라.
달아나는 것은 그가 삯꾼인 까닭에
양을 돌보지 아니함이나,

삯꾼은 돈에만 관심이 있지 다른 것에는 관심이 없다. 그러나 일꾼은 자신의 일과 사명을 위해 정성을 다 바치는 사람이다.

나는 선한 목자라.

나는 내 양을 알고,
양도 나를 아는 것이,

나야말로 선한 일꾼이다. 나는 내 양을 알고, 내 양은 나를 알고 있다. 요한복음의 특징이 '안다'는 것이다. 다른 복음에서는 사랑이란 말이 많이 나오는데 이 요한복음에서는 '안다'는 말이 많이 나오는 것이 특징이다. '안다'는 것이 요한복음의 핵심이다. 조금 있으면 요한복음 17장에 이런 말이 나온다. "영생이란 무엇인가. 하나님을 알고, 그리스도를 아는 것이 영생이다." 그러니까 안다는 것이 중요하다. 여기서 안다는 것은 양명학에서 말하는 양지良知이다. 진리를 깨닫는 것, 그것이 안다는 것이다.

어떻게 해야 나는 내 양을 알고, 내 양은 나를 알게 되나. 진리를 깨달아야 한다. 진리를 깨달으면 나는 내 양을 알고, 내 양은 나를 알게 되는 것이다. 그저 안다는 것 가지고는 안 된다. 그것은 안다는 것이 아니다. 진리를 깨달을 때 참으로 알게 되는 것이다. 사람이 서로 안다는 것은 반드시 진리를 통해 아는 것이지 그렇지 않고는 서로 알 수가 없다.

부부가 일생을 같이 살아도 진리를 깨닫지 못하면 서로가 모르는 것이다. 그래서 『욕망이라는 이름의 전차』라는 책 속에 보면 나는 당신과 30년을 같이 살았는데 이방인이요, 라는 말이 나오는 것이다. 나는 당신을 모르고, 당신도 나를 모르고, 서로 모르는 것이다. 왜 그렇게 되는가 하면, 속에 진리라고 하는 무엇하나가 있게 될 때 서로 알 수 있는 것이지 그런 것 없이 같이 산다고 해서 아는 것은 아니다. 그래서 아는 것이 중요한 것이다. 또 알아야 풀밭을 만나는 것이다. 다시 말해서 진리를 깨달아야 생명을 가질 수 있는 것이다.

우리는 사실 알지도 못하고 그냥 사는 것이다. 그것은 지식의 세계이다. 그저 무엇을 좀 안다는 것뿐이지 그 외에는 아무것도 모르는 것이다. 그러니까 껍데기만 좀 아는 것이지 속은 통 모르는 것이다. 그래서 속을 알고 산다는 것이 보통 어려운 일이 아니다. 친구사이도 마찬가지다. 그저 만나서 술 한 잔 할 정도로 아는 것이지 그 이상은 아무것도 아니다. 그래서 우리가 정말 인생을 통해 서로 알 수 있는 친구를 만났는가 하는 것이 중요한데, 그런 친구를 우리는 지기知己라고 부르며, 그런 지기知己를 위해서는 목숨이라도 바칠 수 있게 되는 것이다. 그래서 안다는 것이 그렇게 중요한 것이다.

우리는 보통은 그런 것을 생각지 못하고 그냥 사는 경우가 많은데 많은 친구들 가운데 정말 나를 알아주는 친구가 누구인가라고 한번쯤 생각해 볼 필요가 있다. 그런 친구를 갖는다는 것이 정말 어렵다. 그래서 사람들은 외롭다, 쓸쓸하다고 말하는 것이다. 선생도 마찬가지다. 대학을 나오고 박사를 받으면 선생이 되는 것 같지만 참 선생을 찾기가 쉽지 않다.

부모와 자식의 관계도 마찬가지다. 다 부모가 되지만 진짜 부모가 되는 것도 어렵고, 다 자식이 되지만 진짜 자식이 되는 것도 어렵다. 왜냐하면 서로 알지 못하기 때문이다. 진리를 깨닫기 전에는 진짜 부모가 될 수 없으며, 진짜 친구도, 선생도 될 수 없는 것이다. 진리를 깨달아야 부모도 알게 되고, 선생도 알게 되고, 친구도 알게 되는 것이지 그런 것 없이는 안다고 할 수 없다. 그러니까 이 세상은 다 고독한 것이고 쓸쓸하지 않은 사람은 하나도 없다.

우리가 만난다는 것은 무엇을 만나는가 하면, 유영모 선생께서는 창문과 창문이 만난다, 라고 말씀하셨는데, 문을 열고 속을 들여다보지 못하고 바깥들만 만나는 것이다. 그러니까 서로 창문만 들여다보고 마는 것이다.

정말 깊이 생각해 보면, 과연 나는 내 아내를 정말 아는가, 친구를 아는가, 선생을 아는가, 라 자문해 볼 때 안다고 말하기가 쉽지 않다. 물론 자기의 아내가 몇 살이고, 무엇을 좋아하고, 어떻게 생겼으며 왜 나와 같이 사는가라는 것은 다 알고 있다. 그러나 내 아내 속에 있는 영靈은 알지 못한다. 내 아내 속에 무엇이 들어가 있는지, 더 엄격히 말하면, 내 아내 속에 하나님이 들어가 있는데 그 하나님을 보았는지, 보았다면 내 아내를 존경하지 않을 수가 없는 것이다. 진짜 아내를 존경할 수 있는 사람, 그 사람이 아내를 아는 사람이다. 그저 아내를 사랑하는 것 가지고는 안 된다. 아내의 존엄성을 알게 될 때 그것이 진짜 아내를 아는 것이다. 그렇게 될 때 하나님도 믿게 될 수 있는 것이지, 하늘에 있는 하나님을 믿는 것이 반드시 믿음이라고 할 수 없다. 내 아내 속에 있는 하나님을 믿을 수 있을 때 그것이 진짜 믿음이라고 할 수 있는 것이다.

어린애도 마찬가지다. 어린애 속에 하나님이 들어가 있는 것을 알게 될 때 정말 자식 사랑을 할 수 있게 된다. 스승도 마찬가지이다. 스승 속에 들어가 있는 하나님을 볼 수 있게 되어야 참으로 스승을 존경할 수 있게 된다. 스승의 진면목을 보게 되어야 한다는 말이다. 그래서 이 안다는 말이 그렇게 중요한 것이다.

"나는 내 양을 알고, 내 양은 나를 알고 있다." 그런데 사실은 예수는 제자들을 알고 있었을 것이지만 제자들은 예수를 몰랐을 것이다. 바울이 제자들보다 먼저 예수를 알게 된다. 물론 나중에는 제자들도 예수를 알게 되었지만 예수님 당시에는 몰랐을 것이다. 그래서 '예수는 양들을 알지만, 양들은 예수를 잘 모르고 있다'고 요한이 썼어야 제대로 쓴 것이라고 볼 수 있다.

아버지께서 나를 아시고
내가 아버지를 아는 것 같으니

그러면 예수는 어떻게 양을 알게 되었나. 아버지를 알기 때문에 양을 알게 되었다. 아까 말한 것과 마찬가지다. 어떻게 해야 우리는 친구를 알게 되나. 진리를 깨달아야 친구를 알게 된다고 했는데, 여기처럼 아버지를 알기 때문에 친구를 알게 된다, 라고 해도 된다. 그러니까 반드시 중개자가 하나 있어야 한다. 하나님을 알기 때문에 이웃을 알게 되는 것이지 하나님을 모르면 이웃을 알 수 없다.

나는 양을 위하여 목숨을 버리노라.

왜 목숨을 버리게 되나. 아까도 말했지만 정말 나를 알아주는 사람을 위해서는 목숨을 버릴 수 있는 것이다.

또 이 우리에 들지 아니한 다른 양들이 내게 있어
내가 인도하여야 할 터이니,

이것은 물론 외국 사람들을 말하는 것이다. 유대 사람만 내가 가르쳐야 하는 것뿐만 아니라, 외국 사람들도 나는 가르쳐야 한다는 말이다.

그들도 내 음성을 듣고
한 무리가 되어 한 목자에게 있으리라

미국 사람도 독일 사람도 모두 다 같은 양떼이지 거기에는 조금도 차이가 없는 것이다.

> 내가 내 목숨을 버리는 것은
> 그것을 내가 다시 얻기 위함이니
> 이로 말미암아 아버지께서 나를 사랑하시느니라.

하나님께서 나를 사랑하시기 때문에 나의 생명을 버릴 수도 있다. 왜냐하면 하나님께서 다시 나의 생명을 주시기 때문이다.

> 이를 내게서 빼앗는 자가 있는 것이 아니라
> 내가 스스로 버리노라.
> 나는 버릴 권세도 있고 다시 얻을 권세도 있으니,

그 당시 사람들이 예수를 죽였다고 하지만 사실은 예수 스스로 죽음을 선택한 것이다. 얼마든지 죽음으로부터 도망칠 수 있었지만 예수 스스로 죽으러 간 것이다. 소크라테스도 마찬가지였다. 관리들에게 돈을 갖다 주고 도망칠 길을 제자들이 다 만들어 놓았었다. 그런데도 소크라테스는 도망치지 않고 스스로 죽음의 길로 간 것이다.

나에게는 내 생명을 버릴 권세도 있고, 다시 얻을 권세도 있으니, 라고 옛날 성경에는 나와 있는데, 이렇게 되면 생명이라고 하는 것이 무엇이 되는가 하면 나의 물건이 되고 마는 것이다. 내 물건이니까 내가 버릴 수도 있고, 다시 찾을 수도 있는 것이다. 그러니까 생명이 곧 내가 아니고, 나에게 속한 것이 되고 마는 것이다. 이것이 중요하다. 생사生死라는 것이 자기가 아니고, 자기의 것이 되어야 한다. 생명보다 더 높은 것, 그것이 나라는 것이 되어야 한다. 그래서 나는 그것을 버릴 권한도 있고, 찾을 권한도 있게 되어야 한다. 그러니까 생사라는 것이 하나의 도구이지 주체가 아니라는 것이다.

이 계명은 내 아버지에게서 받았노라 하시니라

아버지께서는 생사를 초월하신 분이지 생사가 아니다. 예수도 마찬가지로 생사를 초월하신 분이지 생사가 아니다.

이 말씀으로 말미암아
유대인 중에 다시 분쟁이 일어나니,
그중에 많은 사람이 말하되
그가 귀신 들려 미쳤거늘
어찌하여 그 말을 듣느냐 하며,

그 당시 사람들은 이런 말을 하는 예수를 도저히 이해할 수 없었을 것이다. 노자에 보면, 바른 말을 하면 정신 나간 사람 취급을 받게 되는 것이지 남에게 인기 있는 말은 바른 말이라고 할 수 없다는 내용이 나온다.

어떤 사람은 말하되,
이 말은 귀신 들린 자의 말이 아니라

귀신이 맹인의 눈을 뜨게 할 수 있느냐 하더라.

사람들 중에는 예수를 인정하는 사람도 있었다는 말이다.

오늘 나온 구절 중에 가장 중요한 말은, 18절에 나오는 나에게는 내 생명을 버릴 권한도, 그것을 다시 찾을 권한도 있다, 라는 말이다. 그러면 어떻게 하면 나의 생명을 버릴 권한도 있고, 그것을 다시 찾을 권한도 있게 되나, 그것을 우리는 생각해야 한다.

원효대사가 가장 좋아했다는 화엄경에 나오는 일도출생사一道出生死 일체무애인一切無碍人이란 말이 있는데 일도一道라는 것이 있어야 출생사出生死가 되지, 일도一道가 없이는 출생사出生死가 있을 수 없다. 아까 말한 치양지致良知가 돼야 출생사出生死가 되는 것이다. 다시 말해서 진리를 깨달아야 생사를 넘어설 수가 있지, 진리를 깨닫기 전에는 생사를 넘어설 수가 없다. 우리는 바로 생사를 넘어설 수는 없다.

아까 말했듯이 친구를 알려면 하나님을 먼저 알아야 친구를 알 수 있게 된다고 했는데, 마찬가지로 생사를 넘어서기 위해서는 진리를 깨달아야 된다는 조건이 하나 있어야 하는 것이다. 그러니까 우리가 무엇이 되기 위해서는 반드시 제삼第三의 개념槪念이 하나 필요하다. 그것이 들어와야 그 무엇을 이룰 수 있지, 그것 없이는 되지 않는다. 차 한 잔이 있어야 서로 얘기를 나눌 수 있는 것처럼 반드시 어떤 매개체가 있어야 한다는 말이다.

어떻게 하면 생사를 넘어설 수 있나. 이 말은 어떻게 하면 나의 생명을 버릴 권한도 있고, 그것을 찾을 권한도 있게 되나와 같은 말이다. 물론 교리적으로 말하자면 내 생명을 버린다는 것이 십자가이고, 내 생명을 찾는다는 것이 부활이다. 그런데 어떻게 하면 십자가이고, 어떻게 하면 부활이 되는가, 그것이 문제인 것이다.

우리는 자꾸 십자가와 부활만 생각하는데, 그것이 아니고 제삼의 개념이 또 하나 들어가야 한다. 제삼의 개념이 하나 들어가야 십자가도 될 수 있고, 부활도 될 수 있지, 그것 없이는 십자가도 부활도 될 수가 없는 것이다. 아까 예수님이 말씀하신 것처럼 하나님이란 제삼의 개념이 필요하다. 하나님이 나를 사랑하기 때문에 나의 생명을 버릴 수도 있고, 다시 찾을 수도 있게 되는 것이다, 라고 예수께서 말씀하셨는데, 하나님이라고 해도 좋고, 일도一道라고 해도 좋고, 하여튼 제삼의 개념이 하나 들어가야 되는 것이지, 그렇지 않고는 될 수가 없는 것이다.

일도一道란 말이 도와 하나가 된다는 말인데, 동양 사람들에게는 진리를 깨닫는다는 말 대신에 도와 하나가 된다는 말이 더 이해하기가 쉽다. 그러니까 도와 하나가 되어야 생사를 넘어설 수 있게 된다. 이렇게 제삼의 개념이란 것이 중요한데 우리에게 가장 필요한 것은 제삼의 개념을 발견하는 것이다. 그렇게 될 때 일체무애인一切無碍人이다. 아무것도 걸릴 것이 없는 자유로운 사람이 될 수 있는 것이다. 생사를 벗어나야 자유로운 사람이 된다. 그래서 기독교에서는 진리가 너희를 자유롭게 하리라는 말이 나오는 것이다. 그런데 이 진리가 무엇인가, 이것이 제삼의 개념이란 것이다. 그러니까 이 제삼의 개념을 가지지 않으면 진리를 깨달을 수가 없다.

우리가 진리를 깨닫는다고 할 때, 직접 진리를 깨달을 수가 있는가 하면 그렇게 할 수가 없다. 그러면 어떻게 해야 진리를 깨달을 수 있는가. 제삼의 개념이 반드시 또 들어가야 한다. 제삼의 개념을 발견하는 것, 그것이 도道이다. 이 도라고 하는 것이 우리에게 중요하다. 이 도라고 하는 것, 바꾸어 말하면 제삼의 개념이라고 하는 것이, 예수에게는 하나님이 되는 것이다. 하나님이 나를 사랑하고, 내가 하나님을 사랑하니까 내가 생명을 버릴 수도 있고, 생명을 찾을 수도 있다는 말이 나오는 것이다.

바울로 말하면 로마서 14장 8절, 9절이다. 우리가 살아도 주를 위하여 살고, 죽어도 주를 위하여 죽나니 그러므로 사나 죽으나 우리가 주의 것이로다. 이를 위하여 그리스도께서 죽었다가 다시 사셨으니 곧 죽은 자와 산 자의 주가 되려 하심이니라.

그러니까 바울에게는 제삼의 개념이 그리스도이다. 그리스도를 위해서는 살아도 좋고, 죽어도 좋다. 예수님의 제삼의 개념은 하나님이고, 바울에게는 그리스도이다. 그러니까 하나는 성부聖父이고, 하나는 성자聖子이다.

이렇게 제삼의 개념이 하나 있어야 한다. 제삼의 개념 없이는 아무것도 이루어질 수 없다. 그래서 일도一道, 즉 제삼의 개념을 붙잡아야 출생사出生死, 생사를 넘어설 수가 있다. 생사를 넘어설 수가 있다는 말은 생명을 버릴 수도 있고, 생명을 다시 찾을 수도 있다는 말이다. 표현만 다를 뿐이지 같은 말이다.

주자朱子의 말 가운데 이런 말이 있다. "죽음이 없으면 사는 것이 의미가 없고, 사는 것이 없으면 죽음이 가치가 없다." 이 말도 정말 멋있는 말인데 무슨 뜻인지 언뜻 알기가 어렵다. 그러나 이 말도 결국 생사를 넘어섰다는 말이나 같은 뜻이다. 그러니까 사는 의미나 죽음의 가치란 말이 어디에서 나오는가 하면 제삼의 개념에서 나오는 것으로 제삼의 개념이 있어야 의미가 있게 되고 가치가 있게 되며, 사는 것도 있게 되고 죽음도 있게 되는 것이다.

그런데 대개 제삼의 개념은 빼고 말하게 되니까 근사한 말이지만 언뜻 그 내용을 파악하기가 힘들다. 경전이나 성인들의 말이 다 그렇게 표현되어 있다. 예수님에게는 제삼의 개념인 하나님 그러면 구체적으로 와 닿는 것이 있겠지만 우리에게는 하나님 그래도, 무엇인가 와 닿는 것이 없다. 그러니까 우리에게는 하나님이 제삼 개념이 될 수 없는 것이다.

치양지致良知란 말도 결국은 제삼의 개념을 붙잡으라는 말이다. 치致라는 말이 붙잡으라는 말이다. 양지良知를 붙잡으라는 말이 바로 제삼의 개념을 붙잡으라는 말이다. 이 제삼의 개념을 붙잡아야 직접적인 관계가 되는 것이지, 이것을 붙잡지 않고는 아무런 관계가 될 수 없다.

그래서 조주 같은 스님은 사람들이 찾아오기만 하면 차나 한 잔 마시고 가지(끽다거喫茶去)라고 했는데, 그 말도 제삼의 개념을 붙잡으라는 말이다. 너희들이 제삼의 개념을 붙잡지 못하면 너는 나를 알 수도 없고, 나도 너를 알 수가 없다는 말이다. 이 끽다거喫茶去란 말이 유명한 화두인데, 이 화두의 내용도 결국은 제삼의 개념을 붙잡으라는 말이다.

이 제삼의 개념이 자기에게는 현실적이고 구체적인 것이 되어야지 추상적이고 개념적인 것이 되어서는 안 된다. 이것만 붙잡게 되면 우리는 진리를 깨닫게 되고, 견성見性도 하게 되고, 생명도 얻게 된다. 그러니까 우리가 어떻게 하면 진리를 깨닫게 되나, 견성을 하게 되나, 생명을 얻게 되나 하고 다닌다고 해서 되는 것이 아니다. 무엇이 되든지 자기에게 제삼의 개념이 되는 것을 붙잡게 될 때 모든 문제가 해결되는 것이다.

14절에 보면 나는 내 양을 알고, 내 양은 나를 알고 있다,

는 말 중에서 '안다'는 것이 중요한데, 어떻게 해야 알게 될 수 있을까. 바로 제삼의 개념이 있어야 알게 되는 것이다. 진짜 알게 되면 생명을 버릴 수도 있고, 생명을 찾을 수도 있게 되는 것이다. 십자가와 부활, 이것을 알기 위해서는 우리에게 무엇이 있어야 하나. 제삼의 개념이 있어야 한다. 그래서 우리에게는 제삼의 개념을 붙잡는다는 것이 중요한 것이다.

기 도

감사하신 하나님,
오늘도 비가 오는 이 계절에
저희들을 불러 주시고
당신의 말씀으로 먹여 주시니
한없이 감사를 드립니다.

우리가 아버지께 가는 날까지
언제나 아버지 품안에서 살 수 있는
저희들이 될 수 있도록 도와주시고
우리의 생명이 계속 자라서
하나님을 만나 볼 때에는
우리가 성숙한 인간이 될 수 있도록
당신께서 도와주시옵소서.

하루하루를 참되게 살아가는
저희들이 될 수 있도록
인도하여 주시옵소서.

예수님 이름 받들어 기도하옵나이다.
아멘.

41. 하나님과 하나

1994년 5월 15일

요한 10:22~30

예루살렘에 수전절이 이르니[1]

희랍의 알렉산더 대왕이 인도까지 정복하러 갔을 당시, 이스라엘 부근 전체를 다 지배하게 된다. 그 후 각 지방에는 알렉산더 대왕의 후계자들인 측근의 장수들이 총독도 하고 왕을 맡아 다스리게 되었는데, 이스라엘에도 시리아 왕 안티오코스 에피파네스가 맡아 다스렸는데, 그때 예루살렘 성전에 희랍 사람들이 믿는 제우스 신의 제단을 만들게 된다. 이 사건이 유대 사람들에게는 가장 치욕적인 일이 된다.

왜냐하면 유대 사람들은 종교에 살고 종교에 죽는 사람들인

1. 고병려(1987), p. 37 〈예루살렘에서 성전 봉헌제의 경축이 있었다.〉

데, 이 사람들이 가장 신성시하는 성전에다가 이방의 신인 제우스의 제단을 세운다는 것은 용납할 수 없는 일인 것이다. 마치 우리나라의 일제시대에 남산 마루턱에 신사를 지은 것이나 마찬가지다. 그 뒤 기원전 165년 12월 25일에 유대 사람 마카비가 희랍과 싸워 예루살렘을 탈환하게 되는데, 이때는 이미 희랍의 세력이 점차 약해지고 로마가 등장하는 시기였다. 그래서 마카비에 의한 이스라엘의 독립이 이루어지게 되는데, 유대인들에게는 잊을 수 없는 중요한 사건으로, 그 후 2,000여 년 동안을 흩어져 살 때에도 밤낮 이때를 생각하며 다시 모여 독립할 것을 꿈꾸게 된다. 그때 마카비는 예루살렘 성전의 제우스 신의 제단을 전부 없애버리고 새로이 성전을 봉헌하게 되는데, 이것을 기념하기 위하여 8일간에 걸쳐서 진행되는 큰 축제를 열게 된다.

그래서 이것을 성전 청정절 또는 성전 수복절이라고도 부른다. 유대인들에게는 세 가지의 큰 명절이 있는데 하나는 초막절로 우리의 추수감사절 시기이고, 봉헌절은 크리스마스 때이며, 유월절은 우리의 부활절 시기이다.

때는 겨울이라.
예수께서 성전 안 솔로몬 행각에서 거니시니,

이 성전은 솔로몬 왕 때 건립된 것으로 주랑은 건물 바깥쪽의 행랑채를 말한다.

> 유대인들이 에워싸고 이르되
> 당신이 언제까지나 우리 마음을 의혹하게 하려 하나이까.
> 그리스도이면 밝히 말씀하소서 하니,

유대인들은 예수에게 정말 당신이 구세주라면 확실하게 말해줄 것을 요구했다. 여기서 이 사람들이 말하는 그리스도는 아까 말했던 이스라엘을 독립시킨 마카비와 같은 사람을 말한다. 그 당시 이스라엘을 지배하고 있던 로마를 물리치고 이스라엘을 구원해 줄 수 있는 사람이라는 뜻이다. 예수의 제자 가운데에는 독립운동을 하던 열심당원인 시몬이란 사람도 있었는데 이 사람들은 예수가 유대 나라를 구해줄 지도자로 보고 따랐던 것이다.

가룟 유다도 마찬가지라고 할 수 있다. 예수를 독립운동하는 사람으로 생각하고 좇아다니다가 나중에는 실망하여 예수를 팔아먹고 마는 것이다. 그래서 예수에게 당신이 확실히 그런 생각을 가진 지도자라면 우리도 힘을 합쳐 당신을 도울 터이니 명백히 얘기해 달라고 유대인들은 요구하는 것이다. 말하자면 일제시대 때 우리의 항일 단체와 같은 것을 만들자는 것이다.

> 예수께서 대답하시되
> 내가 너희에게 말하였으되 믿지 아니하는도다.

내가 내 아버지의 이름으로 행하는 일들이
나를 증거하는 것이거늘,

그러니까 예수는 사람들이 생각하는 그런 사람은 아니란 말이다.

너희가 내 양이 아니므로 믿지 아니 하는도다.
내 양은 내 음성을 들으며
나는 그들을 알며
그들은 나를 따르느니라.

나는 당신들이 바라는 독립운동가가 아니란 말이다. 내가 하고자 하는 일은 나의 양을 구하고자 하는 것이다, 라고 예수는 말한다.

내가 그들에게 영생을 주노니
영원히 멸망하지 아니할 것이요
또 그들을 내 손에서 빼앗을 자가 없느니라.

나는 그들에게 영원한 생명을 준다. 이것이 오늘 중요한 말이다. 보통 우리가 영생이란 말을 쓰는데, 영생이 영원한 생명이란 말이다. 여기서 '그들'은 제자들을 말한다. 그러니까 선생하고 제자들의 관계는 절대이기 때문에 아무도 그것을 떼어놓을 수 없다는 말이다.

그들을 주신 내 아버지는 만물보다 크시매
아무도 아버지 손에서 빼앗을 수 없느니라.

제자들은 예수하고만 절대적인 관계가 아니라 하나님하고도 또 절대라는 말이다.

나와 아버지는 하나이니라 하신대,

같은 말이다. 그러니까 나와 아버지가 절대이고, 나와 제자들이 절대이다. 이 말은 요한복음 17장에 가면 또 나온다. 절대라고 하는 것이 무슨 뜻인가 하면 그 사이에 틈이 없다는 말이다. 불교에서는 이런 것을 이심전심以心傳心이라는 말로 쓴다.

그러니까 선생의 마음이나 학생들의 마음이 꼭 같다는 말이다. 아버지의 마음이나 아들의 마음이 꼭 같다. 그래서 말없이도(불립문자不立文字) 서로 통하는 것이다. 어머니와 딸이 하루 종일 같이 있어도 말 한마디 없이 다 아는 것이다. 우리가 이런 것을 기독교에서는 믿음이라고 말한다. 믿음이라는 것이 무슨 말인가 하면 절대이다, 란 말이다. 그 사이에 틈이라는 것이 하나도 없다는 말이다. 어머니도 딸을 그대로 믿는 것이고, 또 딸도 어머니를 그대로 믿는 것이고, 그 사이에는 하나도 틈이 없다. 그 틈이 없는 사이를 아무도 깨트릴 수가 없다. 마음이 한마음인데 누가 그것을 깨트리겠는가. 육체는 갈라놓을 수 있지만 마음이 하나된 것은 갈라놓을 수가 없다. 그것이 믿음이라는 것이다. 믿음은 하나이지 따로 떼어놓을 수가 없는 것이다. 말 없이도 서로 다 아는 것이다.

부부 사이도 마찬가지다. 나는 내 아내의 마음을 다 알고 있고, 내 아내도 내 마음을 다 알고 있다. 그것이 믿음이다. 양지良知라는 것이 바로 그것이다. 서로 다 알고 있지 말할 필요가 없다는 말이다. 말 없는 세계이다. 그것은 무슨 일로 인해 변하거나 깨어질 수 없는 것이다. 변했다든가 깨어졌다면 그것은 마음도 아니고 믿음도 아니다. 마음은 본래 하나이지 그것은 이러쿵저러쿵 할 수가 있는 것이 아니다.

이때 예수님의 제자들은 예수가 무엇이라고 하지 않아도 다 안다. 또 예수님도 제자들의 마음을 다 안다. 이런 것을 우리는 하나다, 절대다, 라고 하는 것이다. 일여一如이다.

오늘 스승의 날이라고 꽃을 가져다 놓았는데 꼭 꽃을 가져다 놓아야만 여러분의 마음을 아는 것은 아니다. 그렇다고 꽃을 가져다 놓은 것이 잘못된 것도 아니다. 꽃이 있어 더욱 아름답다. 그러니까 꽃이 있어도 좋고 없어도 좋고, 그런 것이 문제가 되질 않는다. 부모자식 간에도 마찬가지다. 어버이날이라고 해서 선물을 해도 좋고, 안 해도 좋고, 그런 것이 문제가 안 된다. 그것은 그대로의 세계이지, 있고 없고가 문제가 안 되는 것이다. 어머님의 은혜는 산보다도 높고 바다보다 깊다고 하는데 그것은 말할 수 없는 세계이지 선물 몇 가지로 표현될 수 있는 것이 아니다. 그러니까 어머니와 내가 하나이지, 나눌 수가 없는 세계이다. 말 안하고 통하는 세계이다.

그런데 불교에서는 견성성불見性成佛이라고 한다. 이심전심이 되기 위해서는 견성이라는 것이 있어야 한다는 말이다. 우리가 어머니의 사랑을 구체적으로 어디에서 알 수 있는가 하면 어머니가 어린아이를 기를 때 어린아이의 똥을 전혀 더럽다고 생각하지 않는 것이다. 더럽다고 생각하면 기저귀를 갈고 빠는 일을 그렇게 기쁜 마음으로 할 수 있겠는가. 아이가 배탈이 나서 설사를 하면 옛날에는 찍어 먹어 보는 엄마도 있었다.

우리가 또 부모님이 늙어 수발을 들 때도 마찬가지다. 나도 어머님이 세상을 떠나기 직전에 내가 수발을 들었는데 그 뒤치닥거리를 다 내 손으로 했다. 왜냐하면 다른 사람들은 다 냄새가 나겠지만 나에게는 전혀 문제가 되지 않기 때문이다. 아들딸 자식이 되면 자기 부모의 더러움이 전혀 문제가 안 되는 것이다. 그래서 똥 냄새가 촌수 가린다는 얘기도 하는데, 그것은 속일 수 없는 사실이다. 정말 통하게 되면 마음으로만 통하는 것이 아니라 육체적으로도 전혀 문제가 되지 않는다. 더러움을 전혀 느끼지 않게 되는 것이다. 그것이 하나라는 것이다. 일체가 되면 조금도, 좋고 나쁘고가 문제되지 않는다.

오늘 나온 성경말씀에, 예수는 자신에게 질문하는 유대인들에게 당신들은 믿고 있지 않다, 라고 말한다. 유대인들은 유대의 독립을 생각하고 질문했는데 예수는 그런 문제에 대해서는 전혀 생각지 않는 것이다. 예수가 생각하는 것은 무엇인가 하면 기독교에서 말하는 죄악의 세상에서 독립하는 것이라고 할 수 있다. 죄악을 멀리하고 하나님과 하나가 되는 것이다. 하나님과 하나 되어 죄에서 벗어나는 것이다.

또 영원한 생명을 준다는 구절도 아주 중요한 말이다. 영원한 생명을 준다는 말이 무슨 말일까. 아까 말한 어머니는 어린아이에게 영원한 생명을 준다, 라고 생각할 수 있다. 다시 말해서 하나라는 말이다. 어린애는 본래 어머니의 뱃속에 있었고, 나와서도 어머니 품속에서 계속 젖을 먹는 것이고 결국 하나의 생명이다. 그 하나의 생명이 영원히 이어지는 것이다. 어머니는 자기의 생명을 자기 아이에게 주는 것이다. 자신은 먹지 못해도 아이들을 먹이는 것이 어머니의 사랑이다. 그래서 사랑이 영원한 생명이다, 라고 해도 좋다.

거미는 알에서 깨어나면 자기 어미를 파먹고 자란다고 한다. 뱀도 살모사殺母蛇라는 뱀은 어미를 잡아먹고 새끼가 자란다고 한다. 자연도 그러하다. 어머니라고 하는 것은 자식에게 하나의 먹이가 되는 것이다. 생명까지도 주는 것이 어머니이다. 부모가 되어보면 자식에게 받고 싶다는 생각이 전혀 없다. 그대로 사랑이다. 사랑이란 죽을 사死, 써버릴 랑浪이다. 자식을 위해 죽고, 자신을 다 써버리는 것이 사랑이다.

오늘이 스승의 날인데, 스승 사師 자도 죽을 사死 자나 마찬가지다. 군대에 가면 사단師團이란 말을 쓰는데, 이 말이 죽음의 무리란 뜻이다. 나라를 위해 언제든지 죽을 수 있는 무리란 말이다. 일선에 나간 병사는 나라를 위해 언제든지 죽을 수 있는 것이다. 어머니 모母 자도 없을 무毋(무無)자나 같은 자이다. 어머니는 없는 것이다. 자식을 위해 자신은 죽은 것이나 마찬가지다. 아까 말한 거미나 살모사처럼 자식을 위해 없어지는 것이다. 스승 사師 자도 마찬가지로 결국 제자들을 위해 죽는 것이다. 예수가 십자가를 졌다고 하는데, 모든 스승들이 다 죽는 것이다. 자기가 아는 것을 다 가르쳐 주는 것이지 조금이라도 아껴 두는 것이 없다. 있는 대로 다 주는 것이다.

내가 오늘 여러분께 말하는 것도 내가 아는 것을 모두 말하는 것이지 조금이라도 남겨 두는 것이 없다. 물론 클래스(Class)에 따라 말의 내용은 달라질 수 있다. 받아들이는 사람에 따라 다르게 말하여야 한다. 그러나 내가 아는 것을 남겨 두거나 하는 것은 전혀 없다. 어머니가 자식에게 아까워서 안 주는 것이 없는 것이나 마찬가지다. 있는 대로 다 주는 것이 어머니의 사랑이다. 영원한 생명을 준다는 말이 자기가 가진 것을 다 준다는 말이다. 하나님께서 우리를 사랑한다고 할 때에도 하나님께서 우리에게 다 주시는 것이지 조금도 남겨 두는 것이 없다. 예수께서도 우리에게 다 주시는 것이다. 그의 생명까지도 우리를 위해 내어놓는 것이다.

하여튼 기독교에서는 이 영원한 생명이란 말을 많이 하는데 요한복음 3장 16절에도 보면 누구든지 저를 믿으면 멸망하지 않고 영생을 얻으리라고 되어 있는데, 여기서도 나는 그들에게 영원한 생명을 주어, 그들은 영원히 멸망하지 아니하며, 라고 되어 있다.

그러면 영생을 얻는다는 말이 무엇인가 하면 우리도 하나님 같이 된다는 말이다. 하나님이란 우리의 개념으로 말하면 '생사를 초월해 계신 분'이란 뜻으로 생각할 수 있다. 하나님은 살고 죽고와는 상관없는 분이다. 우리도 또 생각해 보면 사는 것과 죽는 것하고는 상관이 없다는 말이다.

우리가 제일 알기 쉬운 것이 무엇인가 하면 말씀이라는 것이다. 말씀이라는 것은 사는 것하고 죽는 것하고는 상관이 없다. 사는 것도 초월하고, 죽는 것도 초월한다. 요전에 말했듯이 일도출생사一道出生死이다. 도(말씀)라고 하는 것은 생사를 초월한다, 이다. 나에게는 유영모 선생의 말이 그러하다. 유영모 선생이 살아 계실 때 계속 말씀을 했는데, 선생이 죽은 후 지금에 와서 매일 선생께서 남기신 일기책을 풀이하고 있는데, 살아 계실 때 그 말이나, 죽은 후 그 말이나, 말만은 여전히 변함이 없다.

예수님도 마찬가지다. 예수님께서 살았을 때 했던 말이나, 예수님께서 죽은 후 지금 우리가 갖고 하는 말이나, 말에는 변함이 없다. 그러니까 진리도 생사를 넘어선 것이다. 하나님도 생사를 초월해 계신 분이다. 그런 것을 우리는 영원한 생명이라고 한다. 영원한 생명이란 말이 곧 생사를 넘어섰다는 말이다.

마음이란 것도 마찬가지다. 우리의 마음이란 것도 생사를 넘어선 것이다. 살아도 마음이고, 죽어도 마음이다. 부모님의 마음이 살아있을 때나 죽어서나 같은 마음이지 다를 것이 없다. 이런 것을 우리는 절대성, 혹은 통체라는 말을 쓰는데, 그 말은 상대를 초월한 세계를 말하는 것으로 단순히 시간적으로 계속된다는 것을 의미하는 것이 아니다. 물론 시간적으로 영원한 것도 영생이란 말임에 틀림없다. 하나님께서는 영원 전부터 있었고 영원 후까지 있으니까 시간적으로 영원하다고 할 수 있다.

그러나 그것보다 더 중요한 것은 생사를 초월했다는 것이다. 둘을 초월했으니까 하나님이다. 둘을 초월하지 못하면 하나가 될 수 없다. 하나라는 것은 절대라는 말이다. 변한다든가 달라질 수 있는 것이 아니다. 그러니까 하나님께서 우리에게 영원한 생명을 주신다는 말은 절대를 주신다는 말이다. 쉽게 말하면 진리를 우리에게 주신다는 말이다. 또 다른 말로 하면 하나님께서 우리에게 성령을 주신다, 라고 생각해도 좋다. 하나님께서 우리에게 오신다는 것은 생각하기 힘들지만 하나님께서 우리에게 하나님의 독생자이신 그리스도를 보내셨다, 라고 생각할 수 있다.

그런데 그리스도께서도 가셨으니까 이제 성령께서 오신다, 라는 생각을 할 수 있다. 기독교에서는 성령을 언제나 우리가 받아들일 수 있다고 생각한다. 그러면 성령을 언제 받는가. 유영모 선생님의 일기를 해설하다 보니까 선생님께서는 깊이 생각하다가 갑자기 성령을 받게 된다는 내용의 시詩가 하나 나오는 것을 보았는데, 다시 말해서 생각이 깊어졌을 때 하나님의 성령이 나타난다는 말이다. 그것이 사실인 것 같다.

내 경우도 마찬가지다. 나는 언제 성령을 받는가 하면 역시 새벽시간에 무엇을 깊이 생각하다가 언뜻 하나님의 성령이 임했다는 것을 느낄 수가 있는데, 그것은 나만이 아는 것이다. 그러니까 나나 유영모 선생의 신앙을 철학적 신앙이라고 할 수 있겠는데, 그것은 생각을 깊이 하는 속에서 하나님을 만나게 되는 것을 말한다. 나는 기도를 밤새도록 하다가 성령을 만났다든지 봉사를 열심히 하다가 성령을 만났다든지 하는 것에 대해서는 잘 모른다. 그렇지만 생각을 깊이 하는 동안에 하나님의 성령이 와서 역사하심을 확실히 느끼게 되는 것이다. 그래서 믿음은 바라는 것의 실상이요, 보지 못하는 것의 증거이다, 라고 했는데, 나는 보지 못하는 것의 증거가 바로 성령의 역사가 아닌가라고 생각한다. 그래서 영원한 생명을 주신다, 라는 말이 성령을 부어 주신다는 말이라고 생각한다.

이런 말이 요한복음 14장에 가면 또 나온다. 이렇게 생각하면 좀 이해하기가 쉬울 것이다. 좀 더 구체적으로 말하면 하나님의 말씀을 우리에게 들려주신다, 라고 생각해도 좋다. 하여튼 영원한 생명이란 말은 하나님과 나는 하나다, 라는 뜻이다. 하나님도 영원한 생명이고, 나도 영원한 생명이란 말이다. 하나님도 생사를 초월하신 분이고, 나도 생사를 초월한 것이다. 생사를 초월했다는 것에서 일여一如이다. 이렇게 생각하면 영원한 생명이란 것이 무엇인지 좀 더 확실해질 것이다.

영원이란 것을 단순히 길다, 라고 생각하지 말고, 생사를 초월한 것이 영원이라고 생각하는 것이다. 왜냐하면 오래 산다는 것으로만 생각하게 되면 영혼불멸 사상하고 같아지고 말기 때문이다. 그러니까 기독교는 영혼불멸이 아니고, 생사를 초월한 세계를 말한다. 그것이 부활과 영혼불멸의 차이다. 영혼불멸이 되면 하나님하고는 상관이 없게 된다. 본래 영혼이란 것이 있어 죽지 않고 계속 산다는 것이 영혼불멸이란 사상이다.

그런데 기독교의 부활이란 것은 성령을 부어주어서 오래 산다는 생각이다. 바울로 말하면 하나님께서 우리에게 영적인 몸을 다시 만들어 주셔서 그 몸으로 영원히 산다는 것이 되는 것이다. 결국 하나님이 관계하느냐 아니냐가 다른 것이다. 관계없으면 영혼불멸 사상이고, 관계있으면 부활 사상이다. 그러니까 하나님이 주시는 생명을 가지고 사는 것이다. 마치 우리가 부모님이 남겨주신 재산을 가지고 사는 것과 마찬가지로, 주시는 재산으로 사는 것이지, 본래 내가 가지고 있는 재산으로 사는 것이 아니다. 그러니까 믿음이란 말이 되는 것이다. 믿음이란 하나님께서 우리에게 새로운 생명을 주시는 것을 믿는 것이다.

기 도

오늘도 깨끗하고 맑은 초여름의 날씨 속에서
우리 모두 한 자리에 모여
하나님께 찬송을 드리고
우리들의 참 모습이 어떤 것인지를
다시 한 번 돌아보는 시간을 갖게 해주셔서
진심으로 감사드립니다.

우리의 심령이 당신의 것인 것을
저희들이 깊이 알 수 있도록 인도하여 주시고
당신께서 우리에게 주셨던 본래의 형상을
우리가 되찾는
저희들이 될 수 있도록 도와주시옵소서.

그러기 위해서는
아무리 험한 십자가의 언덕이라도
우리가 그리스도를 따라 올라가는
저희들이 될 수 있도록 도와주시고
언제나 하나님 앞에서
참되게 사는 저희들이 될 수 있도록
인도하여 주시옵소서.

예수님 이름 받들어 기도하옵나이다.
아멘.

42. 믿힘

1994년 5월 22일

요한 10:31~42

유대인들이 다시 돌을 들어 치려하거늘,

유대인들은 돌로 쳐서 죽이는 관습이 있었다. 어떤 사람을 돌로 쳐 죽였는가 하면, 하나님을 모독한 사람의 경우가 그랬다. 그래서 예수를 돌로 치려 한 것이다.

예수께서 대답하시되
내가 아버지로 말미암아
여러 가지 선한 일로 너희에게 보였거늘
그중에 어떤 일로 나를 돌로 치려 하느냐.

예수는 사람들에게 나는 하나님의 도움을 얻어서 하나님의 능력을 많이 나타내 보여주었고 좋은 일을 많이 하였는데 무슨 일로 해서 나를 죽이려고 하느냐, 라고 말했다.

유대인들이 대답하되
선한 일로 말미암아
우리가 너를 돌로 치려는 것이 아니라
신성모독으로 인함이니
네가 사람이 되어 자칭 하나님이라 함이로라.

유대인들은 예수가 좋은 일을 많이 한 것은 잘 알지만 신을 모독했기 때문에 예수를 죽이려 한다고 말한다. 소크라테스도 신을 모독했다는 것으로 죽게 되는데, 예수도 마찬가지로 신을 모독했다는 이유로 사형선고를 받게 된다. 신을 모독한 내용이, 바로 일개 사람이면서 참람하게도 하나님을 자칭하는 버릇이라는 것이다. 요전에 10장 30절에 보면 "나와 아버지는 하나이니라"라고 예수께서 말했는데, 이런 말들이 아마도 그들에게 이해하기 어려운 말들이었을 것이다.

인도에서는 범아일여梵我一如란 말이 있는데, 브라만하고 아트만이 하나다, 라는 뜻으로 요즘은 누구나 다 아는 말이다. 또 우리가 천인합일天人合一이란 말도 많이 쓴다. 그런데 여기서 말하는 하나다, 라는 말은 내가 하나님이다, 라는 말은 아니다. 더 쉽게 말하면 태양이 있고 나무가 있을 때 태양과 나무는 하나다, 라는 말은, 태양의 힘을 받아서 나무가 존재한다는 말로서 태양 없이는 나무가 있을 수 없음을 말하는 것이다. 다시 말해서 내가 하나님의 빛을 받아 사람다운 사람이 된다는 말이다. 그런데 이 유대인들은 이 말의 뜻을 오해하고 있는 것이다. 말을 오해하는 것처럼 무서운 것은 없다. '하나님과 하나다' 라는 말을 '자기가 하나님이다' 라는 말로 생각하는 것이다. 본래의 뜻은 '나는 하나님의 아들이다' 란 말이다.

17장에 가면 그런 말이 나온다. 또 '하나님의 아들이다' 란 말이 무엇인가 하면 '사람이다' 란 말이다. 하나님의 아들이 될 때 제대로 된 사람이 되는 것이다. 우리가 믿음을 갖는다는 것은 사람이 되자는 것이지 하나님이 되자는 것이 아니다.

그것을 우리가 자칫 잘못하면 하나님이 되려고 하는 것으로 받아들이는 사람이 많다. 정신병자들 중에 그런 사람이 많다. I am God이라고 하는 정신병자들이 정신병원에 가보면 많이 있다. 그러니까 우리가 이런 것을 확실히 모르면 자꾸 미신이 나오게 되고, 어떻게 하면 아주 특별한 능력을 가지게 될까 하는 생각만 하게 되는 것이다. 산기도山祈禱 하는 데 가보면 아예 그렇게 써 놓은 곳도 있다. "성령을 받으면 권능을 얻는다"라고 써놓은 곳도 있는데, 그런 말 앞에 가서 권능을 얻기 위해 열심히 기도하는 것이다. 말하자면 그런 사람들은 하나님이 되려고 하는 사람들이지 사람이 되려고 하는 사람들은 아니다. 그러니까 결국 미친 사람들이다. 그렇게 권능을 얻겠다는 사람들은 정신 나간 사람들이다. 제대로 정신을 가진 사람들은 그런 짓을 하지 않는다. 제 정신을 가진다는 말은 사람다운 사람이 되겠다는 것이다. 그런데 강아지는 가만히 있어도 강아지이고, 돌멩이는 가만히 있어도 돌멩이인데 사람은 가만히 있으면 강아지가 되고 만다. 그래서 서로 개자식이라고 욕하게 된다. 이것이 인간이 기독교에서 말하는 죄인이란 말이다.

그래서 유교에서는 성誠이란 말을 쓰는데, 사람이 사람 되기 위해서는 끊임없이 노력해가야(성지誠之) 한다는 말이다. 내 십자가를 지고 계속 올라가야 하는 것이다. 이것이 인간의 본질이요 저주받은 운명이라고 할 수 있다. 사람이 강아지가 되지 말고 사람 되자는 것이 믿음이라는 것이다. 사람이 신이 되자는 것은 말도 되지 않는다. 어떻게 신이 되겠는가. 신하고 인간하고는 질적인 차이가 있기 때문에 도저히 될 수가 없다. 카를 바르트의 말이 그것이다. 하늘하고 땅하고는 질적으로 다르다고 했다. 사람이 하나님은 될 수가 없다, 라는 말이다. 우리가 카를 바르트의 신학이라고 하여 잘 알려져 있는 신학자인데, 결국은 내가, 내가 되자는 것이 믿음이다. 다시 말해서 사람이 사람되자는 것이다.

그러니까 천인합일天人合一이나 범아일여梵我一如란 말이 천天이 되자는 것도 아니고, 범梵이 되자는 것도 아니다. 인人이 되고 아我가 되자는 것이다. 어떤 인人과 아我를 말하는가?

사람다운 사람, 나다운 나가 되자는 것이다. 그러면 우리 자신은 어떤 사람이고, 어떤 나인가. 그것은 죽어 가는 나이고, 개하고 비슷한 나이다. 어떻게 하면 개하고 비슷한 나를 벗어나서 사람다운 나로 될 수 있는가 하는 것이 문제인 것이다.

아까 말했던 우리의 만남에는 세 가지 형태의 만남이 있다고 했는데, 껍데기들만의 만남이 아니고 깊은 속들의 만남이 필요하다고 했다. 그것이 다 무슨 말인가 하면 사람다운 만남이 되어야 한다는 말이다. 어떻게 하면 사람다운 사람이 되고 내가, 내가 될 수 있느냐 하는 것이 믿음의 핵심이다. 예수도 사람 되자는 말을 하는 것이지, 하나님의 아들이라고 한 것이 하나님이 되자고 하는 말은 아니다. 예수는 누구인가. 진짜 사람다운 사람인 것이다. 다시 말해 참사람이다. 그것을 유대인들은 하나님이라고 했다는 오해를 해서 예수를 때려죽이려고 하는 것이다.

예수께서 이르시되
너희 율법에 기록된 바,
내가 너희를 신이라 하였노라 하지 아니하였느냐.

여기서 율법이란 말은 곧 구약을 말한다. 다음에 나오는 "나는 너희들을 하나님이라고 불렀다"[1]라는 말이 또 문제가 되는데 기독교에서는 하나님, 그러면 한 분밖에 없다. 유일신 사상인

1. 고병려(1987), p. 38

것이다. 여기서 "너희들을 하나님이라고 불렀다"라 했는데 그러면 다신多神이 되고 만다.

고병려 책에는 '하나님'이라고 번역했는데, 번역이 잘못된 것 같다. 영어에서는 God이라고 하여 대문자로 쓸 수도 있고, god이라고 하여 소문자로 쓸 수도 있어 구분이 되는데, 우리는 이것이 구분이 안 되니까 그냥 하나님이라고 번역하고 만 것이다. 기독교에서 하나님 그러면 무엇을 말하는가 하면 구약에 나오는 하나님이신 창조주 하나님을 가리킨다.

우리가 우주와 신을 나누어 생각하여 우주를 창조한 분이 신이라고 생각하는 것이 유일신 사상이다. 그런데 우주가 곧 신이다, 라고 생각하는 것을 범신론이라고 하며 인도의 신관이 범신론이라고 할 수 있다. 그리고 태양이면 태양, 산이면 산, 각각에 하나씩 신이 있다고 생각하는 것, 그것을 다신론이라고 한다. 그러니까 우주보다 더 크면 일신론이 되고, 우주하고 같으면 범신론이 되고, 우주보다 작으면 다신론이다, 라고 생각하면 된다.

기독교에서 말하는 하나님은 일신론이다. 그러므로 그 하나님(신神)은 복수가 될 수 없다. 범신론도 될 수 없고, 다신론도 될 수 없다. 오직 유일신인 것이다. 그러니까 기독교에서 말하는 하나님은 하나라는 뜻보다는 창조주라는 뜻이다. 창조주가 우주를 창조했는데, 우주를 창조한 분이 많겠는가. 한 분 밖에 더 있겠느냐. 그래서 하나님이 되는 것이다. 그러니까 '하나님은 창조주이시고, 사람들과 우주 만물은 다 피조물이다' 라고 생각하는 것이 기독교의 생각이다.

그런데 시편 82편 6절에 보면 "너희는 비록 신들이요"라고 신을 복수로 표현했는데, 영어로 말하면 소문자로 된 신들(gods)이란 말이며, 다음 구절에 보면 "모두 지극히 높으신 이의 아들들이나"라는 말이 나오는데 그 말이 '하나님의 아들들이다' 라는 말로서 그 내용은 앞 뒤 문장으로 보아 왕이라는 것을 설명한 것이다.

그러니까 이 땅에 여기저기를 다스리는 왕들을 신들이라고 표현한 내용이다. 왕은 영어로 king이라고 하는데 이것은 kan(can)이 변한 것으로 무엇이든지 할 수 있는 힘을 가진 사람이란 말에서 나온 것이다. 우리가 징기스칸이라는 말의 '칸' 도 같은 말이다. 그러니까 칸, 킹이란 말이 왕이란 뜻이다.

왕이란 무엇인가 하면 힘이 있다는 말이다. 그러니까 힘 있는 존재가 왕이며 신이다. 이렇게 되면 다신론이 되고 만다. 왜 태양을 보고 신이라고 하는가 하면 태양은 힘이 있기 때문이다. 또 달이 왜 신인가. 힘이 있기 때문이다. 바다를 잡아당기면 바다가 끌려가는 힘을 가진 것이 달이기 때문이다. 그래서 바빌론 사람들은 태양보다도 달이 더 힘이 세다고 생각한다. 왜냐하면 태양이 있을 때는 바다가 가만히 있는데 달이 뜨면 바다가 막

끌려가니까 달이 더 힘이 세다고 생각하는 것이다. 그러니까 힘 있는 존재는 무엇이든지 신이다.

그런데 우리나라 사람들에게는 신이 '신난다'의 신이다. 신난다, 라는 게 무엇인가 하면 '힘이 나온다'는 말이다. 그러니까 힘이 있는 것은 다 신이다. 그래서 나라에서 가장 힘이 센 사람이 누구인가 하면 왕이다. 왕은 힘이 있는 존재다. 그래서 우리는 왕을 옛날에는 상감마마라고 했는데 마마가 무슨 말인가 하면 신이라는 말이다.

곤전坤殿마마라고 하면 왕후를 부른다. 옛날에는 얼굴이 얽은 사람이 많았는데 그것이 마마 병 때문에 생긴 것인데, 왜 그것을 마마 병이라고 했는가 하면 이 병에 걸리면 열이 40℃를 넘어가게 되고, 그러면 환자가 고열 속에 투시현상을 갖게 되는데 방안에 누워서도 바깥사정을 다 볼 수 있는 현상이 나타나게 된다고 한다. 어떤 사람이 자기 조카가 마마 병에 걸려서 시장가는 길에 병문안을 가게 되었는데, 시장에서 자기가 먹기 위해 과일을 샀기 때문에 과일은 들고 들어가지 못하고 문밖에 숨겨 두고 병문안을 갔는데 마마 앓던 아이가 자기 엄마에게 바깥에 숨겨놓은 사과를 갖다 달라고 말하는 바람에 다 들통이 났다는 이야기가 있다. 마마 앓던 어린아이는 다 보인다는 말이다. 투시현상이 나타난 것이다. 꿰뚫어 볼 수 있는 능력이 생긴 것이다. 그러니까 옛날사람들은 마마 앓는 사람들은 신이 붙었다고 생각하는 것이다. 그래서 병 이름이 마마가 된 것이다. 그러므로 우리나라에서도 왕을 신이라고 부른 것이다.

일본에서는 왕을 천황이라고 부르는데 그 말은 '하늘에 있는 왕'이란 뜻이다. 그 말도 신이라는 말이다. 그런데 중국 사람들은 좀 겸손하게 천자天子라고 했는데 그 말도 '신의 아들'이란 말이다. 그러니까 신의 본래 뜻이 '힘 있는 존재'라는 것이다. 힘 있는 존재는 다 신이 되는 것이다. 산도 힘이 있게 되면 '산신'이 되는 것이고, 나무도 힘이 있다고 생각하면 '나무신'이 되는 것이다. 그래서 산에 가서 산신령에게 빌기도 하고, 큰 나무 밑에 제단을 차려 놓고 나무에게 빌기도 하는 것이다. 그러니까 힘이 있는 존재는 다 신이 되는데 이 신이라는 말은 기독교의 창조주와는 다른 말이다.

기독교에서 하나님을 부를 때 '엘리 엘리'라고 한다. 이 엘리라는 말도 힘이란 뜻이다. 야훼라고도 하는데 그 뜻은 계시라는 말이다. 그러니까 기독교의 하나님 이름도 본래는 힘에서부터 나왔다. 그래서 성경에 보면 만군의 여호와라는 말을 썼는데 결국 힘 있는 존재라는 말이다. 그러니까 모든 종교가 처음에는 힘을 찾는데서 시작된 것만은 확실하다. 힘 있는 존재는 다 신이 되는데, 여기 시편 82편의 "신들"은 다 마마들을 말하는 것으로, 하나님께서 마마들을 모아 말하기를, 너희 마마들이 권세를 갖고 자꾸 나쁜 짓을 해서 되겠는가. 너희들이 정말 그 힘을 바로 써야 하지 않겠는가 하고 경고하는 내용이 바로 시편 82편에 나온 구절이다. 그러니까 여기에 나오는 신들(하나님)이란 말은 창조주 하나님이란 말이 아니고 힘 있는 사람을 가리키는 것이다.

> **성경은 폐하지 못하나니**
> **하나님의 말씀을 받은 사람들을 신이라 하셨거든,**
> **하물며 아버지께서 거룩하게 하사**
> **세상에 보내신 자가**
> **나는 하나님의 아들이라 하는 것으로**
> **너희가 어찌 신성모독이라 하느냐.**

옛날에는 왕이라고 하면 하나님의 명령으로 왕이 되었다고 생각했다. 그래서 천자天子라고 부르기도 하는데, 천명天命에 의해서 왕이 되었다고 생각하는 것이다. 천자라는 말이 하나님의 아들이다, 라는 말로서 하나님의 명령을 받은 사람을 왕 또는 신이라고 부른다.

그렇게 말한 성서의 말씀이 잘못 된 것은 아니지 않는가. 그러니까 신이란 말도 우리가 알고 쓰면 별로 문제 될 것이 없다는 말이다. 그래서 나중에는, 하나님의 명령을 받은 사람이 셋이 있는데 제사장과 왕, 그리고 예언자로서 이런 사람들을 우리는 메시아 또는 그리스도라고 부른다.

예언자는 지적知的으로 힘 있는 사람, 왕은 의지적으로 힘 있는 사람, 그리고 제사장은 정적情的으로 힘 있는 사람으로, 지정의知情意에서 특별히 힘 있는 사람이란 말로서, 다시 말해 집안의 어른이란 말이다. 또는 나라의 어른, 세계의 어른이란 말로서 어른이란 말이 힘이 있는 사람이란 말이다. 힘이 있다는 말보다는 어른이란 말이 좋겠다. 아버지께서 선별하여, 특별히 선택하셔서, 이 세상에 보내신 사람이 어른이다. 그렇게 보면, 나도 어른이다, 라고 예수는 말한다.

그러니까 예수는 어떤 어른인가. 왕이나 제사장은 아니지만, 하나의 예언자라고 할 수 있지 않느냐. "내가 예언자라고 해서 무엇이 잘못 됐느냐"라고 예수는 말한다.

만일 내가 내 아버지의 일을 행하지 아니하거든
나를 믿지 말려니와
내가 행하거든 나를 믿지 아니할지라도
그 일은 믿으라.

내가 하나님으로부터 받은 명령을 행하고 있는데, 그것을 믿지 못한다면 나를 믿을 수 없다. 마치 잎사귀가 싱싱한 것은 햇빛을 받아서 싱싱한 것처럼, 내가 이렇게 싱싱하게 생기를 내뿜는 것은 태양의 아들이어서 그런 것이다. 하나님의 아들이 되어 하나님의 일을 행한다고 하지만 사실은 사람다운 사람이 된 것이다. 선행을 베푸는 것이 바로 사람다운 사람이 하는 일이다. 참된 일을 행하고 참된 사람이 되는 것, 그것이 하나님의 일을 행하는 것이다. 그렇게 될 때 참다운 생기를 내뿜게 되는 것이다.

그러면 너희가 아버지께서 내 안에 계시고
내가 아버지 안에 있음을 깨달아 알리라 하시니,

이 말은 태양이 나무 속에 있고, 나무가 태양 속에 들어갔다는 말이 아니고, 태양과 나무가 연결되었다는 말이다. 마치 전기가 연결되어야 불이 들어오는 이치와 마찬가지다. 전기가 들어와야 빛이 비치듯이 하나님과 연결이 되어야 생기를 발할 수 있는 것이다. 히브리서 11장 1절에 나오는 "믿음은 바라는 것의 실상이다"란 말에서, 바라는 것이 사람이 된다는 것이지 다른 뜻이 아니다. "보지 못하는 것의 증거이다"란 말은 연결이 되었다는 말이다. 하나님과 내가 연결이 되었다는 말이다. 마치 전기가 연결되어야 전구에서 빛이 나오는 것이나 마찬가지다.

근원에 도달해서 근원으로부터 힘을 받게 되었다는 말이다. 그래서 나는 믿음을 '밑힘' 이라고 말한다. 근원에 도달해서 그곳으로부터 힘이 나온다는 말이다. 그 힘이란 이상한 힘이 아니라 인간적인 힘이란 말이다. 우리는 특별하거나 이상한 힘을 구해서는 안 된다. 진리는 언제나 평범한 데 있는 것이다.

우리가 양명학에서 말하는 양지도 평범한 것이고, 어디나 있고, 누구나 가지고 있는 것이라고 했는데 절대로 이상하거나 특별한 것이 아니다. 복음도 마찬가지다. 복음은 전혀 이상한 것이나 특별한 것을 갖는 것이 아니다. 평범한 것이다. 누구나 다 가지고 있는 것을 다시 한 번 발견하는 것이다. 없는 것을 있게 한다든가, 특별한 것을 만드는 것이 아니다. 그것을 내가 깨닫고, 또한 남에게도 알아나가게 하는 것이다.

그들이 다시 예수를 잡고자 하였으나
그 손에서 벗어나 나가시니라.

예수께서는 그들을 피해 먼 곳으로 떠나 버렸다.

다시 요단강 저편
요한이 처음으로 세례 베풀던 곳에 가사
거기 거하시니,

예수께서 피신한 곳이 요단강가였다. 그 요단강을 건너서, 요단강과 사해가 만나는 부근으로 옮기셨다.

많은 사람이 왔다가 말하되
요한은 아무 표적도 행하지 아니하였으나
요한이 이 사람을 가리켜 말한 것은
다 참이라 하더라.

요한이 예수를 가리켜 참사람이라고 한 사실이 정말 올바른 증언임을 사람들은 믿게 되었다.

그리하여 거기서 많은 사람이 예수를 믿으니라.

예수를 믿는데 이르렀다는 말은 그 사람들도 역시 참사람이 되었다는 말이다. 믿는다는 것이 무엇이겠는가. 바로 예수처럼 참된 사람이 되는 것이다.

예수를 믿어 무슨 집단을 만들어 교단을 만들자거나 왕으로 내세우자는 것이 아니다. 예수를 믿는다는 것은 그저 평범한 사람, 본래적인 사람, 참된 사람이 되자는 것뿐이다. 그래서 각자가 성숙된 어른으로 다시 태어나는 것이다.

제 11 장

인생은 죽음으로부터

기 도

사랑하는 주님,
빛과 사랑이 넘치는
진리의 법계 위에
저희들이 서 있습니다.

이 땅이 아무리
괴로움과 어려움이 많아도
우리도 이 땅위에
다시 새로운 법계를 세우기 위해서
우리의 최선을 다하는
저희들이 될 수 있도록 도와주시옵소서.

그래서 언제나
우리가 법과 하나가 되어서
진리와 사랑의 빛을 비출 수 있는
저희들이 될 수 있도록 인도하여 주시옵소서.

오늘 이 시간에도
하나님께서 같이 하여
주시옵기를 바라옵고
예수님 이름 받들어 기도하옵나이다.
아멘.

43. 관계의 관계

1994년 5월 29일

요한 11:1~16

어떤 병자가 있으니
이는 마리아와
그 자매 마르다의 마을 베다니에 사는
나사로라.

베다니라는 곳은 예루살렘 부근에 있는 촌락이다. 여리고에서 사마리아 사람이 도둑맞은 사람을 구해준, 선한 이웃에 대한 얘기가 나왔는데, 여리고에서 예루살렘으로 올라가는 길은 험한 산길이어서 도둑도 많이 나타나고 위험한 지역이었다. 예루살렘은 해발 800m 정도의 산 위에 있고, 예수께서 세례를 받은 사해는 해저 200m 정도로 낮은 지역에 있어서, 사해로부터는 약

1,000m 정도 높이의 차이가 있는 곳이다. 서울의 도봉산이 해발 800m 정도이니까 예루살렘은 도봉산 꼭대기 높이에 위치한 도시이다. 그러니까 험한 산길을 따라 올라가다가 예루살렘에 거의 가까이 가서 산등성이 못미처에 위치한 곳이 베다니라는 곳이다. 그러니까 예루살렘 성전에서 흘러 내려오는 기드론 시내의 남쪽 앞에 위치한 마을로서, 예루살렘으로부터는 약 3km 떨어져 있다. 예수님께서는 이 베다니에 머물면서 예루살렘에 드나들며 가르치기도 하시고 병자들을 고쳐 주셨다. 이 베다니에 마리아와 마르다의 동생인 나사로가 살고 있었는데, 무슨 병인지 잘 모르지만 심한 병으로 고생하고 있었다.

이 마리아는 향유를 주께 붓고
머리털로 주의 발을 닦던 자요,
병든 나사로는 그의 오라버니더라.
이에 그 누이들이 예수께 사람을 보내어 이르되

예수의 발에 향유를 바르고 머리카락으로 닦은 이야기는 12장에 가면 상세하게 나온다. 나사로는 바로 그 여자의 오빠로, 예수께서 요단강과 사해가 만나는 지역에 계실 때, 마리아 자매가 사람을 보내어 자신들의 오빠가 심하게 앓고 있음을 전하게 된다.

주여 보시옵소서.

사랑하시는 자가 병들었나이다 하니

나사로는 예수님께서 사랑하는 사람이었다.

예수께서 들으시고 이르시되
이 병은 죽을 병(죽음에 이르는 병)이 아니라.[1]

여기에 나오는 '죽음에 이르는 병'이 키르케고르의 책제목이다. 이 책의 서문에 이 요한복음 11장의 이야기가 상세하게 나와 있다. 그러니까 이 '죽음에 이르는 병'이란 말이 키르케고르의 마음을 열어 책을 쓰게 하는 동기가 되었다.

하나님의 영광을 위함이요,
하나님의 아들이 이로 말미암아
영광을 받게 하려 함이라 하시더라.

여기서 나사로의 병이 하나님의 영광을 드러내는 하나의 수단으로 쓰일 것처럼 되어 있다.

예수께서 본래 마르다와 그 동생과 나사로를 사랑하시더니,
나사로가 병들었다 함을 들으시고
그 계시던 곳에 이틀을 더 유하시고,
그 후에 제자들에게 이르시되 유대로 다시 가자 하시니,
제자들이 말하되,
랍비여, 방금도 유대인들이 돌로 치려 하였는데

1. 고병려(1987), p. 39

또 그리로 가시려 하나이까.
예수께서 대답하시되, 낮이 열두 시간이 아니냐.
사람이 낮에 다니면
이 세상의 빛을 보므로 실족하지 아니하고,
밤에 다니면 빛이 그 사람 안에 없는 고로 실족하느니라.
이 말씀을 하신 후에 또 이르시되,
우리 친구 나사로가 잠들었도다.
그러나 내가 깨우러 가노라.
제자들이 이르되,
주여, 잠들었으면 낫겠나이다 하더라.
예수는 그의 죽음을 가리켜 말씀하신 것이나
그들은 잠들어 쉬는 것을 가리켜
말씀하심인 줄 생각하는지라.
이에 예수께서 밝히 이르시되, 나사로가 죽었느니라.
내가 거기 있지 아니한 것을 너희를 위하여 기뻐하노니
이는 너희로 믿게 하려 함이라.
그러나 그에게로 가자 하시니,
디두모라고도 하는 도마가 다른 제자들에게 말하되,
우리도 주와 함께 죽으러 가자 하니라.

도마가 말한 "죽으러 가자"는 뜻은 그곳에 가면 예수를 잡아 죽이려 하는 사람들이 있으니까 그렇게 말한 것이다. 위험한 곳인데 그곳으로 가자는 말이다.

키르케고르는 절망을 '죽음에 이르는 병'이라고 했다. 사람이 신앙이 없으면 죽은 사람이나 같다는 말이다. 그러니까 사람에게 절망이라는 것은 하나의 죽음으로 본다는 것이다. 아무런 소망이 없는 것, 그것이 죽음이라는 것이다. 키르케고르는 여기

11장에서, 예수가 나사로를 일으켜 세우지 않고 그냥 죽도록 내버려두어도 좋다, 라고 하였다. 이 말은 무슨 말인가 하면, 믿지 않는 사람에게는 죽음이 그대로 절망인데, 믿는 사람에게는 죽음이 그대로 희망이다, 라는 것을 키르케고르는 강조하는 것이다.

그러니까 믿지 않는 사람에게는 죽음이 끝이요, 절망인데 믿는 사람에게는 죽음이 끝이 아니요 시작이라는 것이다. 그래서 유영모 선생님께서는 "인생은 죽음으로부터"라는 말을 하셨는데, 그것이 유영모 선생님의 가장 중요한 인생관이라고 보아야 할 것이다. 죽은 후에야 그것이 진짜 인생이지 죽기 전에는 인생이 아니다. 사람이 죽은 후에야 법계이지 죽기 전에는 법계가 아니다, 란 말이다.

그래서 키르케고르는 죽음이라고 하는 것은 인생에 끝이 아니고 인생에 있어서 하나의 어떤 매듭이다, 라고 하였다. 그러니까 대나무에 마디(절節)가 있듯이 죽음이 하나의 마디가 되는 것이지 그것이 끝이 아니다, 란 말이다. 이것이 키르케고르의 말인 동시에 또한 기독교의 핵심이다. 키르케고르는 이런 말을 썼다. "기독교의 진리처럼 어려운 것이 없다. 그러나 아무리 어렵지마는 이것을 모른다는 것을 용서해 줄 수는 없다." 그러니까 아무리 어려워도 기독교의 진리를 반드시 알아야 한다는 말이다. 키르케고르는 내가 세상을 돌아다녀 보아도 — 그 당시

키르케고르가 살던 나라가 덴마크였으며 덴마크는 90%가 넘는 기독교인을 가진 기독교 국가였다 — 참된 기독교인은 하나도 없다. 그것이 키르케고르의 진단이었다. 그런데 기독교인이 하나도 없다고 해서 나도 기독교인이 안 되어도 된다는 것은 정말 말이 될 수가 없다, 라고 키르케고르는 말한다. 그러니까 하나도 없어도 나만이라도 기독교인이 되어야 하겠다는 것이 키르케고르의 뜻이다. 나 혼자라도 알아야 하겠고, 나라도 기독교인이 되어야 하겠다는 말이다.

이 말에 일본의 내촌감삼內村鑑三(우치무라 간조)이라는 사람이 아주 감격을 해서 자기도 기독교를 한 번 알아야겠다, 나도 기독교인이 한 번 되어야겠다, 라고 결심하고, 『나는 어떻게 해서 기독교인이 되었는가』라는 책을 쓰게 된다.

일본 사람이 영어로 쓴 책 중에 가장 유명한 책이 두 권 있는데 하나는 우치무라 간조가 쓴 이 책이요, 다른 하나는 니토베 이나조가 쓴 『무사도』라는 책이다. 『무사도』란 책도 정말 잘 쓴 책으로 저자가 일본여자대학의 학장과 국제연맹의 사무차장까지 지낸 사람으로, 지금으로 말하면 UN 총회의 사무차장과 같은 자리를 지냈는데, 영어에도 능통하고 일본을 알리기 위해 애썼는데 '일본의 정신이 무엇인가'라는 것을 쓴 것이 바로 『무사도』라는 책이다.

우치무라는 여러분들도 잘 아는 무교회주의를 내세운 사람으로서 키르케고르의 글을 읽고 자기도 한번 기독교인이 되어야겠다고 하여 이 책을 쓰게 된다. 그러니까 기독교의 핵심이 한마디로 하면 이 '죽음이라고 하는 것은 없다'는 것이 아니겠는가.

우리가 전 시간에 혜능과 신수의 보리수와 보리에 대해 이야기했는데 보리수 그러면 죽음이 있다는 것이고, 보리 그러면 죽음이 없다는 것이다. 보리수는 보리나무로 가을이 되면 다 말라죽게 된다. 그런데 보리는 봄이 되면 새싹이 틔어 나오게 된다. 그러니까 죽지 않는 것이다. 기독교에서 믿는 것이, 이 죽지 않는 보리를 믿는 것이다. 보리란 죽지 않는 것을 말한다. 그런데 유대 나라에는 보리라는 것이 없다.

그 대신에 밀을 심기 때문에 밀이라는 말을 쓴다. 그래서 '밀알 한 알'이란 비유를 썼다. '밀알 한 알'이란 말도 죽지 않는 것을 말하는 것이다. 키르케고르는 기독교의 핵심을 '밀알 한 알'로 보는 것이다. 요한복음 12장에 가면 "밀알 한 알이 땅에 떨어져 죽지 않으면 그대로 남으나, 죽으면 많은 열매를 맺는다"라는 말이 또 나오는데 그때 가서 다시 상세히 공부하겠지만 '죽지 않으면'이 아니라 '죽음이 없다'는 것이 기독교의 핵심인 것이다. '죽음이 없다'는 말 대신에 우리는 '생명'이라는 말을 쓴다. 그래서 25절에 가면 또 "나는 부활이요 생명이다"라는 말이 나오게 되는 것이다. 죽음이 없는 것이 나다. 믿음이라는 것이 바로 그것이다.

히브리서 11장 1절에서 말하는 "믿음은 바라는 것의 실상" 이란 말은 곧 '죽음이 없는 것이 나다' 라는 것이다. "보지 못하는 것들의 증거"라는 말은 죽음이 없다는 것을 증거하는 것이 또한 나라는 말이다. 그러니까 믿음이라는 것은 죽음이 없다는 것을 믿는 것이다. 죽음이 있다면 믿음이랄 것도 없다.

죽음이 없다는 것을 믿는 것이 믿음이다. 키르케고르가 『죽음에 이르는 병』에서 말하는 것은 그것이다. 예수가 나사로를 부활시켜 주지 않아도 좋다. 나사로를 그대로 죽게 내버려두어도 좋다. 그러나 믿음을 가진 사람에게는 죽음이라는 것이 없다. 그것이 하나님의 아들의 영광이 아니겠는가. 이것이 키르케고르의 믿음에 대한 이해이다.

키르케고르가 몇 살에 이 책을 썼는지는 잘 모르겠지만 하여튼 키르케고르가 이런 말을 한 것을 보면 천재임에는 틀림없다. 어떻게 그런 말을 할 수 있는지 정말 대단한 말이 아닐 수 없다.

또 『죽음에 이르는 병』은 키르케고르 자신의 신앙고백이다. 그래서 신앙이란 죽음이 없다는 것을 믿는 것, 그것이 신앙이다, 라고 한 것이다. 키르케고르는 그 책의 서론에서 '죽음이 없는 존재' 를 "단독자單獨者"란 말로 표현했다. 그러나 나중에 가면 이 말을 실존實存이란 말로 바꾸게 된다.

실존이란 말은 열매로서의 존재라는 말이다. 아까 말한 보리나 밀이라는 말이 실존이라는 뜻이다. 실존이란 죽지 않는 존재란 말이다. 그런데 서론에 보면, 단독자란 말을 쓰고, "이 단독자는 하나님 앞에 섰다"라고 했는데 나중에는 실존이란 말을 써서 "실존은 하나님 앞에 섰다"라고 하였다.

그런데 그 책의 1장에 들어가면 맨 처음에 "인생이란 것은 무엇인가"라고 질문하고, "인생이란 것은 나다"라고 대답했다. 인생이 누구인가. 바로 나이다. 인생이라고 해서 밖에 나가서 자꾸 찾아보지 말고 나를 찾아보아야 한다. 요전에도 동산洞山의 글 속에서, 밖에서 찾으려고 하지 말고 내 속에서 찾아야 된다, 라는 것을 배웠는데 "나는 무엇인가"라고 할 때 "나는 정신이다"라고 키르케고르는 말했다. 여기서 말하는 정신이란 말은, 실존이란 말과 같이 보아야 할 것이다. 우리가 보통 실존이란 말을 정신이란 말보다 한 차원 더 높은 것이라고 하는데, 아까 말한 보리수가 정신이라면, 보리가 실존이라고 할 수 있다. 그러나 키르케고르가 1장에서 말하는 정신이란 말은 한 단계 올라간 실존으로 보는 것이 좋을 것 같다. 그러면 여기서 말하는 정신(실존)이란 또 무엇인가?

"정신이란 나 자신(자기自己)이다"라고 하고, "나 자신이란 나 자신에 관계하는 관계"라고 하는 유명한 말을 하게 된다. 키르케고르는 이것을 길게 설명했지만, 결국 "나 자신에 관계하는 관계"라는 말이다. 그러면 나 자신은 무엇인가? 나 자신은 우리 기독교로 말하면 하나님이라고 할 수 있다. 그러니까 '하나님에게 관계하는 것' 그것이 믿음이다. 다시 말해서 아까 말했던 바라는 것의 실상이다. 그리고 이 관계를 제대로 가지기 위해서는 또 하나의 관계를 가져야 한다. 그래서 "관계의 관계"라는 말을 하는 것이다. 하나님하고의 관계를 제대로 가지기 위해서는 그저 가만히 있어서는 안 되고, 그 관계를 유지하기 위한 최선의 노력을 다해야 하는 것이다.

예를 들어 관계라고 하는 것은 두 항목이 관계하는 것인데 이 두 항목이라는 것은, 영원과 시간, 무한과 유한, 시간과 자연으로, 이 두 항목이라는 것은 가만히 내버려두면 제대로 통일이 되지 않는 것이다. 그러니까 이 둘이 제대로 통일이 되게끔 최대의 노력을 기울여야 하는 것이다.

아까 말한 대로 우리도 모두가 다 4차원인데, 우리도 모두 시간, 공간이 다 곱하여진 존재인데, 가만히 내버려두면 곱해지지 않는다. 그러니까 죄인으로 그냥 남아 있게 되는 것이다. 그래서 곱해지기 위해서는 최선의 노력을 다해야 하는 것이다. 그렇지 않고는 실존이 되지 않는다. 실존이 되는 것, 그것이 아까 말한 보지 못하는 것의 증거라는 말이다.

보지 못하는 것의 증거를 가져야 바라는 것의 실상이 되지, 보지 못하는 것의 증거를 갖지 못하면 실상이 안 되는 것이다.

이 히브리서 11장 1절의 번역도 여러 가지가 있는데, 어저께 유영기 감독이 번역한 성경을 본 적이 있는데, 영국서 나온 성경에는 "바라는 것의 실상"의 '실상'을 서브스턴스(Substance)라고 되어 있고, "보지 못하는 것의 증거"의 '증거'를 리얼리티(Reality)라고 되어 있는데 이것을 어떻게 번역해야 할까가 정말 문제이다.

우리 성경에는 실상, 증거라고 번역했는데, 요는 하나님하고 나하고의 관계가 제대로 되기 위해서는 또 하나의 관계가 필요하다는 말이다. 또 하나의 관계라는 것이 사람하고의 관계이다. 이것이 요한의 생각이다. 그러니까 하나님하고의 관계가 제대로 되기 위해서는 사람하고의 관계가 바로 되어야 한다는 말이다. 이 사람하고의 관계가 바로 안 되면 하나님하고 관계가 안 되고, 또 하나님하고의 관계가 안 되면 사람하고의 관계도 안 되는 것이다. 하나는 서브스턴스고, 하나는 리얼리티인데 이 둘이 서로 맞아 들어가야 하는 것이다. 그렇게 되어야 무한과 유한, 영원과 시간, 시간과 자연이 맞아 들어가게 되는 것이다.

아까 말한 '무극이태극'이란 말이 바로 이 둘이 맞아 들어갔다는 말이다. 이것이 '관계의 관계'라는 말이다. 관계는 그냥 내버려두면 안 되니까 또 하나의 관계가 있어야 하는 것이다. 그래야 제자리에 맞아 들어가게 되는 것이다. 이번 시간에는 상당히 어려운 말들을 자꾸 하게 되었는데, 결국 우리가 하나님하고의 관계를 가지는 것이 믿음인데, 이 관계를 확실히 하기 위해서 또 하나의 관계를 가지는 것이다.

하나님하고의 관계를 가지는 것이 믿음이고, 그 관계를 세우기 위해 또 하나의 관계를 가진다는 말이다. 또 하나의 관계란 사람과의 관계를 말하는 것이다. 하나님하고의 관계만으로는 안 되고, 사람하고의 관계를 가져서 하나님하고의 관계와 사람하고의 관계가 일치할 때, 그것이 "관계의 관계"가 되는 것이다. 그러니까 칸트 말로 말하면 하나님하고의 관계가 무엇인가 하면 그것이 '순수이성'이고, 사람하고의 관계가 무엇인가 하면 그것이 '실천이성'이 되는 것이다.

그러니까 법계라고 할 때, 하나님하고의 관계, 그것도 법이요, 사람하고의 관계, 그것도 법이다. 그런데 하나님과의 관계를 말할 때는 우리가 성性이라는 말을 쓰고, 사람하고의 관계를 말할 때는 길(도道)이라는 말을 써서 성性과 도道라는 말로써 표현하기도 하는데, 이 성은 천명지위성天命之謂性의 '성性'이고, 도는 솔성지위도率性之謂道의 '도道'로서, 이 성이라는 관계와 도라는 관계가 합쳐져야 '교敎'라 하는 수도지위교修道之謂敎의 법계法界가 되는 것이다.

다음 시간에 좀 더 설명하기로 하겠지만 결국 정신이란 것이 무엇인가 하면 이 두 가지 관계를 제대로 가질 때 정신이란 것이 되며, 다시 말해서 하나님하고의 관계와 사람하고의 관계를 제대로 가질 때 정신이 되는 것이며, 그것이 무극이태극이란 말이고, 자유와 필연, 무한과 유한, 영원과 시간, 시간과 자연이 맞아들어 간다는 말이 되는 것이다. 그것을 키르케고르는 "관계의 관계"라는 말로 쓴 것이다. 이 두 관계의 뜻을 우리는 깊이 생각해 보아야 할 것이다.

기 도

저희들이 주님을 모르지만
주님께서는 저희들을
알고 계신다는 것을 확실히 믿습니다.

제가 주님을 사랑하지 못하지마는
주님께서는 저를 사랑하고 계심을 믿습니다.

제가 주님을 잘 믿지 못하고 있지마는
주님께서는 저를 믿고 계심을 믿습니다.

언제나 우리가 주님 안에서
평생을 살아가는 동안에
주님을 참으로 알 수 있고
주님을 참으로 사랑할 수 있고
주님을 참으로 믿을 수 있도록
저희들을 도와주시옵소서.

오늘 이 시간도 당신께서 같이 하여 주시고
우리의 어두운 마음을 열어 주시고
우리들의 어리석은 속을 깨워 주셔서
우리가 당신의 빛을 보고 사는
저희들이 될 수 있도록 인도하여 주시옵소서.

예수님 이름 받들어 기도하옵나이다.
아멘.

44. 부활과 생명

1994년 6월 5일

요한 11:17~27

예수께서 와서 보시니
나사로가 무덤에 있은 지 이미 나흘이라.

이 기록만 보아서는 죽은 지 나흘이 되었는지, 아니면 장사한 지 나흘이 되었는지 알 수가 없다. 만일 장사한 지 나흘이 되었다면 죽은 지 이레가 된다.

베다니는 예루살렘에서 가깝기가 한 오 리쯤 되매

15 스타디온[1]은 전번에 말한 대로 약 2.4㎞가 되는 거리로 우리나라로 말하면 약 오 리 정도 떨어진 거리이다.

1. 고병려(1987), p. 40

많은 유대인이 마르다와 마리아에게
그 오라비의 일로 위문하러 왔더니,

요절이란 젊어서 죽었다는 뜻이다.[2]

마르다는 예수께서 오신다는 말을 듣고
곧 나가 맞이하되 마리아는 집에 앉았더라.
마르다가 예수께 여짜오되
주께서 여기 계셨더라면
내 오라버니가 죽지 아니하였겠나이다.

예수께서는 병을 고칠 능력이 있음을 이 사람들은 믿고 있었다. 예수가 있었더라면 나사로의 병을 고쳐 주었을 것이고, 죽지도 않았을 것이라고 마르다는 말했다.

그러나 나는 이제라도
주께서 무엇이든지 하나님께 구하시는 것을
하나님이 주실 줄을 아나이다.
예수께서 이르시되, 네 오라비가 다시 살아나리라.
마르다가 이르되, 마지막 날 부활 때에는
다시 살아날 줄을 내가 아나이다.

마르다는 예수의 능력이 굉장히 크다는 것을 믿고 있었다. 예수는 마르다에게 오빠인 나사로가 살아날 것이라고 말했다. 그러나 마르다는 그 당시 유대 사람들의 민간 신앙의 전통대로

2. 앞의 책, p. 40

최후의 날에는 다시 살아날 것이라고 말하고 있다.

이집트 사람들이 피라밋을 짓고 미라로 만들어 놓으면 언젠가는 다시 살아난다는 생각과 같은 것이다. 결국 유대인들도 이 이집트 문화권에 속하는 사람들이라고 볼 수 있다. 그래서 마르다는 언젠가는 나사로가 다시 살아날 것이라고 말하는 것이다. 최후의 날은, 이 사람들이 종말론이라고 해서 반드시 최후의 날이 온다는 믿음을 갖고 있었다. 다시 말해서 하나님의 심판의 날이 온다는 것을 믿는 것이다. 이러한 생각이 이집트나 유대인들이 생각하는 종말에 대한 생각이다.

반드시 어떤 날이 온다는 생각은 누구에게나 있게 마련이다. 언젠가는 잘 살 날이 온다는 희망을 갖는 것이다. 모든 사람들이 그러한 희망을 다 갖고 사는 것이다. 그런 희망이 없다면 우리는 살 수 없는 것이다. 아까 말했듯이, 키르케고르는 "절망은 죽음에 이르는 병"이라고 했다. 희망이 없으면 죽은 목숨이나 다름이 없다는 말이다. 마치 꽃에 물을 주면 싱싱하게 살아나듯이 사람은 희망이 있어야 씩씩하게 살아갈 수 있는 것이다.

아까 이기理氣라고 했을 때 기氣라는 것이 어떻게 보면 희망이라고 할 수도 있다. 그 희망 때문에 우리는 언제나 기운을 차릴 수 있는 것이다. 아무리 어렵더라도 희망을 가지면 또 다시 용기를 가지고 살아갈 수 있는 것이다. 그러니까 최후의 날이 이 사람들에게는 희망의 날이며, 그때가 바로 부활하는 때라는 것을 이 사람들은 알고 있다는 말이다. 그것이 이 유대인들의 신앙인 것이다.

우리에게는 이런 신앙이 없다. 우리는 앞으로 어떻게 된다는 믿음이 없다. 그저 옛날의 정감록 정도가 있어서 언젠가는 좋은 지도자가 나올 것이란 그런 생각만 있지 유대인들처럼 최후의 날에는 하나님으로부터 심판의 날이 있고, 그때에는 다시 부활할 것이라는 믿음이 없다.

우리는 하나님이라는 것이 없는 민족이다. 우리는 그런 신앙을 갖지 못하고 있다. 그러니까 우리는 거의 다가 현실주의에 빠져있다. 어떻게 하면 이 현실을 잘 살아갈 수 있을까만 생각하지, 이상이란 것에 대해서는 거의 생각지 못하고 있다. 기껏해야 넓은 아파트나 하나 살까, 큰 차나 하나 살까 하는 것이 이상일 뿐이다. 그러한 이상이라는 것은 물질적인 이상에 지나지 않는다. 좀 더 물질을 초월한, 그런 이상이란 것이 거의 발달하지 못한 것이다.

물론 중국 사람들도 현실적인 사람들이다. 그러나 그 사람들은 태극을 그려놓고 우주의 원리가 무엇인가 라는 것을 찾은 것은 확실하다. 그래서 그 원리를 가지고 주역이라는 경전을 만들어 몇 천년 동안 전해 내려온 것이다.

우리는 기껏해야 토정비결정도를 만들어 몇 월이면 결혼한다든가, 며칠이면 귀인을 만나 운수가 대통한다든가, 그런 비결이나 점으로 만족해야만 했다. 그러니까 우리는 소국이고 소인에 지나지 못했다. 큰 생각이나 뜻을 품지 못했던 것이다. 물론 땅덩어리도 조그마하지마는 사람들도 조그마하게 된 것이다. 그렇게 몇 천년을 지나왔으니 사람들이 다 조그마하게 줄어들고 말은 것이다. 요즘 들어서 좀 잘 먹게 되고, 잘 살게 되어 학생들 몸집도 커지고, 노인들도 많이 꼿꼿해졌지마는 몇 십년 전만 해도 아이들도 다 조그마했고, 노인들도 환갑만 되면 다 꼬부라져서 지팡이에 의지해야만 했다.

하여튼 우리에게는 희망이 없다는 것이다. 다르게 말하자면 이상이 없다는 것이다. 무엇인가 우리도 이상을 가지고 살게 되어야 한다. 꼭 물질적인 이상만 찾을 것이 아니라 정말 정신적인 이상을 가지고 살아야 할 것이다. 유교가 우리나라에 들어와서 태극의 원리를 가르쳐 주었지만, 그 원리를 가지고 이상을 찾지 못하고, 누가 옳고 누가 그르다를 가지고 싸움만 하게 된 것이다. 이퇴계의 이발기발理發氣發이 옳다, 이율곡의 기발이승氣發理乘이 옳다, 그렇게 300여년을 싸우다가 세월만 허송하고 만 것이다. 그 원리를 가지고 더 깊이 생각하여 그 원리대로 살아가야 하는데 시비만 따지고 싸움만 하는 데 써 먹고 만 것이다.

아까도 말했지만 불교도 일즉일체一卽一切, 일체즉일一切卽

一의 소위 화엄법계라고 하는, 그런 큰 이상을 우리에게 가르쳐 주었고, 그래서 여기저기에 화엄사니 해인사니 해서 큰절들이 많이 생겨났지만 그러한 이상을 자기 것으로 만들지 못하고 그곳에 가서 절만 하는 절간으로 전락하고 말았다. 그런 큰 이상을 자기에게 구체화 시켜야 하는데 그 이상 앞에 절만 하는 것이 되고 말았다는 말이다.

기독교도 마찬가지이다. 기독교도 우리에게 큰 이상을 가르쳐 주었는데 그러한 이상을 제대로 받아들이지 못하고 있는 것이다. 기독교의 이상은 하늘나라이다. 그런데 기껏해야 기독교인들이 하는 일이 교회당 짓는 데 세월을 다 보내고 있다. 어떤 목사가 큰 예배당 지었다고 하면 그것이 대 성공인양 야단이다. 이 근방에 있는 대신교회도 지금 큰 2층 교회가 있는데 그것도 부족해서 9층짜리로 짓는다고 한다. 우리의 이상인 하늘나라는 다 집어치우고 교회당 건물 짓는 데 골몰하는 것이다. 여기저기에 대형교회가 우후죽순처럼 생겨나서 신도가 만 명이니 몇 십만이니 하고 자랑한다. 우리 민족 전체가 이상을 제대로 갖지 못하고 자꾸 현실주의로만 흐르게 되고 마는 것이다. 그렇게 큰 집단이 되어서는 결국은 요새 말하는 집단이기주의로 빠지게 되고 만다. 그래서 교인들이 내는 헌금은 거의 그 집단의 이기주의에 다 쓰고 말게 되는 것이다. 그렇게 되니까 교회가 대형화되는 것이 큰 문제가 되고 만다.

하여튼 이 유대인들은 '최후의 날, 부활의 때에 소생할 것' 이라는 이상을 가지고 사는 것이다. 2차 대전 때 600만이라는 유대인들이 학살을 당했어도 그 이상을 저버리지 않고 강인한 삶을 살아가고 있는 것이다. 우리가 600만이 학살당했다고 생각해 보라. 얼마나 비참한 생각에 빠져 기가 죽고 절망에 빠져 있었을까. 그런데도 유대인들은 이상을 버리지 않고 또 다시 일어나서 나라를 세우고 그들의 우수성을 세상에 나타내 보이고 있다. 그러니까 이렇게 이상이라든가 희망을 갖는다는 것이 그렇게 중요한 것이다.

예수께서 이르시되 나는 부활이요 생명이니,

이것이 마르다하고 예수하고의 생각이 다른 것이다. 마르다는 앞으로 몇 백년, 몇 천년 후가 될지 모르지만 최후의 날이 오면 부활할 때가 올 것이란 말을 한 것이고, 예수는 그것이 아니라, 내가 벌써 부활했다는 말이다. 그러니까 마르다에게는 먼 미래의 이야기인데 예수에게는 바로 지금의 이야기이다. 예수가 죽어서 사흘만에 부활했다는 이야기가 아니다. 죽기 전에 벌써 부활해 있는 것이다. 이것이 중요한 이야기이다. 죽은 후에 어떻게 됐다는 것이 아니다. 이것이 요한복음의 특징이다.

마가나 누가복음에서는 기껏해야 죽은 후 사흘만에야 부활했다고 나오지마는 여기서는 죽기 전에 벌써 부활했다고 말하는 것이다. "내가 바로 그 부활이요 생명이다." 이 요한복음 11장 25절의 이 말은 아주 유명한 말이다. 또 내가 부활이고 생명이니까 죽은 후에도 또 부활할 수 있는 것이지 내가 부활이고 생명이 아니라면 죽은 후에 또 부활할 수는 없는 것이다. 물론 죽은 후에 부활하는 것도 중요하다. 죽은 후 몇 천년 뒤 또는 몇 만년 뒤 아니면 사흘 뒤에 부활한다는 것도 중요하다. 그러나 그것보다 더 중요한 것은 오늘 지금 내가 부활하는 것이다. 앞으로 언젠가 부활한다는 것은 희망이다. 그러나 오늘 지금 부활한다는 것이 믿음이다. 좀 더 정확히 말하자면 벌써 몇 천년 전에 부활했다고 해야 할 것이다. 그러니까 바로 이 순간에 내가 부활하는 것이다.

죽었다 다시 사는 것, 그것은 문제가 아니다. 살아서 사는 것, 그것이 문제인 것이다. 살아서 사는 것이 나의 중요한 문제이지 죽었다가 며칠에, 아니면 몇 만년만에 다시 사는 것은 내 문제가 아니다. 죽은 후에 어떻게 될지 내가 어떻게 알겠는가. 내 문제는 결국 지금 여기에 있는 것이다. 지금 내가 부활하는 것, 그것이 나에게 문제가 되는 것이다. 왜냐하면 그것이 내 힘 안에 있는 것이요, 내가 할 수 있는 것이기 때문이다. 그러니까 지금이 문제인 것이다.

우리는 언제나 미래를 이야기한다. 앞으로 언젠가 이룰 테니까 두고 보자 라는 말을 하는데 두고 보자는 사람 무섭지 않다는 이야기가 있다. 그러나 중요한 것은 지금이 중요한 것이다. 지금 내가 어떤 힘을 가졌는가, 그것이 중요한 것이다.

내가 바로 부활이요, 내가 바로 생명이다. 이것이 기독교의 신앙이다. 기독교의 신앙은 언젠가 최후의 날에 부활한다는 것이 아니다. 기독교 신앙은 지금 내가 부활한다는 것이다. 며칠 후, 언젠가에 부활한다는 것은 희망이다. 그러나 지금 내가 부활한다는 것은 신앙이다. 희망과 신앙의 차이가 바로 그것이다.

물론 희망을 갖는 것도 중요하다. 내가 지금은 삭월세를 살고 있지마는 앞으로 몇 십년 후면 큰 아파트 하나를 갖게 될 것이라는 희망을 갖는 것도 중요하다. 그러나 지금 당장 큰 아파트는 아니더라도 코딱지만한 내 집을 하나 갖고 있다는 것이 더 중요한 것이다. 그것이 믿음인 것이다. 믿음이란 바라는 것의 실상이요, 보지 못하는 것의 증거이다, 라고 했는데, 실상과 증거라는 말이 바로 지금이란 말이다. 지금 이 순간에 나는 하나의 증거를 갖고 있다는 말이다. 비록 코딱지만한 집이라도 하나의 증거가 되는 것이다. 이것이 커져서 앞으로 큰 아파트도 되고 큰집도 될 수 있는 것이다. 바라는 것의 실상은 하나의 희망을 말한다고 할 수 있지만 보지 못하는 것의 증거는 지금 갖고 있는 조그마한 집인 것이다. 이 집이 있으므로 더 큰 것을 바랄 수 있는 것이다. 지금 아무것도 없이 큰 것을 바랄 수는 없다. 반드시 증거를 내가 붙잡아야 하는 것이다. 부활이란 것도 희망이 아니고 증거가 되어야 한다. 내 속에 증거가 되어야 그것이 믿음인 것이다.

그렇게 되어야 부활이 되는 것이다. 부활이란 이천 년 전에 예수가 사흘 만에 살아났다는 그것이 부활이 아니다. 내가 지금 부활이 되어야 그것이 부활의 참뜻이다. '내가 바로 부활이요'가 되어야지 이천 년 전에 예수가 부활한 것이 나하고 무슨 상관이 있겠는가. 내가 부활이 되어야 예수의 부활도 나에게 의미가 있는 것이지, 내가 부활되지 않고는 예수의 부활은 나에게는 의미가 없는 것이다.

예수만이 부활이 있다, 라고 알고 있는 교회에다가 이런 말을 했다가는 매 맞아 죽을지도 모른다. 네가 무엇인데 그런 말을 하느냐, 그것은 예수에게만 있을 수 있는 일이다, 라고 야단할 것이다.

그러나 예수도 그 당시에 그런 말을 했다고 사람들에게 맞아 죽게 된 것이다. 지금 사람들도 그런 말은 예수만이 할 수 있는 말이다. 그것은 예수를 모독하는 것이다. 네가 예수와 같으냐 하고 난리를 칠 것이다.

내가 요전에 연세대 연합신학 대학원에서 1시간 반 강의를 하러 갔다가 10분만에 쫓겨 나온 적이 있었는데, 목사와 장로들을 대상으로 강의를 시작했는데 이와 비슷한 얘기를 시작한지 10분도 안 되어 곧 그것은 예수에 대한 모독이 아니냐, 라고 소란이 생겨 결국 강의를 중단하고 말았다. 그리스도는 나하고는 다른 특별한 존재다, 라고 해야 하고, 그저 나는 불쌍한 죄인입니다, 라고 해야 문제가 없지, 조금이라도 나도 부활이요 생명이라고 내세우게 되면 큰일이 난다. 맞아 죽지 않으면 다행이다. 그래서 그런 사람들의 고백은 밤낮 믿음이 없다는 것이다. 그렇게 주님 주님하고 찾는데도 믿음이 생기지 않는다는 것이다. 새벽기도도 하고, 산기도도 찾아가고, 평생을 믿는다고 하면서도 믿음을 갖지 못한다는 탄식으로 일생을 살게 된다.

"내가 바로 부활이요 생명이다." 예수님만 부활이 아니요 내가 부활이다. 자기가 자기 마음속에 이러한 확신이 있어야 한다. 내가 생명이다.

나를 믿는 자는 죽어도 살겠고,
무릇 살아서 나를 믿는 자는 영원히 죽지 아니하리니
이것을 네가 믿느냐.

'죽어도 살 것이요' 이니까 부활이다. '살아서 믿는 사람은 죽는 일이 없다' 이니까 생명이다. 같은 말이다. 부활이란 무엇인가. 죽어도 사는 것이 부활이다. 생명이란 무엇인가. 살아서 죽는 일이 없는 것이 생명이다. 그러니까 죽어도 살고, 살아도 사는 내가 되어야 한다는 말이다.

아까도 말했지만 기氣라고 하는 것은 음陰 양陽인데, 거기에는 반드시 무극無極이라고 해도 좋고, 태극太極이라고 해도 좋고, 한 점이 들어가야 한다. 그 한 점을 붙잡아야 하는 것이다. "죽어도 살고"와 "살아도 살고"에서 '살고'가 하나의 점이 되는 것이다. 그러니까 반드시 둘에다가 하나가 더 들어가야 하는 것이다. 이이일二而一이다. 이二만 갖고는 안 된다. 이이일二而一이 되어야 하는 것이다. 둘이면서 하나가 되어야 한다. 죽는 것이 없다는 것이 아니다. 또한 사는 것이 없다는 것도 아니다. 죽는 것이 사는 것이 되어야 한다. 또한 일이이一而二이다. 그래야 불상잡不相雜이다. 절대 안 죽는다는 이야기가 아니다. 사는 것과 죽는 것을 섞으면 안 된다는 말이다. 사는 것은 사는 것이고, 죽는 것은 죽는 것이다. 그것이 불상잡不相雜이다. 그러나 또 하나가 있는 것이다. 죽어도 살고, 살아도 사는 것이 있는 것이다. 그것이 불상리不相離라는 것이다.

퇴계가 제자들에게 밤낮 말했던 것이 이것인데, 수없이 들어도 이해를 못해 또 질문하고 또 질문하고 했던 것이 이 말이다. 물론 이 말이 인생의 원리를 말하는 것이니까 이해하기가 쉽지는 않았을 것이다. 그러나 우리는 이것을 이해하도록 애를 써야 한다. 그렇게 애를 써 나가다 보면 언젠가는 알게 되었다, 믿게 되었다는 순간이 오게 되는 것이다. 그런 순간에 바로 "내가 부활이요 생명이다"라는 말의 뜻을 깨닫게 되고, "죽어도 살고, 살아도 산다"는 말을 믿게 되는 것이다. 이것은 하나의 믿음이지 지식이 아니다. 죽어도 산다는 것이 지식이 될 수 있겠으며, 살아도 산다는 것이 지식이 될 수 있겠는가. 그렇지만 믿음은 "죽어도 살고, 살아도 산다"는 것이 될 수 있는 것이다. 아까 말한 대로 율곡의 이이일二而一이다. 둘이면서 하나다. '죽어도', '살아도'가 둘이고 '산다'가 하나이다. 그래서 "죽어도 살고, 살아도 산다"가 되는 것이다.

이것을 더 알기 쉽게 말한 곳이 로마서 14장 8절이다. 그곳에 보면 "우리가 살아도 주를 위하여 살고, 죽어도 주를 위하여 죽나니"라는 말이 나오는데, "내가 사는 것도 그리스도를 위하여, 내가 죽는 것도 그리스도를 위한 것"이라는 말이다.

도산 안창호 선생께서 "밥을 먹어도 나라를 위해 먹고, 잠을 자도 나라를 위해 잔다"라는 말을 했는데 도산도 확실히 나라를 위한다는 한 점을 찍은 사람이었다. 우리가 군대에 가면, "사는 것도 국가를 위해 살고, 죽는 것도 국가를 위해 죽는다"라고 하는데, 그렇게 자신의 삶과 죽음이 어떤 목적을 위해 확실히 바쳐질 수 있는 한 점을 만드는 것이 중요한 것이다.

그래서 유영모 선생께서 이런 한 점을 "가온찌기"라고 하셨다. 자기 복판 가운데 점을 꽉 찍은 것이다. 이것을 불교에서는 점심點心이라고 한다. 중심에다가 점을 꽉 찍었다는 말이다. 가온찌기란 둘에다가 하나의 점을 꽉 찍은 것을 말한다. 그렇게 되어야 셋이 되는 것이다. 그렇게 가온찌기가 되어야 점심이다.

그렇지 않으면 언제나 불안과 공포가 떠날 때가 없다. 셋이 되어야 불안도 없어지고 공포에서 떠나게 되는 것이다. 그것이 믿음의 세계이다. 그렇게 한 점을 찍는 것인데 그 한 점을 찍는다는 것이 중요한 것이다. 다시 말하면 상대세계(둘의 세계)에서 절대(하나)를 붙잡는 것이다.

아까 말한 대로 기氣의 상대세계에서 이理의 절대세계를 붙잡는 것이다. 그러니까 기氣는 변하는 세계이고, 이理는 불변하는 세계이다. 그래서 변하는 세계 속에서 불변하는 한 점을 붙잡는 것이다. 그렇게 되면 아무리 변하는 세계 속에 있어도 확실한 입장을 가질 수 있게 되는 것이다. 그 변하지 않는 점을 붙잡지 못하면 우리는 그냥 변하는 세계에 끌려 다니지 않게 되는 것이다. 그러니까 변變에 끌리지 않을 수 있는 한 점, 그것이 바로 태극이다. 그것을 또한 이理라고 한다. 그것이 태극점이다. 이 태극점을 찍어야, 이 태극점을 붙잡아야, 이 변하는 세계에서 언제나 변하지 않을 수도 있고, 변할 수도 있고, 마음대로 할 수 있다.

일도출생사一道出生死 일체무애인一切無碍人, 화엄경에 나오는 말이다. 이 생사라고 하는 것은 변하는 세계이다. 둘의 세계이다. 그것을 출出, 넘어선 일도一道, 그것이 하나의 세계이며 불변하는 세계이다. 이렇게 둘에다가 하나를 플러스해야 셋이 되는 것이다. 그렇게 되면 일체무애인一切無碍人이다. 아무것에도 걸림이 없는 자유인이 되는 것이다. 우리가 보통 말하는 '진리를 깨달았다'는 말이 바로 이 하나를 붙잡았다는 말이다. 진리라는 것이 무엇인가 하면 불변의 세계이다. 불변의 세계인 진리를 붙잡았다는 말이다. "내가 사는 것도 그리스도요, 내가 죽는 것도 그리스도이다"라고 할 때 그리스도란 말이 무엇인가 하면 불변의 세계이다. 그런데 '사는 것'과 '죽는 것'은 변의 세계이다. 이 변의 세계에서 불변의 세계를 붙잡았다는 말이다. 그래서 하나하고 둘하고 합쳐서 셋이 되었다는 말이다.

> 이르되 주여 그러하외다.
> 주는 그리스도시요,
> 세상에 오시는 하나님의 아들이신 줄
> 내가 믿나이다.

마르다는 예수께서 '부활이고 생명'임을 '믿는다'고 했다. 과연 그랬을까. 예수께서 그리스도라는 것, 그것은 믿었을 것이다. 그러나 자기가 그리스도라는 것은 아직도 못 믿었을 것이다. 예수가 한 점을 붙잡았다는 것은 확실하다. 그러나 마르다라는 여인이 한 점을 붙잡았을까. 그것은 좀 의심스럽다. 마르다가 '믿는다'는 대답은 했지만 그것은 아마도 예수가 그렇게 된 분이라는 것을 '믿는다'는 뜻일 것이다. 자기가 그렇게 되었다는 것을 '믿는다'는 뜻은 아닐 것이다. 자기가 그렇게 되어야 믿는 것이지 예수가 그렇게 되었다는 것을 믿는 것은 믿는 것이 아니다. 그것은 하나의 희망이다.

언제나 믿는 것은 바라는 것의 실상이 되어야지, 다시 말해서 바라는 것이 현실화가 되어야 한다. 또한 보지 못하는 것의 증거가 되어야 한다. 이것이 자기에게 구체화되어야 하는 것이다. 그래서 내가 그렇게 되어야지, 예수가 그렇다는 것을 인정하는 것으로는 안 된다. 내가 '부활이고 생명'이 되어야 믿음이 되는 것이다.

기 도

감사하신 하나님,
오늘도 저희들이 하나님 앞에 모였사오니,
저희들이 하늘나라 끝까지 사는
참 하나님의 아들들이 될 수 있도록 도와주시고
언제나 당신을 향해서 올라가는
그런 삶을 살 수 있도록
당신께서 도와주시옵소서.

언제나 저희들이 늘 당신을 바라보면서
당신께 가는 것만이 참 사는 길이라는 것을
우리가 깊이 느끼면서
오늘 하루도 그런 삶을 살아갈 수 있도록
당신께서 도와주시고
지금 나라의 어려운 여러 가지 문제가 있을 때
당신께서 지켜주시고
참다운 지혜를 가지고
슬기롭게 풀어갈 수 있는
이 시대가 될 수 있도록
당신께서 도와주시옵소서.

예수님 이름 받들어 기도 드리옵나이다.
아멘.

45. 죽음과 삶

1994년 6월 12일

요한 11:28~44

이 말을 하고 돌아가서
가만히 그 자매 마리아를 불러 말하되
선생님이 오셔서 너를 부르신다 하니
마리아가 이 말을 듣고 급히 일어나 예수께 나아가매
예수는 아직 마을로 들어오지 아니하시고
마르다가 맞이했던 곳에 그대로 계시더라.
마리아와 함께 집에 있어 위로하던 유대인들은
그가 급히 일어나 나가는 것을 보고
곡하러 무덤에 가는 줄로 생각하고 따라가더니
마리아가 예수 계신 곳에 가서 뵈옵고
그 발 앞에 엎드리어 이르되
주께서 여기 계셨더라면
내 오라버니가 죽지 아니하였겠나이다 하더라.

여기까지는 지난 시간에 마르다가 예수를 만나 한 말이나 다름이 없다.

예수께서 그가 우는 것과
또 함께 온 유대인들이 우는 것을 보시고
심령에 비통히 여기시고 불쌍히 여기사 이르시되

예수께서 무엇 때문에 격분했는지[1]는 잘 모르겠으나 죽음의 본체에 대해 이 사람들은 어떻게 생각했는가를 짐작해 볼 수는 있을 것이다. 죽음에 대해서 여러가지 생각할 수 있는데, 우리 한국 사람들은 죽음에 대해서 그렇게 많이 생각하지는 않고 그저 저승으로 간다는 정도로 생각하는 것 같다. 그런데 인도 사람들은 죽으면 윤회에 들어간다고 생각한다. 육도윤회六道輪廻 사상으로, 죽어서 여섯 가지 형태로 변한다고 생각하는 것이다.

그런데 이 유대 사람이나 이집트 사람들은 죽으면 미라로만 잘 만들어 두면 언젠가는 다시 살아난다고 믿는 것이다. 그것이 부활사상이다. 그래서 이 사람들은 피라밋을 그렇게 애를 써서 만드는 것이다. 피라밋을 짓고 그 속에 미라를 갖다 두고는 반드시 그곳에 먹을 것을 같이 넣어 두었다고 한다. 부활해서 깨어나면 시장할 터이니까 그것을 먹도록 하는 것이다. 그 당시 이집트 사람들의 먹는 것이 보리였는데, 보리를 항아리 속에 넣어서 미리 옆에 두었다고 한다.

1. 고병려(1987), p. 41

그런데 어떻게 이 보리를 항아리에 잘 밀봉해 두었는지 나폴레옹이 이집트를 정복하고 이 피라밋을 열고 들어갔는데 — 그 전에는 누구도 이 피라밋을 열 생각을 하지 못했었다 — 그 속에는 왕의 미라가 있고 옆에는 금장신구들과 함께 보리가 있었는데 그 보리를 나폴레옹이 가져가서 베르사이유 궁전의 정원에다가 심었더니 싹이 텄다고 한다. 그런 것을 보면 보리라고 하는 것이 정말 생명력이 강한 것이라는 것을 알 수 있다. 그야말로 실존인 것이다. 이천 년, 삼천 년이 지나서도 잘만 보관하여 썩지만 않으면 언제라도 다시 싹이 트는 것이다.

이 유대 사람들은 죽음이라는 것을 단순히 그냥 늙어 죽는다고 생각지 않고, "욕심이 잉태한즉 죄를 낳고, 죄가 장성하면 죽음이 된다"라는 것처럼 언제나 죽음을 죄와 연결해서 생각하지 그냥 앓다가 죽는다고는 생각지 않는다. 우리는 죽었다고 하면 생로병사生老病死의 순서에 의해 낳아서 늙어서 병들어 죽는 것이라고 생각하고, 이것이 하나의 자연현상인 것으로 알고 있는 자연주의이지마는 유대 사람들은 이에 반해 자연주의가 아니고, 신의 뜻에 의한 신본주의라고 생각할 수 있다. 인도사람들은 그런 의미로 보면 인본주의라고 할 수 있다. 그러니까 자연인가, 신인가, 인간인가, 어느 것에 중점을 두는가 하는 것이다. 그런 의미에서 생각해보면 동양 사람들은 자연에 중점을 두는 것이다.

아까도 깨끗하다는 말을 했는데 제일 깨끗한 것이 무엇인가 하면 자연이다. 그러니까 동양 사람들은 아무래도 자연을 먼저 생각하게 되는 것이다. 그러나 유대인들이나 애급 사람들은 신을 먼저 생각하게 된다. 애급에는 옛날부터 죽음의 문서라는 것이 있는데, 죽으면 신 앞에 가서 심판을 받게 된다는 사상인 것이다. 그러므로 신이라는 개념을 이 사람들은 중요하게 생각하는 것이다. 신이라고 하는 것이 이 사람들에게는 생명의 근원이다. 그러니까 하나님께서 사람을 지을 때 흙으로 사람을 빚었고 그곳에 하나님께서 생명의 김을 불어넣어서 사람이 되었다는 말이 나온다. 그래서 신은 사람에게 생명의 근원이다, 라고 생각하는 것이다. 신에게만 가까이 가면 일체는 다시 살아난다는 사상이다.

부활이란 것도 무엇인가 하면 신에 가까이 가서 살아난다는 사상이다. 마치 나무가 불에 가까이 가면 불이 붙듯이 신에 가까이 가면 생명의 불이 붙는 것이다. 노자老子에 보면 물을 가지고 생명에 비유했는데 이 사람들에게는 신이 생명을 상징하는 것이다. 그러니까 죽음이란 것은 생명에 반대되는 것이다. 그래서 이 사람들에게 죽음은 어디에 속하나 하면, 악마에 속한다고 생각하는 것이다. 그러므로 여기서 예수께서 격분한 심정을 가졌다는 말은 죽음으로 몰아간 악마에 대해서 격분했다는 뜻으로 해석하면 어느 정도 이해가 될 수 있다.

종교에서는 언제나 죽음과 삶이 근본문제가 되는 것이고, 도덕 그러면 언제나 선과 악이 근본문제가 되고, 철학에서는 언제나 참과 거짓이 근본문제가 되는 것이다. 그러니까 철학적으로 생각하면 언제나 참이 되어야 하고, 거짓은 안 되는 것이고, 도덕적으로 생각하면 언제나 선이 되어야 하고, 악은 안 되는 것이고, 종교적으로 생각하면 언제나 삶이 되어야 하고, 죽음은 안 되는 것이다. 종교의 세계는 언제나 삶의 세계이지 죽음은 종교의 중심이 될 수가 없는 것이다. 요전에 나왔듯이 "나는 부활이요 생명이니 나를 믿는 자는 죽어도 살겠고, 무릇 살아서 나를 믿는 자는 영원히 죽지 아니하리니"라고 했는데 이것이 종교의 핵심이다.

어떤 종교도 마찬가지이다. 종교라는 것은 삶을 붙잡는 것이고, 도덕이라고 하는 것은 언제나 선을 붙잡는 것이고, 철학이라고 하는 것은 언제나 참을 붙잡는 것이다. 그러니까 철학의 세계는 생각하는 세계이고, 도덕의 세계는 올라가는 세계로 실천하는 것이 올라가는 것이라고 할 수 있고, 그리고 종교의 세계는 역시 살아나는 세계라고 할 수 있다.

그런데 이 철학과 도덕과 종교의 세계는 끊을래야 끊을 수 없는, 불가분의 관계가 있다. 그러니까 언제나 참이 있는 곳에는 선이 있고, 선이 있는 곳에는 생명이 있는 것이다. 이것이 바로 진眞, 선善, 미美라는 것이다. 참이 있으면 반드시 선이 있고, 선이 있으면 반드시 생명이 있는 것이다. 미美라고 하는 것이 생명을 말한다. 그래서 언제나 이 진眞, 선善, 미美라고 하는 것은 따로 떼어놓을 수가 없다. 그래서 우리가 하나님 그러면 진선미가 아니라고 할 수가 없다. 이 진선미의 그림이 하나님이다. 그것을 우리가 거룩하다고 하여 성聖이라는 말을 하는데 진선미의 그림이 성聖이다.

그 반대로 죽음과 거짓과 악, 이것이 악마이다. 악마란 살인과 거짓의 조상이 악마라는 말이다. 여기다 하나 더하여 악의 조상이 악마란 말이 된다. 그러니까 언제나 선, 악을 상대적으로 생각하는 사고이다. 그래서 선이 악을 이긴다는 사상이다.

우리가 고린도전서 15장 54절에 보면, 삶이 죽음을 삼켜버렸다는 말이 나오는데, 다시 말하면 죽음이 삶에게 삼킨 바가 되었다는 말이다. 말하자면 죽음을 극복하는 것이다. 바울은 언제나 우리의 육체 위에 영의 옷으로 덧입는다는 말을 했는데, 죽음을 생으로 극복하고 마는 것이다. 말하자면 죽음과 생이 싸우는 것으로 기독교는 이렇게 전투적인 사상을 갖고 있는 것이다. 그래서 우리는 하나님을 생각할 때 만군의 여호와라는 말을 하는데 싸워서 이기는 여호와란 말이다. 우리 동양에는 그런 신관이 발달하지 못했다.

서양의 역사는 싸움의 연속이다. 서양의 기원 후 2천 년 역사 중, 싸우지 않는 때는 2백 년이 채 못 된다고 한다. 그 가운데에서도 이 유대라는 나라는 가장 전쟁의 피해를 많이 받은 나라 중에 하나였다. 잘 아는 바대로 바빌론, 아시리아, 그리스, 로마 등의 북방민족의 세력과 이집트라는 남방민족의 세력이 만나는 중간에 위치하여 전쟁터가 되는 곳이 팔레스타인 지역이다. 그래서 싸움을 누구보다도 많이 경험한 이 사람들의 생각 속에 싸움이라는 것이 하나의 근본 사고방식이 될 수밖에 없다. 싸워서 이긴다는 것을 항상 생각하는 것이다. 악마와 싸워서 이기는 것이다. 그러니까 죽음도 싸워서 이긴다는 생각을 갖는다. 그러므로 죽음의 본체를 악마라고 보는 것이다.

그래서 나사로를 죽음으로 끌고 간 악마에게 격분하는 심정으로 마음이 어지러워진 것이 아닌가, 라고 생각해 본다. 물론 이것은 나의 해석이다. 여기서 격분했다는 말이 무슨 뜻으로 그러했는지 알 수가 없다. 한자로는 격분激忿의 분忿 자가 화난다는 말로서 분통이 터진다는 말이다. 그러면 왜 예수가 화가 났을까. 아무래도 나사로의 죽음 배후에 있는 악마를 보고서 예수께서 격분하지 않았을까 하고 한번 생각을 해 보는 것이다.

그를 어디 두었느냐 이르되
주여, 와서 보옵소서 하니,
예수께서 눈물을 흘리시더라.
이에 유대인들이 말하되
보라, 그를 얼마나 사랑하셨는가 하며,
그중 어떤 이는 말하되 맹인의 눈을 뜨게 한 이 사람이 그 사람은 죽지 않게 할 수 없었더냐 하더라.
이에 예수께서 다시 속으로 비통히 여기시며 무덤에 가시니,

예수께서 무덤으로 갔는데, 무덤은 우리가 악마의 나라라고 생각할 수 있다. 악마와 싸우기 위해 격분해서 무덤으로 갔다고 생각해 본다.

무덤이 굴이라 돌로 막았거늘,
예수께서 이르시되 돌을 옮겨 놓으라 하시니
그 죽은 자의 누이 마르다가 이르되
주여, 죽은 지가 나흘이 되었으매 벌써 냄새가 나나이다.

그곳은 더운 지방이므로 나흘이 지나가면 벌써 썩는 냄새가 날 것이다.

예수께서 이르시되
내 말이 네가 믿으면
하나님의 영광을 보리라 하지 아니하였느냐 하시니,

아무리 악마가 강하다고 해도 하나님을 이길 수는 없지 않느냐. 예수는 하나님의 힘을 붙잡고 있는 사람이니까 문제가 없다는 말이다.

돌을 옮겨 놓으니
예수께서 눈을 들어 우러러 보시고 이르시되

아버지여, 내 말을 들으신 것을 감사하나이다.
항상 내 말을 들으시는 줄을 내가 알았나이다.
그러나 이 말씀 하옵는 것은 둘러선 무리를 위함이니
곧 아버지께서 나를 보내신 것을
그들로 믿게 하려 함이니이다.

하나님께로부터 생명을 살리는 힘을 받아 예수님께서도 생명을 살리는 능력을 나타내게 되었으며, 그것은 사람들에게 믿음을 갖게 하려 함이라는 말이다.

이 말씀을 하시고 큰 소리로
나사로야, 나오라 부르시니

악마의 소굴에서 나오라, 죽음의 세계에서 나오라, 죄의 세계로부터 나오라는 말이다. 악마에게 잡혀갔던 나사로를 다시 찾아오는 것을 말한다.

죽은 자가 수족을 베로 동인 채로 나오는데
그 얼굴은 수건에 싸였더라.
예수께서 이르시되
풀어 놓아 다니게 하라 하시니라.

결국은 악마에 승리하여 죽음의 포로가 되었던 나사로가 생명을 갖고 돌아오게 된 것이다. 하여튼 나사로가 죽음의 세계로부터 다시 살아났다는 얘기인데, 여기서 말하는 죽음이라는 것은 이 사람들에게는 우리가 생각하는 그런 죽음이 아니고 악의 세계, 죄의 세계, 욕심의 세계, 물질의 세계를 가리키는 것으로, 이러한 세계와 싸움을 통해 선의 세계, 정신의 세계, 깨끗한 세계로 돌아옴을 통해 생명을 얻는다는 생각이다.

그러니까 역시 생명이라고 하는 것이 강해지면 죽음을 이길 수 있다는 것이 부활에 대한 생각의 핵심이라고 할 수 있다. 마치 우리 동양 의학에서 우리 몸에 기를 보하면 병을 물리칠 수 있다는 것과 마찬가지이다. 그러니까 서양의학에서는 균을 잡아 죽여야 된다는 생각인데 동양의학에서는 내 생명력을 강하게 하면 자연히 병은 물리칠 수 있다고 생각하는 것이다. 그래서 내 생명력을 강하게 하는 것, 그것이 소위 믿음이다, 라고 생각할 수 있다. 믿음이라고 하는 것이 무엇인가 하면 나 자신의 생명력을 강하게 하는 것이다, 라고 생각하는 것이다.

유영모 선생께서는 매일 쉬지 않고 맨손 체조 등 운동을 계속했는데 그것이 바로 생명력을 강하게 하는 것이다. 생명력을 자꾸 강하게 하면 병이 달려들지 못하게 되는데 그래서 그런지 몰라도 유영모 선생께서는 거의 병이라는 것을 모르고 사셨다. 마지막에 90이 넘어 감기가 걸린 것이 폐렴으로 악화되어 보름만에 세상을 떠나셨는데 하여튼 선생님께서는 기氣라는 것을 굉장히 중요하게 생각하셨다.

기운과 기분은 서로 비슷한 것으로 기운이 셀수록 기분이 좋은 것이고, 기분이 좋을수록 기운이 세다고 할 수 있다. 이렇게 기氣와 관련한 철학을 기철학이라고 하는데, 서화담이란 사람이 기철학으로 유명하다. 실제로 서화담은 기운이 매우 좋은 사람으로 언제나 얼굴에 화기가 돌았다고 한다. 자기의 본래적인 힘을 길러서 외부에서 오는 나쁜 세력을 물리치고, 자신의 생명력을 최대한으로 유지해 나가는 것이 기철학이라고 할 수 있다. 그래서 유영모 선생께서도 늘 기체라는 말을 자주 썼다. 우리는 선생님 기체후 일향만강 하옵시며, 라는 말을 하는데, 기체라는 것이 정말 자유의 핵심이라고 할 수 있다.

장자莊子에 보면, 1장에 큰 붕새를 말하는 것이 기체사상이라고 할 수 있다. 그것이 자유의 사상으로 새라는 것이 무엇인가 하면 기체로서 하늘을 날아다닐 수 있는 것인데, 기라고 하는 것이 바로 생명을 강조하는 사상이라고 볼 수 있다. 기독교도 또한 생명을 강조하는 종교라고 생각할 수 있다. 그래서 오늘 배운 구절에서도 죽음의 세계를 극복하는 생명의 강인함을 얘기한다고 생각해도 좋겠다.

또 중요한 것은 하나님께서 언제나 그리스도의 기도를 들어주셨다는 것이다. 그러니까 하나님하고 그리스도하고의 관계로서, 동양식으로 말하면 무극이태극無極而太極인데, 하나님이 무극이라면 그리스도는 태극이다. 실존은 하나님 앞에 섰다라고 키르케고르는 말했는데 그리스도가 실존이 되는 것이다. 언제나 태양 밑에 서 있으면 그림자가 없다. 그것이 또한 무영탑이라는 사상이다.

저 불국사에 가면 무영탑이 서있는데, 다보탑은 시간을 나타내고, 무영탑은 공간을 나타내는 것으로, 다보탑에는 춘하추동을 상징하는 매난국죽梅蘭菊竹을 새겨놓았고, 무영탑은 석가탑이라고도 하는데, 그냥 네모로 된 공간만으로 되어 있다. 그래서 언제나 이 시간과 공간, 그리고 대웅전 속에 있는 부처인 인간, 이 세 가지가 불교의 핵심으로, 탑을 세우지 않을 때는 손으로써 시간, 공간, 인간을 표시한다. 불상에서 두 손이 나타내는 것이 언제나 시간과 공간을 나타내고, 그래서 부처의 모습은 언제나 시간, 공간, 인간을 나타내는 것이다. 이 세상에서 가장 중요한 것이 이 시간, 공간, 인간의 세 가지가 아니겠는가. 그림자가 없다는 것은, 12시 정각에 태양 밑에 서게 되면 그림자가 없게 되는데, 그것이 소위 무극이태극無極而太極이란 사상이 되는 것이다.

이것이 또한 소위 점심點心사상이다. 점심때라는 것이 언제나 12시이다. 12시가 되면 그림자가 없어진다. 그래서 그때가 되면 태양과 나무가 일직선이 되고, 그것이 소위 정직한 세계가 되는 것이다. 이것이 우리가 말하는 믿음의 세계이다. 믿음의 세계라는 것이 바로 태양과 나무가 일직선으로 선 것을 말한다. 그래서 하나님과 예수가 일직선이 되는 것이다. 그러므로 예수는 죄 없는, 흠 없는 사람이라고 하는 것이다. 그림자가 없는 것이다. 그러니까 하나님과 예수는 언제나 일직선이 되어 있다. 하나님과 예수는 언제나 일체라고 하는 것이다. 그것이 삼위일체 사상이다. 하나님과 예수는 일체이다.

그것이 동양식으로 말하면 무극이태극無極而太極이다. 무극과 태극이 일체가 되는 것이다. 일一이라는 것이 그것이다. 무극과 태극이 하나라는 것이다. 무극 없이 태극 없고, 태극 없이 무극 없다. 무극 없이 태극을 알 수가 없고, 태극 없이 무극을 알 수가 없다. 무극은 존재의 근거이고, 태극은 인식의 근거이다. 사람에게 가장 중요한 것은 이 무극을 안다는 것이다. 무극에서 가장 중요한 것은 태극을 내어놓았다는 것이다.

하나님께서 사람을 창조했다는 것, 그것이 가장 중요한 것이다. 동물을 창조한 것도 아니요, 산과 강을 창조한 것도 아니요, 사람을 창조했다는 것, 그것이 가장 중요한 것이다. 또 사람에게는 하나님을 알 수 있다는 것, 그것이 사람에게는 가장 중요한 것이다. 칸트는 하나님은 존재 근거이고, 사람은 인식 근거라고 했다. 사람에게 제일 중요한 것은 아는 것이다. 사람에게 아는 것을 빼어 놓으면 사람이 무엇이 되겠는가. 모든 문화 현상과 문명 현상이 아는 데서 나오는 것이다. 아는 것이 없다면 무엇이 나오겠는가. 그러니까 사람에게 가장 중요한 것은 아는 것이다.

우리가 자꾸 생각하라 생각하라고 하는데 생각하라는 것이 바로 생각을 통해 아는 것을 말하는 것이다. 아는 것 빼 놓으면 무엇을 생각하겠는가. 생각하기 위해서는 생각할 재료가 있어야 한다. 그것이 말씀이라는 것이다. 그래서 성경이라는 것이 없으면 생각이라는 것도 못하게 된다. 물이 없으면 물고기가 살 수 없는 것과 마찬가지이다. 물고기가 숨을 쉬려면 물을 먹고 토해 내야 한다. 우리가 생각한다는 것도 언제나 말을 먹었다 토했다 하는 것이다. 말없이는 생각이라는 것이 없게 된다.

말씀이 우리 생각의 근원이다. 또한 말씀이 생각의 결과이다. 말씀은 곧 하나님의 말씀을 가리킨다. 우리가 성경을 보면 도저히 사람의 말이라고 할 수가 없다. 그래서 하나님의 말씀이라고 한다. 사람이 할 수 있는 말이라면 성경이랄 것도 없다. 물론 사람이 쓰기는 썼지마는 사람이 생각해 낸 것은 아니다. 하나님께서 사람을 통해서 말한 것이다, 그렇게 밖에는 생각할 수가 없다.

그래서 우리는 말씀을 언제나 하나님의 말씀이라고 한다. 하나님의 말씀이 있으니까 생각하게 되는 것이고, 생각한 결과 또 말하게 된다. 그래서 인간에게 가장 중요한 것이 무엇인가 하면 말이다. 사람이 동물하고 다른 점이 무엇인가 하면 바로 말을 갖고 있다는 것이다. 언어라는 것이 없으면 사람이라고 할 수가 없다. 마치 물고기가 물을 가져야 하는 것과 같이 사람은 말을 가져야 한다.

그런데 말 가운데에는 오염된 말과 깨끗한 말이 있다. 물에 오염된 물과 깨끗한 물이 있는 것과 마찬가지이다. 오염된 물에 배는 다닐 수 있어도 사람이 먹을 수는 없다. 우리가 구하는 말도 깨끗한 말이 필요한 것이다. 깨끗한 말이란 결국 몇 천년을 지나면서도 조금도 변하지 않는 말을 가리킨다. 그것을 우리는 고전이라고 하고, 성경이라고 한다. 우리가 성경의 말이 없이는 생각할 건덕지가 없다. 그렇게 보면 성경이 얼마나 중요한지 알 수 있다. 그러니까 성경을 모른다는 사람과는 할 말이 없다.

우리는 성경을 통해서 죽음이라는 것을 생각해 볼 수 있다. 보통 사람들은 죽음이란 것을 생각하지 않는다. 안 죽으려고 애를 쓰지만, 결국은 억지로라도 죽고 만다. 소가 도살장에 들어가지 않으려고 애쓰다가 죽는 것이나 비슷한 것이다. 그런데 우리는 생각을 통해 죽음이라는 것을 알려고 하는 것이다. 아까 성경에 나온 대로 "죽어도 살고, 살아도 산다"는 말을 우리가 성경을 통하지 않고 어떻게 알 수 있겠는가. 죽어도 산다는 말이 무엇일까 생각해 나가다 보면 결국 나라고 하는 것이 무엇일까라는 생각까지 도달하게 된다. 죽을 수 없는 것이 나 아닌가, 라는 생각까지 하게 되는 것이다. 아까도 말했지만 몸이 다 없어져야 그것이 진짜 나 아닌가라는 생각도 하게 된다. 그렇게 될 때 죽음에 대한 공포라는 것이 별로 없게 된다. 죽음이라는 것이 무엇인가. 참 내가 되기 위한 수단인데 그 죽음에 대해 두려워할 게 무엇이 있겠는가라는 생각을 갖게 된다. 그러니까 죽음이라는 것을 생각하면 할수록 생각이라는 것이 자꾸 깊어진다. 그래서 철학이라고 하는 것이 무엇인가 하면 한마디로 말하면 죽음에 대한 생각인 것이다.

소크라테스는 죽음에 대한 연습이 철학이라고 했지만 결국 죽음에 대한 생각이 철학이다. 소크라테스가 마지막에 제자들에게 남긴 말이 무엇인가 하면 죽음이라고 하는 것이 없다는 것이다. 그것을 계속 반복해서 말한 것이다. 너희들은 아직 죽음이라는 것이 있는 것으로 알지마는 죽음이라는 것은 없다, 라는 것을 계속 말한 것이다. 예수도 마찬가지이다. 예수가 마지막으로 말한 것도 결국 한마디로 말하자면 죽음이라는 것이 없다는 것이다. 죽음이라고 하는 것이 하나의 꿈에 불과하고 하나의 착각에 불과하지 진실로 죽음은 없다는 것을 말하는 것이다. 육체란 하나의 옷 같은 것이지 진짜는 아니다, 란 것을 말하는 것이다. 옷을 벗는다고 해서 죽는 것이 아니라는 말이다.

그런데, 죽음에 대해서 생각하는 것은 사람밖에 없다. 사람의 특징이 바로 그것이다. 그래서 하이데거 같은 사람은 "죽음에의 존재"가 사람이라고 했다. 다시 말해 죽음이라는 것을 의식하고 사는 존재가 사람이란 말이다. 다른 동물들은 그런 것을 모른다. 다만 사람만이 죽음을 의식하고 산다. 죽음이라는 것이 가까이 올수록 생각은 자꾸 깊어지고 많아지게 된다. 생각이 자꾸 풍부해지고, 말이라는 것이 자꾸 많아지고, 결국 경전이라는 것도 자꾸 많아지게 된다. 그래서 또 그 말을 가지고 사람들은 자꾸 생각해서 더 깊이 알게 되는 것이다.

그러니까 이 말씀이라는 것이 굉장히 중요하다. 이 말씀이 없이는 우리가 생각할 수가 없다. 말씀이 있기 때문에 생각하게 되고, 생각하기 때문에 우리가 바르게 알 수 있게 되는 것이다. 말씀으로 생각이 나오며 또 생각에서 나온 것이 말씀이다. 그래서 우리는 말씀으로 산다는 말을 한다. 믿음으로 산다는 말도 결국 말씀으로 산다는 말이다. 우리는 생명의 말씀이라고 하는데, 물고기의 물처럼 우리는 말이라고 하는 문화 속에 들어가야 사람이지, 문화 없는 야만족이 되면 짐승이지 사람이라고 할 것도 없다. 그러니까 문화라고 하는 것을 키워내는 것, 그것이 중요하다. 그래서 모든 문화는 말씀이다, 라고 보아야 한다.

그러므로 문화가 사람보다도 더 중요하다. 그래서 선생님이 죽으면 6년 제사를 치르는데, 아버님이 죽으면 3년 제사를 치른다. 정신이 육체보다도 더 중요하며 정신을 깨우는 것이 누구인가 하면 선생이기 때문이다.

선생이라고 해서 단순히 학교 선생만 생각하지 말고, 모든 과학자, 모든 철학자, 모든 종교가, 모든 예술가가 다 선생이다. 그런 선생들이 자꾸 문화를 창조해주기 때문에 우리의 삶이 더욱 풍부해지고 더욱 깊어지고 더욱 높아지게 되는 것이다.

대한민국도 어떤 나라가 되는 것이 좋은 나라인가 하면 문화를 창조하는 사람들이 많이 나와야 좋은 나라가 될 수 있다. 다시 말하면 창조적 지성이 많이 배출되어야 한다는 말이다. 그래서 결국 온 국민이 다 이러한 창조적 지성이 되어 자꾸 생각하고 창조하여 새로운 문화를 창달해 나갈 때 우리나라가 풍성하고 좋은 나라로 바뀔 수 있다.

그리고 우리의 종교, 특별히 기독교가 생각하는 종교가 되어야 한다. 교회를 몇 십년 다녀도 생각하지 않는 종교생활은 의미가 없다. 성경을 자꾸 읽으면서 왜 이런 말이 나왔으며 왜 이런 책을 썼을까 하고 자꾸 생각해 나가야 한다. 그래서 철학이 나오는 종교가 되어야 그것이 진짜 종교이지, 철학이 안 나오는 종교는 진짜 종교라고 할 수가 없다. 또 과학이 나오는 철학이 되어야 그것이 진짜 철학이지 과학이 나오지 않는 철학은 진짜 철학이라고 할 수가 없다. 철학이 나오는 종교가 될 때 우리가 샤머니즘에서 벗어나게 되지 그렇지 않으면 그냥 샤머니즘으로 끌려가게 되고, 그렇게 되면 종교랄 것도 없게 된다.

그래도 기독교는 신학교가 많이 있어 이러한 역할을 하게 되는데 만일 신학교라도 없다면 기독교도 벌써 샤머니즘으로 빠진 지 오래 되었을 것이다. 그런 신학교가 있어 학문을 연구하는 사람들이 모여서 생각하고 논문을 쓰고 그것을 가르치는 과정이 꼭 있어야 한다. 성경을 생각하고 연구하여 그 깊은 뜻을 밝혀내는 일을 해 나가야 하며 결국 이렇게 생각하는 훈련을 통해 우리의 삶이 생각하는 삶이 될 때 참된 삶이 될 수 있다는 것을 깨달아야 한다.

그러니까 언제나 생각하는 것이 사는 것이다. 생각하는 것이 없다면 사는 것도 아니다. 말씀과 생각하는 것이 일치하여 아까 말한 대로, 무극이태극無極而太極이라고 했는데, 하나님하고 나하고가 하나가 되어야 한다. 하나가 된다는 것은 무엇이 하나가 되는 것인가 하면 바로 말씀과 생각하는 것이 일치한다는 것이다.

성경말씀을 보면 그것을 자꾸 깊이 생각하여 그 뜻을 알아가야 하는데 그래도 풀리지 않으면 다른 선생에게 물어봐서라도 완전하게 알 수 있도록 애써야 한다. 아까도 말했듯이 사람의 특징이 아는 것인데 모르는 것이 조금이라도 있으면 그냥 두지 말고 알 수 있도록 최선을 다해 나가야 한다.

공자가 말하기를 안자라는 사람은 참 훌륭하다. 왜냐하면 그 사람은 모르는 것이 있으면 가만히 두지 않고 알게 될 때까지 온갖 노력을 기우리는 사람이다, 라고 했다. 여러분도 가까이 있는 성경말씀부터라도 깊이 알 수 있도록 노력을 해 나가야 한다. 알려고 애쓰지 않고 믿음만 강조하다보면 샤머니즘이 되고 만다. 알고 믿어야 되고, 믿으면 또 알도록 애써야 한다.

역시 지적인 것을 포함시켜야지 지적인 것이 없어지고 말면 신비주의가 되고말고 위험한 믿음이 되고 만다.

그래서 역시 문화를 가진 사람이 참사람이지, 문화 없는 참사람은 있을 수 없다. 문화라는 것이 결국 종교, 철학, 예술, 과학을 갖는다는 것으로 넓게 생각하고, 깊게 알아나가야지 어느 한 분야만 안다고 해서 문화인이 되는 것이 아니다. 종교를 알면 또 철학을 해야 하고, 철학을 알면 또 예술과 과학을 알아나가야 한다.

오늘 말씀의 중요한 것은 예수가 하나님과 하나가 되었다는 것인데, 어떻게 하나가 되었나 하는 비결은 다른 것이 아니라 예수께서 하나님의 말씀을 깊이 생각해 나갔다는 것밖에 없다. 그밖에 예수가 한 것이 또 무엇이 있겠는가. 그래서 우리도 하나님과 하나 되기 위해서는 하나님의 말씀인 성경을 읽고 깊이 생각하는 습관을 가지도록 해야 할 것이다.

기 도

우리가 사는 이 땅이
하늘나라라고 하는 것을 느끼고,
우리가 사는 이 하루가 하늘나라에서 사는
하루라고 하는 것을 느끼면서 살아갈 수 있는
저희가 될 수 있도록 도와주시옵소서.

다 완성된 세계를 아직도 미완성인 줄 알고 사는
저희들을 아버지께서 불쌍히 여기셔서
이 완성됨 속에서 언제나 하나님과 같이 사는
저희들이 될 수 있도록 인도하여 주시옵소서.

그러기 위해서 언제나 그리스도와 같이 살고
같이 걸어가는 저희들이 될 수 있도록 도와주시옵소서.
그래서 하나님과 그리스도와 성령이
우리들과 하나가 되어서 언제나 이 땅위에서
하늘나라를 향하는 저희들이 될 수 있도록
당신께서 도와주시옵소서.

이 시간도 저희들이 당신의 말씀을 배울 때
당신께서 친히 가르쳐 주시고
당신의 거룩하신 뜻이
언제나 우리와 같이 하시기를
주님의 이름으로 축원하옵나이다.
아멘.

46. 인생은 죽음으로부터

1994년 6월 19일

요한 11:45~54

예루살렘은 전번에 말한 바대로 800m 높이의 고지高地에 있는 도시인데, 그곳에서 동쪽으로 내려가면 여리고가 있고, 북쪽으로 가면 에브라임 지방이다. 본래 유대의 12지파 가운데 한 지파가 살고 있던 지방으로, 예루살렘으로부터는 약 20㎞정도 떨어진 곳이다.

마리아에게 와서
예수께서 하신 일을 본,
많은 유대인이 그를 믿었으나

예수의 기적을 본 유대 사람들이 예수를 믿게 되었다. 예수가 인간 이상의 능력을 갖고 있다는 것을 사람들은 인정하게 되었다.

그 중에 어떤 자는 바리새인들에게 가서
예수께서 하신 일을 알리니라.

기적을 본 사람들 중 몇몇은 그의 행적을 바리새인들에게 알려주었다.

이에 대제사장들과 바리새인들이
공회를 모으고 이르되

제사장들과 바리새인 그리고 학자들과 그 지방의 장로들이 모여서 국회를 이루고 있었다. 그러니까 이 사람들이 그 당시의 상류층 계급으로, 제사장들이 국회의 의장 등 높은 자리를 차지하고 있었고, 바리새인들은 국회의 여당에 속하는 사람들이라고 생각하면 된다.

이 사람이 많은 표적을 행하니 우리가 어떻게 하겠느냐.
만일 그를 이대로 두면 모든 사람이 그를 믿을 것이요,
그리고 로마인들이 와서 우리 땅과 민족을 빼앗아 가리라 하니.

예수가 보통 사람이 아니고 많은 기적을 행하고 있는데, 우리 지도층들이 그를 그대로 둘 수 있겠는가. 만일 그대로 두면 많은 사람들이 예수를 중심으로 뭉치게 될 것이고, 그렇게 되면 로마 사람들이 그것을 보고 가만히 있지 않을 것이다.

여기서 성스러운 나라는 예루살렘을 가리킨다. 예루살렘에 성전이 있었으니까 성스러운 도시란 말이다. 옛날에는 도시 국가가 되어서 도시와 국가라는 것이 잘 구분되지 않았다. 로마 그러면 로마 도시이면서 곧 국가를 말한다. 아테네도 도시면서 국가였다. 도시 이외의 지역은 하나의 식민지로 볼 수 있다. 여기서도 성스러운 나라라고 했는데 결국 예루살렘 도시를 말하는 것이다. 그러니까 로마 사람들이 그나마 인정하던 유대인들의 자치권까지도 몽땅 뺏어갈 수도 있다는 말이다.

> 그 중의 한 사람 그 해의 대제사장인 가야바가
> 그들에게 말하되 너희가 아무것도 알지 못 하는도다.
> 한 사람이 백성을 위하여 죽어서
> 온 민족이 망하지 않게 되는 것이
> 너희에게 유익한 줄을
> 생각하지 아니하는도다 하였으니.

그 해 대제사장이었던 가야바의 생각으로는, 예수로는 안 되겠다고 생각했다. 예수가 아무리 기적을 행하고 병을 고치기는 하지마는 로마와 싸워서 유대인들의 독립을 이루어 낼 장군으로서의 소질은 보이지 않는다고 생각했다. 그러니까 예수로는 안 될 것 같으니 오래 끌 것 없이 예수를 미리 없애버리면 후환

도 없고 간단할 것이 아닌가, 라고 생각했다.

> 이 말은 스스로 함이 아니요,
> 그 해의 대제사장이므로
> 예수께서 그 민족을 위하시고,

이것은 필자인 요한의 해석이다. 나중에 예수가 죽은 후 교회가 생기게 되고, 차츰차츰 유대인뿐 아니라 로마 사람들까지 교회로 들어오게 되는 것을 보고, 요한은 이렇게 말한 것이다. 예수가 죽지 않았다면 교회가 생기지 못하였을 텐데 예수가 죽었기 때문에 교회가 생겼으니까 그의 죽음이 하나님의 뜻이었음을 나타내는 것이라고 요한은 생각했다. 이 가야바라는 대제사장은 그저 국가를 생각해서 그런 말을 한 것이지마는 자기도 모르는 사이에 하나님의 뜻을 이룬 것이 아니겠는가, 라고 한번 해석해 보는 것이다.

> 또 그 민족만 위할 뿐 아니라
> 흩어진 하나님의 자녀를 모아
> 하나가 되게 하기 위하여
> 죽으실 것을 미리 말함이러라.

이것도 유대 사람들뿐만 아니라 로마 사람들과 희랍 사람들도 다 하나가 되기 위해서 그렇게 된 것이다, 란 말이다. 가야바란 사람은 대제사장이니까 물론 종교가로 보아야 할 것이다.

그러나 국회의원으로서 국가적인 차원에서 한 정치적인 발언이었다고도 볼 수 있다. 그렇게 해서 결국은 예수를 죽게 한 것인데 종교적인 차원에서 보면 예수가 죽음으로써 예수는 유대라고 하는 국가를 벗어나서 세계인으로서, 다시 말하면 하나님의 아들로서 유대 사람이나, 희랍 사람이나, 로마 사람에게까지 차별 없는 인류의 대 스승으로 자리 매김하게 되는 것이다. 또 우리가 더 종교적으로 말하자면 구세주가 되는 것이다.

어쨌든 요한과 가야바의 말은 전혀 다른 입장에서 말한 것으로 가야바는 정치적인 입장에서 한 말이고, 요한은 종교적인 입장에서 한 말인데 결론으로 보면 같은 말이 되고 만다.

결론은 무엇인가 하면 정치적인 입장에서 보아 예수를 죽여야 한다는 것이고, 종교적인 입장에서 보면 예수가 죽었기 때문에 교회라고 하는 것이 생겼다는 것이다.

> **이 날부터는 그들이 예수를 죽이려고 모의하니라.**
> **그러므로 예수께서 다시 유대인 가운데**
> **드러나게 다니지 아니하시고**
> **거기를 떠나 빈 들 가까운 곳인**
> **에브라임이라는 동네에 가서**
> **제자들과 함께 거기 머무르시니라.**

국회에서 예수를 죽이기로 결정한 것이다. 그래서 예수께서는 당국에 의해 수배되는 인물이 되어 공공연하게 다닐 수 없게 되었다. 결국 예수는 이들을 피해서 광야 가까운 에브라임 지방으로 숨어들게 된다.

아까 말한 대로 가야바가 말하는 세계는 형이하形以下의 세계이고, 요한이 말하는 세계는 형이상形以上의 세계이고, 두 세계가 서로 갈라져 있다. 전번에 말한 대로 이 두 세계가 하나로 통일되어야 하는데, 두 개로 갈라져 있으니까 성性이 될 수 없는 것이다(이지즉비성二之卽非性).

그런데 이 둘을 어떻게 하면 합칠 수 있을까. 그것이 가장 큰 문제이다. 인생에 있어서 이 문제 이상으로 중요한 문제는 없다. 다시 말하면 뿌리와 가지인데, 뿌리와 가지가 따로따로 나누어져 있는 것이다. 그런데 어떻게 이 뿌리와 가지를 합쳐서 연비어약鳶飛魚躍하는, 생명이 약동하는, 그런 인생을 만들어 내는가 하는 것이 이천 년의 인류 역사뿐 아니라, 앞으로 또 수만 년이 지나가더라도 해결해야 할 사람들의 영원한 숙제이다. 우리는 한 번도 이것을 합쳐 본 일이 없다.

그런데 아주 드물게 성인이란 사람들이 나와서 합치게 된다. 그 합쳐진 세계를 조금씩이라도 확대해 보려고 나온 것이 교단敎團이다. 교회라는 것이 그것 아니겠는가. 합쳐지는 것은 개인의 경험이지만 그 합쳐진 세계를 조금씩이라도 확대해 나가자는 것이 교회의 역사라고 볼 수 있다. 기독교뿐만 아니라 모든 종교의 역사가 다 마찬가지다.

그런데 그 교회 속에서도 합쳐진 사람도 있고, 갈라진 사람도 있게 마련이다. 우리가 오늘 말하는 가야바란 사람도 교회에 속한, 그것도 대제사장이었다. 그래도 이 사람은 예수의 종교적인 세계를 전혀 이해하지 못한다. 단순히 정치적으로만 예수를 보고 마는, 그런 불행한 결과를 가져온 것이다. 정말 가야바란 사람이 눈이 열린 사람이었다면 예수를 보고서 예수의 진가를 알았을 것이다. 그런데 불행하게도 그는 눈을 뜨지 못한 사람이었고, 예수를 알아보지 못해 결국 예수를 잡아 죽이게 되고 만다. 정치가가 예수를 잡아 죽이는 것이 아니라 종교지도자가 예수를 죽게 하는 것이다. 제일 비기독교인이 되기 쉬운 것은 기독교인들이지 기독교인이 아닌 사람이 비기독교인이 될 수 없는 것이나 같은 이치이다. 종교 속에는 언제나 그런 모순이 존재할 수 있다.

여러분이 잘 아는 간디를 죽인 사람들이 힌두교도들이었다. 이슬람교도가 아닌 힌두교도들이 간디를 죽였다. 케네디를 죽인 사람도 흑인이 아니라 백인이었다. 케네디를 살려두면 흑인 세력이 너무 커지니까 안 되겠다, 라고 생각한 백인 집단에서 케네디를 죽인 것이 아니겠는가. 그런데 케네디를 죽이고 나니까 오히려 흑인의 세력이 더 커지는, 그런 결과를 만들고 말았다. 흑인들이 더 많은 권리를 얻는 기회를 만들어 주게 된 것이다. 그러니까 죽이면 그것으로 해결이 될 것 같지만 더 큰 문제를 불러일으키게 되는 것이다. 결국은 마틴 루터 킹 목사가 나오게 되고, 킹 목사까지 죽임을 당하게 되자 그를 기념하는 공휴일까지 제정하게 된다. 그래서 흑인들의 인권이 더 높아지는 결과를 낳게 되었다.

마찬가지로 가야바가 예수를 죽이면 그것으로 문제가 해결될 줄 알았지만, 그 후에 기독교단이라고 하는 더 큰 집단이 나오게 되어 유대 국가의 문제가 아니라 세계의 문제로 부각되고 만 것이다. 그 기독교단은 로마제국도 마음대로 못하는, 결국은 콘스탄틴 황제가 그 앞에 무릎을 꿇고 마는 그런 일이 벌어지게 되었다.

예수가 만일 그 당시 죽임을 당하지 않고 80까지 살았다고 가정하면 세례 요한 정도의 선지자로 끝났을지도 모른다. 그저 요한의 에세네파 비슷한 종파가 되어서, 유대교의 한 종파로 남겨졌을 것이다.

그러나 예수가 죽임을 당하게 되니까 예수가 굉장히 커지게 된다. 아주 세계적인 위대한 성인이 된 것이다. 결국 예수를 위대하게 만든 것은 가야바였다, 라고 말할 수도 있다. 또 가롯 유다가 예수를 팔아먹지 않았다면 어떻게 예수가 위대해질 수 있었겠는가. 그렇게 보면 또 가롯 유다가 예수를 그렇게 위대하게 만들었다라고 할 수도 있다.

그러니까 역사는 알 수가 없다. 죽임을 당한 사람은 위대하게 되고, 죽인 사람은 가장 처참한 평가를 받게 된 것이다. 예수의 죽음이 정치적으로 보면 조그마한 유대 나라의 일개 선지자의 죽음일 뿐이지만, 종교적으로 보면 가야바에 의해 죽임을 당한 것이 아니라, 하나님의 아들이 인류를 구원하기 위해서, 하나님의 뜻에 의해 죽는 것이 되고 마는 것이다. 죽음이란 하나의 역사적인 사실인데 어떻게 해석하느냐에 따라 이렇게 달라진다. 또한 죽음이 해석에 따라 하나의 끝이 될 수도 있고, 새로운 시작도 될 수 있다.

졸업이란 말도 학교생활 끝이라는 말도 되고, 사회생활의 시작이란 말도 되는 것과 마찬가지이다. 그러니까 죽음이라는 것이 끝인가, 시작인가, 이것을 알아야 한다. 끝이라고만 알면 형이하의 세계이고, 시작이라고만 알면 형이상의 세계이고, 결국 우리는 이 둘의 세계를 다 알아야 한다. 물론 끝이지마는 또한 시작도 되는 것이라는 것을 알아야 한다. 그러니까 예수의 일생은 십자가가 끝이면서 동시에 시작이다. 가야바의 입장으로는 끝이지만 요한에게는 시작이 되는 것이다. 그 후에 예수의 역사는 지금까지 이천여 년을 이어오고 있다. 예수가 팔십까지 살다 죽었다면 그 당시 나이로 보아 장수했는지는 모르지마는 이렇게 영생하지는 못했을 것이다. 그렇게 보면 예수는 죽을 때 죽은 것이다.

우리가 죽을 때를 잘 맞추지 못하면 오히려 더 큰 문제가 되는 경우가 많다. 우리가 잘 아는 춘원 이광수도 죽을 때 못 죽어서 계속 욕을 먹게 되는 것이다. 죽을 때 죽었더라면 아무런 문제가 안 되는데 죽을 때 못 죽어서 계속 문제가 되는 것이다. 세조 때 신숙주나 정인지도 마찬가지이다. 죽을 때 죽었으면 아무 문제가 없는데, 성삼문이 죽을 때 같이 죽었더라면 후대에 욕을 먹지 않았을 텐데 그 때를 놓쳐서 결국 온갖 비난을 받게 된 것이다. 사람마다 자기가 죽을 때가 있는데 그 때를 잘 맞추어야 한다.

예수는 33세에 죽었다. 그것도 비참하게 죽었으나 죽을 때 죽었기 때문에 위대한 역사의 시작으로 평가받는 것이다. 파스칼은 그리스도는 가장 비참한 사람이요, 동시에 가장 위대한 사람이다, 라고 말했다. 가장 비참함과 위대함이 부딪치는 곳에 역사의 때라고 하는 전환점이 있는 것이다. 가야바의 관점으로 보면 한없이 비참한 것이고, 요한의 관점으로 보면 한없이 위대한 것이 되고 만다. 케네디도 마찬가지다. 40대의 젊은 나이로 가장 영광된 위치에 있을 때 피살당했으니 얼마나 비참한 사실인가. 그러나 그런 정점에서 죽었기에 케네디는 두고두고 위대한 대통령으로 칭송받는 것이다. 만일 케네디가 죽지 않고 4년 임기를 다 채웠더라면 사람들에게 실컷 욕먹고 카터처럼 재선되지 못했을지도 모른다.

하여튼 가장 비참한 것이 가장 위대한 것이 된 것이다. 그것이 소위 때를 잘 맞추어야 한다는 것이다. 그것이 죽음의 순간이다. 더구나 젊어서 비참하게 죽게 되면 더욱 안타깝게 생각이 든다. 그래서 니체 같은 철학자는 예수는 너무 젊어서 죽었다. 좀 더 살았더라면 좋았을 텐데, 라고 했지만, 예수가 일찍 죽었기 때문에 더욱 위대해질 수 있다고 생각할 수 있다. 그러니까 해석하기에 따라서 달라지는 것이다.

죽음을 끝으로 보는가, 아니면 죽음을 시작으로 보는가. 그 해석에 따라서 죽음이 비참해질 수도 있고, 위대해질 수도 있다. 문제는 해석을 어떻게 하느냐이다. 인간의 문제는 역시 아는 것이 문제이다. 인간의 아는 것에 따라서 비참하게 해석할 수도 있고, 위대하게 해석할 수도 있다.

그런데 종교적인 세계라고 하는 것은 언제나 죽음이라고 하는 것을 시작으로 본다. 그것이 또한 종교적인 해석이다. 예수께서 십자가에 달려 죽으면서도 내가 이제 영광을 얻게 되었다, 라고 말했지 그것을 비참하다고 생각지 않았다.

유영모 선생께서는 언제나 "인생은 죽음으로부터"라고 하셨다. 이렇게 죽음을 종교적인 입장에서 단적으로 표현한 말은 더 이상 없을 것이다. 우리가 옛말에 관 뚜껑을 덮어 보아야 그 사람을 안다, 라는 말을 하는데, 그 말은 사람이 죽어야 그 사람의 가치를 알 수 있지 죽기 전에는 알 수 없다는 말인데, 그 말보다는 유영모 선생의 "인생은 죽음으로부터"라는 말이 훨씬 더 의미가 깊다. 죽음으로부터가 진짜 인생이지, 죽기 전에 인생은 진짜 인생이 못 된다는 뜻이다.

기 도

감사하신 하나님 아버지시여,
한 학기 동안 저희들과 함께 하여 주시고
저희들이 당신의 말씀을 공부하는 데에
우리의 마음을 쏟을 수 있도록
도와주신 데 대해서 진심으로 감사드립니다.

우리들이 언제나 한 몸이 되어서
당신을 사랑하고 우리의 조국을 사랑하고
당신의 말씀을 사랑하면서
언제나 하나가 되는 저희가 될 수 있도록
당신께서 도와주시옵소서.

우리 오늘 헤어져서 두 달 동안
어느 곳에 가 있든지 언제나 당신의 품안에서
당신의 말씀을 생각하면서 살아가는
저희들이 될 수 있도록 도와주시고
건강한 육체와 건강한 정신을 위해서
어느 곳에 있든지 당신 앞에서
빛을 드러내는 저희들이 될 수 있도록
인도하여 주시옵소서.

오늘 이 시간에도
저희들과 같이 하여 주시옵기를 바라옵고
예수님 이름 받들어 기도하옵나이다.
아멘.

47. 해방, 독립, 통일

1994년 6월 26일

요한 11:55~57

요한복음을 읽어보면 3번의 유월절이 나오는데 2장에서 한 번, 6장에서 한 번, 그리고 여기 11장에서 한 번 나오게 된다. 그래서 예수가 3년 동안 설교했다는 말을 하는데 이 3년이란 말이 여기서 나오는 세 번의 유월절을 기준으로 말하는 것이다.

그런데 공관복음에서는 그렇게 되어 있지 않다. 그래서 어떤 성경학자는 예수가 1년 반 동안만 설교한 것이 아닌가, 라고 하는 사람도 있다. 그러나 여기 요한복음에는 유월절이 확실히 세 번 나온다. 그래서 예수께서 3년 동안 가르쳤다고 보는 것이다.

유대인의 유월절이 가까우매

많은 사람이 자기를 성결하게 하기 위하여
유월절 전에 시골에서 예루살렘으로 올라갔더니.

유월절에 참가하기 위해서는 목욕재계를 하여야 하기 때문에 사람들은 이를 위해서 조금 일찍 예루살렘으로 올라왔다는 말이다. 목욕재계가 이 사람들에게는 단순히 몸을 깨끗이 하고 금식하는 것을 가리키는 것이 아니고 성전에 가서 어떤 예식을 치러야 했다. 그때에는 사람들이 모여들면 많을 때는 백만 명이 모인다고 하니까 얼마나 복잡했겠는가. 그래서 사람들은 일찌감치 서둘러 그러한 예식을 치루기 위해 미리 예루살렘에 모여들었다.

그들이 예수를 찾으며 성전에 서서 서로 말하되
너희 생각에는 어떠하냐.
그가 명절에 오지 아니하겠느냐 하니,
이는 대제사장들과 바리새인들이
누구든지 예수 있는 곳을 알거든
신고하여 잡게 하라 명령하였음이러라.

누구든지 예수를 보면 관청에 알리도록 되어 있었고 예수를 잡게 되면 죽여 없애버린다는 결정이 이미 되어 있었다. 그래서 예수가 예루살렘으로 올라올 수 없는 처지가 되었다. 그러나 실상은 예수가 올라온다는 얘기가 다음에 나오게 된다. 그러니까 12장에 가서 예수가 올라오는 것은 죽기를 결심하고 죽으려고 올라오는 것이다.

여기 유월절에 대한 얘기가 나오는데, 유월절逾越節의 유逾는 '넘을 유' 자이고 월越도 '넘을 월' 자인데 이 유월절이 유대인들에게는 최대의 명절이다. 이 유월절은 언제쯤인가 하면 춘분이 지나 음력으로 보름날 되기 하루 전인 14일이 유월절이며, 유대력으로는 니산달이라고 하는 정월의 14일이다. 그다음 날인 15일은 무교절無酵節로서 요즘 말하는 이스트(발효제)를 쓰지 않고 빵을 굽는 것을 말하는데 우리로 말하면 빈대떡을 굽는 것이라고 할 수 있다. 그래서 이 14, 15일, 이틀 동안이 유대인들에게는 가장 큰 명절이 된다. 그런데 유월절과 무교절은 무엇을 말하는가 하면 무교절은 빵에 관한 문제로서 빈대떡 같이 떡을 부치는 것이고, 유월절은 고기에 관한 문제로서 살과 피에 관한 것이라고 할 수 있다.

결국은 먹는 것인데 식물성과 동물성을 말하는 것이다. 우리가 밤낮 먹는 것이, 식물성으로 말하면 빵을 먹고, 동물성으로 말하면 고기를 먹는다. 물론 식물성만 먹는 곳도 있고, 동물성만 먹는 곳도 있기는 하다. 불교 같은 데서는 채식을 주로 권장하니까 사찰에서는 동물성은 먹지 않고, 에스키모 인들은 식물성은 구할 수 없으니까 동물을 주식으로 한다. 그러나 보통은 식물성, 동물성, 모두가 인간들의 음식이라고 볼 수 있다.

그래서 언제나 이 음식이라고 하는 것이 종교하고 밀접한 관계가 있다. 우리가 '보리'라고 하면 진리라는 뜻이 있는가 하면 빵이라는 뜻도 있다. 종교라고 하면 반드시 이 두 가지가 없을 수 없다. 그러니까 먹는 문제와 아는 문제이다. 또 달리 말하자면 사는 문제와 아는 문제이다. 살과 알이다. 이 두 가지가 종교의 핵심이다. 또한 모든 가르침의 핵심이다.

아는 문제를 강조할 때는 성경연구나 철학을 얘기하게 되고, 사는 문제를 강조할 때는 먹는 음식이 문제가 되는 것이다. 먹는다는 것은 한 덩어리가 되는 것이다. 아까도 말했지만 심즉리心卽理와 성즉리性卽理가 무엇이 다른가 하면, 심즉리는 사는 것이 중요하다는 것이고, 성즉리라고 하는 것은 아는 것이 중요하다는 것이다. 사람에게는 사는 문제와 아는 문제가 없을 수 없다.

하나하고 둘하고가 언제나 문제가 되는 것이다. 아는 문제를 강조하기 시작하면 사는 문제가 문제 될 것이 없게 되고, 또 사는 문제를 강조하기 시작하면 아는 문제가 문제 될 것이 없게 된다.

가톨릭에서는 사는 문제를 강조하는 것으로 심즉리를 말한다고 할 수 있다. 가톨릭 그러면, 하나로 된 교회이지 그곳에는 분열이라고 하는 것이 있을 수가 없다. 그런데 프로테스탄트(개신교)가 되면 무엇을 강조하나 하면 아는 문제를 강조하게 된다. 아는 것을 자꾸 강조하게 되다보니까 이런 생각도 나오게 되고, 저런 생각도 나오게 되어 자꾸 갈라지게 되어 나중에는 장로교가 100여 개의 교파로 갈라지는 일이 벌어지게 된다. 가톨릭은 하나인데 프로테스탄트는 수없는 종파로 자꾸 갈라지게 되는 것이다. 이렇게 보면 각기 일장일단이 있다고 할 수 있다.

또 기독교와 유대교를 생각해 보면 유대교의 특색은 하나가 되는 데에 중점을 두는 것이고 그것에 제일 중요한 것이 먹는 것이다. 유대교는 민족종교이니까 민족의 동질성을 언제나 주장하게 되고 언제나 하나가 되어야만 하는 것이다. 그 사람들이 모이는 교회를 시나고그라고 하는데 그 교회에 가보면 그 동네에 사는 유대 사람들의 앉는 자리가 다 지정되어 있다. 그래서 누구든지 교회를 가든지 안 가든지 그 자리 값을 다 내게 되어 있다. 그러므로 교회가 돈이 없어서 운영을 못한다든지 하는 일이 없다. 그 교회가 유대인 사회의 중심역할을 하는 것이다. 그러니까 시나고그는 그 사람들의 생활에 있어서 절대적인 의미를 갖는다. 그래서 유대인들이 이천여 년 동안 국가 없이 통일된 정신을 유지할 수 있었던 중심에는 그 시나고그가 있는 것이다. 유대 교회가 그것이다.

그러니까 이 교회가 유대인들에게는 굉장히 중요한 것이다. 유대교의 명절 가운데 유월절이 최고의 명절이다. 물론 유월절과 바로 이어지는 무교절 둘 다를 말하는데 결국 이 두 명절이 먹는 것을 뜻하는 것이다. 그러니까 같이 먹으면서 하나가 되는, 그런 경험을 하는 것이다. 원시종교라는 것이 다 그렇다고 볼 수 있다.

토템이란 것도 그것이다. 언제나 동물을 잡아서 그것을 같이 나누어 먹으면서 하나 되는 경험을 하는 것이다. 그 일부를 떼어 태워서 하늘에 제사지냈는데, 유대 사람들은 내장과 기름을 태워서 하늘에 바쳤다고 한다. 하나님께서 받아 드시도록 한다는 말이다. 그리고 살코기는 그곳에 모인 사람들이 다 같이 나누어 먹는 것이다. 우리로 말하면 음복을 하는 것이다. 이 사람들의 종교가 그것이다.

우선 소나 양을 잡는데, 누가 이것을 잡는가 하면 제사장이 하는 것이다. 피는 제단 밑에 쏟아 제단 밑을 통해 흘러들어 가게하고, 기름과 내장은 제단 위에 태워 연기로 올라가게 하고, 살코기는 그곳에 참여한 모든 사람이 나누어 먹어서 한마음과 한 몸이 되도록 하는 의식인 것이다. 한마디로 말하면 통일의식이다. 우리가 어디를 가도 하나이지 가를 수 없다는 것이다. 그래서 이천여 년을 외국으로 뿔뿔이 흩어져 살아도 유대인들은 하나로 뭉쳐질 수 있었다. 그것이 게토라는 것으로 어디를 가도 유대인들은 자기들끼리만 모여 살지 외국 사람과는 섞여서 살지 않는다.

그런 것이 외국 사람들의 입장으로 보면 안타까운 일일 것이다. 요즘 미국에 가 보면 한국 사람들이 이들과 비슷하다. 어디를 가도 한국 사람들은 한국인들끼리만 똘똘 뭉쳐 살지 그쪽 미국 사람들과 어울려 살지 못한다. 그래서 모인다는 것이 그곳의 한인교회에서만 모인다고 하는데 어떻게 보면 유대인들과 비슷하다. 그래서 미국 사람들이 한국 사람을 보고, 제이의 유대인이라고 한다는 말이 있다.

그러고도 유대인들이 못살면 또 괜찮을 텐데 유대인들이 머리가 좋아서 잘사니까 문제가 되는 것이다. 우리 한국인들도 흑인들이 사는 할렘 가에서 가게를 열어 돈을 벌어서는 백인 동네에 가서 사니까 흑인들 입장에서는 한국 사람들이 미운 것이다. 흑인들 사회에는 전혀 기여를 안 하고 악착같이 돈만 벌어 가니까 미울 수밖에 없는 것이다. 마찬가지로 유대인들도 어디엘 가도 미움을 받는다.

그래서 여러분들도 잘 아는 2차 대전 때 독일 사람들에 의해 6백만 명이 학살을 당하는, 그런 참극이 벌어지게 되는 것이다. 그런데 이 학살이란 것이 독일에서부터 시작된 것이 아니고, 그것이 벌써 기원전 13세기, 그러니까 지금으로부터 3천 3백여 년 전 유대인들이 이집트에 들어가서 살 때에도 있었다.

물론 처음 이집트에 들어 갈 때는 흉년이 져서 양식을 구하기 위해 들어갔는데 가서 보니까 이집트는 부유한 나라여서 그곳에서 그만 눌러 앉게 되었는데 그것이 그곳에서 430년간 살게 된 이유이다. 출애굽기에 그런 내용이 나온다. 거의 5백 년간을 살면서 돈도 많이 모으게 되고 잘살게 되니까 애급 사람들은 유대인들을 그냥 두고 볼 수 없게 되었다. 그래서 결국 이집트사람들은 유대인들의 인권을 박탈하여 노예로 만들고 만 것이다. 그리고 노예로서 죽을 고생을 다하게 된다.

그 당시 역사의 기록을 보면, 유대인들은 곡식을 넣어 두는 큰 창고를 짓는데 동원되기도 하고, 여러분들도 잘 아는 피라밋 세우는 데도 동원되었다고 한다. 그 당시 유대인들의 인구가 60만인데 그 유대인들을 모두 학살한 것이 아니라, 그 유대인들이 낳는 어린애 가운데서 남자아이들만 다 죽인 것으로 되어 있다. 그러니까 어린애 학살이다. 어린애를 낳으면 여자아이는 데려다가 키워서 노예로 쓰고 남자는 씨를 말리자는 것이었다. 결국 유대인 전 민족이 학살당하는 위기에 처하게 되었다.

그때 모세라는 사람이 갓난아기 때에, 모세의 어머니가 강가에 내다 버렸는데, 운이 좋아서 공주가 주어다가 키우게 되고 왕실에서 좋은 교육도 받게 되었다. 그 후 모세가 성장하여 자신이 유대인이라는 것을 알게 된 후 한 번은 유대인이 애급 사람에게 맞는 것을 보고 분개하여, 그 애급 사람을 쳐 죽이고 시내 산 부근으로 도망치게 된다.

시내 산은 이집트와 이스라엘 중간에 위치한 곳으로 수에즈 운하를 낀 홍해가 있고, 이집트와 아라비아 사이에 있는 시나이 반도에 있는 산이다. 이때가 이집트 왕 람세스 2세가 다스릴 때였는데 가장 독재를 행한 왕으로 유명하다. 시내 산이 2,600m 정도의 높이의 산인데 그곳에는 지금도 모세 산이라는 산이 있고 그 산의 높이가 2,200m 정도이다. 그러니까 한라산보다 훨씬 높은 산이다. 십계명을 받았던 산도 바로 그 산이다. 그런데 이곳은 사막지대라 비가 오지 않아서 나무라고는 없는 그냥 바위덩어리로 이루어진 산이다. 이곳을 돌아서 유대 땅으로 들어가는 데에만 40년이 걸렸다. 60만 민족이 농사도 짓고 목축도 하면서 이동하는데 걸린 시간이다.

이 유월절이 이 사람들에게는 해방절이다. 모세가 그 당시 이집트 왕인 람세스 2세하고 담판을 벌려 유대인들을 해방시키고자 애썼는데 람세스 2세가 계속 이를 거부하자 성경의 출애굽기에 나오듯이 10가지 재앙을 내리게 하여, 람세스 2세가 승락하도록 압박을 가했는데 마지막 재앙이 무엇인가 하면 모든 이집트인의 장자가 죽게 되는 재앙으로 결국 람세스 2세의 맏아들도 이 재앙으로 죽고 만다.

이 재앙이 내릴 때 유대인의 장자가 죽지 않도록 구별하는 표식이 양을 잡아서 그 피를 대문에 발라 두는 것이었다. 그래서 이 피라는 것이 이 사람들에게는 생명을 뜻하는 것이 되었다. 피가 빠져나가면 생명도 없게 되는 것이다. 그러니까 피를 바른 집은 천사가 건너 뛰어간다는 말이다. 유월절이란 말이 건너 뛰어 넘어간다는 말이다.

다시 말해서 죽이지 않고 자신들을 구원해서 살려준다는 말이다. 이것이 소위 이 사람들의 선민이라는 의식이다. 유대 사람들만 특별히 살려주고 구원해 준다는 생각이다. 무교절이 무엇을 말하는가 하면 갑자기 해방되었기 때문에 누룩을 넣어 반죽을 부풀게 할 시간이 없어 그냥 밀반죽을 구워서 가게 되었다는 말이다. 그러니까 양을 잡아서 고기를 많이 먹고 빵을 많이 구워서 길을 떠난 것이다. 이것이 바로 빵과 포도주를 뜻한다. 결국은 먹는 것을 말하는 것이다. 그래서 유월절이 이 사람들에게는 해방 기념일인데 우리의 8·15 광복절과 같다. 유월절 한 주간, 무교절 한 주간씩 거의 두 주간을 기념명절로 보낸다.

그러니까 뜻은 해방되었다는 것이고, 그것이 나중에 종교의식으로 갈 때에는 통일을 의미하게 된다. 우리가 절대로 갈라지지 않는다는 통일 의식이 된다. 그래서 유대 사람에게는 지금도 유월절이 가장 중요한 명절이고, 어디를 가든지 유대인들은 통일 의식이 강하여 유월절만은 반드시 지킨다.

외국 사람하고 결혼하더라도 유월절을 지키기만 하면 유대 사람이 되고 유월절을 지키지 못하면 유대 사람이 못 되는 것이다. 그만큼 유월절이 유대 사람들에게는 중요한 것이 된다. 처음에는 소나 양을 잡아야 하니까 거창한 일이었지만 기독교나 가톨릭에서는 이것을 개량해서 빵과 포도주로 바꾸어 놓았다. 그러니까 결국은 하나 되자는 것이다.

그러나 그 사람들이라고 해서 진리에 대해서 소홀한 것은 아니다. 유대 교회인 시나고그라는 데에 가보면 언제나 불을 켜 두고 있는데, 그 불이 진리를 상징하는 것으로, 그곳에 매주 모여서 성경을 읽는다. 유대 사람은 누구에게나 성경을 가르친다. 그 사람들도 진리를 가르치는 것이다.

기독교가 되면 제사의식을 더욱 약식으로 만들어 빵과 포도주로 간략하게 대신한다. 소나 양을 잡게 되면 그 일이 번잡하며 또 돈도 많이 들게 된다. 물질적으로 문제 삼기 시작하면 가난한 사람들에게는 정말 부담이 되는 것이다. 초기 예수 믿는 사람들은 다 가난한 사람들이 많았기 때문에 그것을 따르도록 하는 것은 무리가 되었을 것이다.

예수의 제자들 가운데에도 베드로 같은 사람은 그것을 답습해야 한다고 주장한 사람이고, 바울 같은 사람은 그것을 반대하여, 그렇게 하면 기독교가 세계적인 종교가 못된다, 세계적인 종교가 되려면 지적知的으로 가야 한다, 라고 하여 결국은 기독교가 지적인 종교로 발전하게 되었다. 그래서 설교가 중심이 되고 교리가 중심이 되는 교회로 발전하게 되며 나중에는 프로테스탄트가 나오게 되었다.

그리고 반드시 양을 한 마리 죽여서 피를 받아야 한다는 유대교의 종교의식(일종의 토템과 같은 것)때문에 예수도 죽어서야 교단이 성립될 수 있었는데, 그래서 결국 기독교에서도 죽음이란 것을 무시할 수 없게 되었다. 죽어야 하나가 되지, 죽지 않고는 하나를 이룰 수 없다는 것이다.

유월절에 바치는 양과 마찬가지로 예수라고 하는 사람이 하나의 양의 상징적인 위치가 되고 마는 것이다. 예수의 죽음이 무엇인가 하면 하나라고 하는 것을 상징하는 것으로 십자가는 동서남북이 다 모여서 하나를 이루는 것을 나타내는 것이다.

죽음이라고 하는 것은 아까 말한 마음 심心 자를 말하는 것으로 마음이라고 하는 것이 하나의 죽음을 상징한다고 생각할 수 있다. 그러니까 생生이라고 하는 것은 둘이고, 죽음이라고 하는 것은 하나다, 라고 할 수 있다. 언제나 하나가 있고 둘이 있어야 한다. 우리가 하나가 되는 공부를 하는 것이다. 그래서 죽음이라고 하는 것을 자꾸 강조하게 된다.

그 동안에는 밥 먹는 것으로 죽음이라고 하는 것을 강조했는데 기독교가 들어와서는 예수의 죽음이라고 하는 것으로 하나라는 것을 강조하게 된다. 십자가의 핵심이 무엇인가 하면 '하나다' 라고 보는 것이다. 심즉리心卽理라는 것도 마찬가지다. 우선 심즉리心卽理라는 봄이 있고, 그러고 나서 가을이라고 하는 설교가 있어야 되지 않겠느냐, 라는 것이다. 하나가 없이 둘이란 것은 있을 수 없다. 그래서 기독교에서는 십자가를 제일 강조한다. 십자가가 있은 후에 부활이 있지, 부활이란 언제나 둘을 말하는 것이니까, 부활이 먼저가 아니다. 십자가가 먼저인 것이다. 십자가를 먼저 붙잡아야 하는 것이다. 하나라고 하는 것을 강조하기 위해서 옛날에는 양을 잡아 바치고 고기를 먹었고, 지금은 빵을 나누어 먹는다. 또 빵은 없더라도 네 몸하고 내 몸하고는 서로 통한다, 하나다, 라는 것을 의미하는 것이 십자가이다.

마찬가지로 하나라고 하는 것이 빠지면 우리나라도 소망이 없다. 한국도 남북이든 동서이든 하나가 되어야 하며, 그 하나 되는 것이 가장 중요하다는 것을 우리가 느끼게 될 때 제대로 된 나라가 된다. 싸워서 분열되는 것이 아니라 하나를 이루어야 나라가 되는 것이다.

그래서 유월절이란 것도 이 사람들에게는 하나가 되는 날이다. 그러니까 60만 유대인들이 뭉쳐서 애급을 빠져 나올 수 있었던 것이다. 그리고 40년 동안 광야를 지나면서 성장하게 되는 것이다. 이렇게 하나 되는 훈련을 거치고, 다음에는 다시 지적인 과정이 있다. 시내 산에 도달해서 받는 것이 율법이다. 이것이 둘이라는 것이다. 지적인 훈련을 그곳에서 또 받게 된다. 지적인 훈련을 받기 전에 하나가 되는 훈련, 60만이 하나가 되어 40년을 같이 고생하는 과정을 거쳐 지적인 훈련까지 쌓은 후에 옛날 자기들이 머물렀던 지역, 우리로 말하면 북한지역인데, 가나안 땅으로 들어가게 되는 것이다.

그래서 남한이 — 이집트로 갔던 사람이, 한국에서는 남한

지역 사람과 같은, 이스라엘의 남쪽 사람인데 — 힘을 길러서 북한으로 들어가 남북이 통일되는 것이다. 그러한 역사가 바로 가나안 복지라는 것이다.

그렇게 보면 우리의 역사하고 아주 비슷하다. 우리 역사의 세 가지 과정이 해방, 독립, 통일인데 여기서 말하는 유월절이란 것이 해방이고, 시내 산에서 법을 받는다는 것이 독립이고, 우리로 말하면 헌법을 수립하는 것이고, 그러고 나서 다시 북한으로 찾아가서, 유대인으로 말하자면 12지파로 갈라졌던 민족이 하나로 통일되는 것이다. 그런 역사를 우리도 만들어 나가야 한다.

부 록
1

요한복음의 목적

요한복음의 목적은 사람들로 하여금 영원한 생명을 얻게 하는 것이다(요 20:31).

하나님이 세상을 이처럼 사랑하사 독생자를 주셨으니 누구든지 저를 믿으면 멸망하지 않고 영생을 얻는다(요 3:16).

하나님을 알고 그리스도를 아는 것이 영원한 생명이다(요 17:3).

내 말을 듣고 나를 보내신 분을 믿는 사람은 영원한 생명을 얻을 것이다. 그 사람은 심판을 받지 않을 뿐만 아니라 죽음의 세계에서 벗어나 생명의 세계로 들어선다(요 5:24).

나는 부활이요 생명이니 나를 믿는 사람은 죽어도 살고(부활), 살아서 믿는 사람은 영원히 죽지 않을 것(생명)이다(요

11:25).

영원한 생명은 영혼불멸이 아니다. 영혼불멸은 사후에 불멸을 말하지만 영생은 죽어도 살고 살아도 사는 부활과 생명의 삶이다(요 11:25).

내 말을 듣고 하나님을 믿는 사람은 심판도 받지 않고 죽음의 세계에서 벗어난다(요 5:24).

나를 믿는 사람은 살아도 살고, 죽어도 산다. 결국 죽음을 초월한 삶이다. 하나님의 아들은 죽음을 초월한 삶이다. 하나님의 말씀을 받은 사람은 신이다(요 10:35).

신에게는 죽음이 없다. 믿는 사람은 하나님의 힘으로 사는 사람이다. 살아도 하나님의 힘으로 살고, 죽어도 하나님의 힘으로 산다.

영생은 살아도 영생이요, 죽어도 영생이다. 영혼불멸은 죽은 후에 사는 것이지만 영생은 죽기 전에도 살고, 죽은 후에도 사는 것이 영생이다. 요한복음은 그리스도가 생명이라고 한다. 그것은 그를 믿는 사람들에게도 주시는 생명이다.

이 생명은 영원한 생명이다. 이 생명은 우리가 타고난 생명과는 전혀 다른 생명이다. 우리 생명은 땅에서 나온 생명이요, 이 생명은 하늘에서 온 생명이요, 이 생명은 죽기 전에도 주어지고, 죽은 후에도 계속 된다. 그래서 죽어도 살고, 살아도 산다고 한다. 이것이 요한복음이 우리에게 가르치는 내용이다.

바울은 예수가 죽은 것은 우리의 죄를 없이 해주기 위해서 죽었고, 예수가 산 것은 우리의 의를 살리기 위해서 살았다고 한다. 십자가는 우리를 위해서 죽었고, 부활은 우리를 위해서 살았다고 한다. 바울은 내가 그리스도와 같이 십자가에 달려 죽었고, 내가 그리스도와 같이 부활해서 살았다고 한다(갈 2:20). 바울은 죽음을 초월하고 생명을 초월하여 영원생명을 산 사람이다. 바울은 살아도 살았고, 죽어도 살았다.

바울은 하나님의 아들이기 때문이다. 영원한 생명은 하나님의 아들이란 말이다. 믿음으로 사는, 하나님의 힘으로 사는 하나님의 아들이다. 하나님의 아들은 하나님과 같이 영원히 산다.

2010년 8월 22일

후 기

요한복음은 나는 누구인가 하고 묻는다. 그리고 그리스도를 통해서 나는 길이요 진리요 생명이다(요 14:6)라고 대답한다. 공자는 아침에 도를 들으면 저녁에 죽어도 좋다(조문도朝聞道 석사가의夕死可矣)고 하였다. 그래서 많은 사람들이 도(길)를 닦았고 진리를 깨닫고 생명을 얻었다.

요한복음은 우리 동양 사람에게는 생소한 복음이 아니다. 사람들이 도를 찾는 것은 죽음 때문이다. '죽음은 끝이다' 라는 생각이 사람에게 절망을 안겨준다. 복음은 '죽음은 끝이 아니다' 라고 가르친다. 죽음은 시작이다. 인생은 죽음으로부터다.

십자가는 끝이 아니라 시작이다. 밀알 한 알이 땅에 떨어져 죽지 않으면 한 알 그대로 있고, 죽으면 많은 열매를 맺는다(요

12:24). 내가 이제 영광을 드러낼 때가 왔다. 죽음은 끝이 아니라 시작이고 그것은 빛이요 영광이다. 씨를 땅에 뿌리는 것은 하나님의 사랑이다. 씨가 싹이 트는 것이 부활이고, 많은 열매를 맺어 곡간에 거두어 들이는 것이 승천이다.

십자가는 사랑이요, 부활은 믿음이요, 승천은 희망이다. 그래서 바울은 자기도 하나님의 사랑으로 십자가에 달려 죽었고, 그리스도의 믿음으로 부활하였으며 성령의 도움으로 승천을 기다리고 있다고 했다.

십자가는 사랑이고, 부활은 믿음이며, 승천은 기독교의 희망이 되었다. 의인은 하늘나라에서 해와 같이 빛난다(마 13:43). 십자가는 하나님의 사랑이요 빛이고, 부활은 믿음이요 힘이요(롬 1:4), 승천은 희망이요 생명(요 5:26)이다.

나는 진리(빛)요 길(힘)이요 생명(숨)이다(요 14:6). 사람은 누구나 머리로 생각하고, 배로 힘을 얻고, 가슴으로 숨을 쉬는 빛(목目), 힘(구口), 숨(비鼻)이다.

빛, 진리를 깨닫고; 힘, 길(도道)에 통하고; 숨, 생명을 얻기 위해서 십자가를 지고 부활하고 승천하는 것이 그리스도다.

오늘도 모든 그리스도인이 진리를 깨닫기 위하여 십자가를 사랑하고, 도에 통하기 위하여 부활을 체득하고, 생명을 얻기 위하여 승천을 희망하고 있다.

양명은 밥을 먹고 잠을 자고 깨어나는 것이 '도'라고 한다.

배고프면 먹고(도道) 고단하면 자고(생명生命), 해가 뜨면 깨는 것(진리), 이것이 동양 사람들의 평상시도平常是道다. 공자도 오도吾道는 일이관지一以貫之라고 한다.

요한복음은 동양 사람에게 한없이 고마운 기쁜 소식이다.

2010년 8월 4일

부 록
2

제1권 차 례

빛 힘 숨

머리말

요한복음 강해 서문

제1장 하나님, 예수 그리스도, 사람

1. 내가 크리스천이 되었다는 뜻(요한 1:1)
2. 하나님의 아들, 그리스도(요한 1:1~5)
3. 카이로스(요한 1:1~5)
4. 세례 요한의 사명(요한 1:6~8)
5. 참사람(요한 1:9~13)
6. 유다이모니아: 그리스도와 함께(요한 1:14~18)
7. 하나님의 어린 양(요한 1:19~34)
8. 예수의 참 제자(요한 1:35~51)

제2장 기독교의 본질

9. 예수의 첫 번째 기적: 종교의 핵심(요한 2:1~12)
10. 십자가와 부활: 인간의 핵심(요한 2:13~25)

제3장 거듭남(중생重生)
11. 진리와 성령(요한 3:1~21)
12. 세례(요한 3:22~36)

제4장 믿음
13. 생명의 샘물(요한 4:1~26)
14. 믿음과 영생(요한 4:27~42)
15. 자기변혁과 믿음(요한 4:43~54)

제5장 깨달음(견성見性)
16. 38년 만에 믿음에 들어감(요한 5:1~15)

부록 1 요한복음의 목적
후기

부록 2 차례

찾아보기

제2권 차 례

빛 힘 숨

머리말

요한복음 강해 서문

제5장 깨달음(견성見性)

17. '본다'는 것: 견성見性의 필요성(요한 5:16~30)
18. 인생에서 가장 중요한 것(요한 5:31~47)

제6장 영생永生

19. 하늘의 문제(요한 6:1~15)
20. 자유의 체득(요한 6:16~21)
21. 예수를 찾는 이유(요한 6:22~59)
22. 속죄와 부활(요한 6:60~71)

제7장 기독교의 시간관

23. 세 가지 시간관(요한 7:1~14)
24. 하나님의 말씀(요한 7:15~24)

25. 선서善逝(요한 7:25~36)
26. 예수의 인격(요한 7:37~39)
27. 큰 사람(요한 7:40~52)

제8장 진리란 무엇인가
28. 추수감사(요한 7:53~8:11)
29. 세상의 빛(요한 8:12~20)
30. 사람의 뿌리는 하늘(요한 8:21~29)

부록 1 요한복음의 목적
후기

부록 2 차례

찾아보기

제4권 차 례

빛 힘 숨

머리말

요한복음 강해 서문

제12장 나알알나

48. 죽음에의 존재(요한 12:1~11)

49. 진리의 왕(요한 12:12~19)

50. 밀알 철학(요한 12:20~28)

51. 빛의 아들(요한 12:29~36)

52. 나알알나(요한 12:37~50)

제13장 새 계명

53. 구족제자具足弟子(요한 13:1~20)

54. 서로 사랑하라(요한 13:21~38)

제14장 기독교의 근본사상

55. 길, 진리, 생명(요한 14:1~11)

56. 독립, 통일, 자유(요한 14:1~11)

57. 성령의 도움(요한 14:12~17)
58. 임마누엘(요한 14:18~24)
59. 무름, 부름, 푸름(요한 14:25~31)

제15장 사랑
60. 선생을 붙잡다(요한 15:1~8)
61. 십자가의 의미(요한 15:9~17)
62. 박해와 고난(요한 15:18~25)
63. 증거와 증인(요한 15:26~27)

제16장 성부, 성자, 성령
64. 나무땜, 불사름, 내가남(요한 16:1~4)

부록 1 요한복음의 목적
후기

부록 2 차례

찾아보기

제5권 차 례

빛 힘 숨
머리말
요한복음 강해 서문

제16장 성부, 성자, 성령
65. 보혜사 성령(요한 16:5~15)
66. 예수의 차원(요한 16:16~24)
67. 한국 사람이 할 일(요한 5:17, 6:29, 16:9)
68. 예수의 일(요한 16:25~33)

제17장 기도
69. 지행합일(요한 17:1~5)
70. 깨끗(요한 17:6~19)
71. 사실과 진실(요한 17:20~26)

제18장 신앙
72. 예수의 신앙(요한 18:1~11)
73. 예배(요한 18:12~27)

74. 하나님 나라(요한 18:28~40)

제19장 십자가

75. 하나님의 형상(요한 19:1~16)

76. 십자가의 고난(요한 19:17~27)

77. 사랑과 정의(요한 19:28~42)

제20장 부활

78. 사랑의 신비(요한 20:1~18)

79. 영원한 생명(요한 20:19~31)

제21장 교회

80. 교회란 무엇인가(요한 21:1~14)

81. 내 양을 먹이라(요한 21:15~25)

부록 1 요한복음의 목적

후기

부록 2 차례

찾아보기

찾아보기

〈인명〉

(ㄱ)
가룟 유다 159, 199, 288
공자孔子 10~2, 33, 35, 37, 41, 43, 57, 64, 67~8, 81, 121, 149, 157, 160, 278, 313, 315
김진홍 목사 174, 177

(ㄴ)
내촌감삼內村鑑三 40, 234
노자老子 11~2, 69
니토베 이나조 234

(ㄷ)
도스토예프스키 106
동산洞山 147, 148, 237

(ㅁ)
마르크스, 카를 143
맹자 160~61
모세 10, 83~4, 142, 301~02

(ㅂ)
바르트 215
바울 7~9, 11, 13, 108~09, 151, 154, 159~60, 186, 192~93, 209, 265, 304, 312, 314

베드로 160, 304
법정 스님 175

(ㅅ)
서화담 270
석가 10, 12, 33, 41, 56, 64, 69, 73
성녀 테레사 157
소크라테스 32~3, 41~3, 64, 67, 79, 123, 156, 168, 188, 213, 275
수운水雲 최제우 75
스피노자 133, 143
신수 235

(ㅇ)
아브라함 27~8, 53, 61~3, 82~4, 86~8, 90, 142
아인슈타인 143
안창호 선생 255
양명陽明(왕양명) 14, 32, 38, 55, 71, 75, 85~6, 92, 125, 127, 147, 151, 163, 168, 183, 223, 314
엄두섭 175
원효 81, 190
유영모 10, 12, 15, 40~1, 58, 176, 185, 206, 208, 233, 255, 269~70, 291
율곡 49, 247, 255
이사야 143, 155
이삭 27, 83
이세종(이공李空) 176
이율곡 247
이퇴계 49, 247, 254

이현필 175~77
임제臨濟 93

(ㅈ)
장자莊子 11, 49~50, 302
전봉준 172
정다산 173
조산曹山 147~48
조주 194
주자朱子 66, 127, 193
증자 99, 160

(ㅋ)
칸트 30, 32~4, 59, 91, 240, 272
키르케고르 104~06, 109, 161, 231~37, 241, 245, 270

(ㅍ)
플라톤 32, 35, 168

(ㅎ)
하이데거 34, 275
한용운 132
혜능 235

〈책, 작품명〉

(ㄱ)

계사繫辭(주역) 68, 175
「과수게過水偈」 148, 150

(ㄴ)
『나는 어떻게 해서 기독교인이 되었는가』 234
노자 156, 189, 263
노자老子 71장 157
논어論語 99, 120, 149
논어의 위정편爲政篇 149
논어 옹야편雍也篇 120
누가복음 10, 89, 249
누가복음 10장 80
누가복음 20장 82

(ㄹ)
로마인서 14장 8~9절 192

(ㅁ)
마가복음 10, 89
마가복음 2장 28절 125, 127
마가복음 9장 84
마태 13장 155
마태복음 23장 170
『맨발의 성자』 175
맹자 108
모세 오경 117, 119~20, 124
『목민심서』 173
『무문관』 105
『무사도』 234

(ㅂ)
『불안不安의 개념』 104

(ㅅ)
시편 82편 220
시편 82편 6절 218

(ㅈ)
장자莊子 270
장자 제물론齊物論 49
『전습록傳習錄』 22, 38, 57, 162
주역周易 68, 246
『죽음에 이르는 병』 231, 236
중용中庸 13, 48

(ㅊ)
창세기 123
창세기 18장 18절 87
출애굽기 3장 13~5절 83

(ㅎ)
화엄경 23, 81, 190, 256
히브리서 11장 1절 71, 223, 236, 239

〈용어〉

(ㄱ)
각覺 32, 35, 45, 70~1, 74~5

각자覺者 35, 88, 90, 168
각행일여覺行一如 32, 34
개념槪念 36~7
개학자蓋學者 68
거금정시아渠今正是我 148, 150~52
거부득이擧不得以 68, 72
견색이불견공見色而不見空 68~9
견성見性 43, 99, 107, 194, 203
견성성불見性成佛 107, 203
고苦 107~08, 110
고노명유즉무故老明有卽無 68~9
고석명색즉공故釋明色卽空 68~9
고역명기즉도故易明器卽道 68~9
고행苦行 9, 12, 16, 55~9
공즉시색空卽是色 52
관觀 44~5
군사부君師父 139
근본문제 44, 74, 264
근본 힘 98
기발이승氣發理乘 49, 247
기즉도器卽道 68~70, 85
기철학 270
끽다거喫茶去 194

(ㄷ)
다신多神 217~18
단독자單獨者 236~37
당인불양사當仁不讓師 57~8
대도무문大道無門 104~5

도道 8, 29, 33, 68, 71, 81, 192, 240, 314~15
도가도道可道는 비상도非常道 147
도덕 29~34, 42, 53, 59, 141, 264
동광원 176
동학 75, 132, 172
득유이부득무得有而不得無 68~9

(ㅁ)
먹는 문제 297
명즉성明卽誠 48
무無 69~70, 86, 91~2, 103~04, 108
무교회 40, 234
무극이태극無極而太極 239, 241, 270, 271, 272, 278
무애無碍 8, 72, 80~1, 190, 192, 256
문질빈빈文質彬彬 120
밑힘 223

(ㅂ)
발분망식發憤忘食 153
방시계진여方始契眞如 148, 152
백사천난百死千難 92
번뇌즉보리煩惱卽菩提 107, 109
범신론 217
범아일여梵我一如 213, 215
법계法界 126, 233, 240
본체本體 147, 150, 152
부지지병不知知病 157~58
불립문자不立文字 201
불상리不相離 254

불상잡不相雜 254
불생불멸不生不滅 71
비상도非常道 147

(ㅅ)
사는 문제 297
사무사事無事 68, 70, 72
사불사死不死 70, 71
사이불학즉태思而不學則殆 35, 149
살신성인殺身成仁 146, 151
색즉공色卽空 69~70, 85, 103
색즉시공色卽是空 52
생로병사生老病死 262
생불생生不生 70~1
선불교 147~48
선생설先生說 88
선서善逝 64
선재先在 88
선재설先在說 87~8
설교 34, 36~7, 49, 294, 304~05
성리학性理學 29~30
성부聖父, 성자聖子 193
성인병병聖人病病 157~58
성즉리性卽理 297
성즉명誠卽明 48
소소여아소迢迢與我疏 148~49
수처위주隨處爲主 입처개진立處皆眞 90~2, 126
순수이성 32~3, 240
스승 186, 202, 205, 285

승사복리勝私復理 151
시십마是什麼 160
시이불병是以不病 158
신앙적 사실 103
실천이성 32~4, 91, 240
심신탈락진心身脫落盡 93
심즉리心卽理 125~27, 153, 155, 163, 297, 305
심지유지즉무야審知有之卽無也 68, 70
십자가즉부활十字架卽復活 103

(ㅇ)
아금독자왕我今獨自往 150
아금불시거我今不是渠 150
아는 문제 89, 297
양명학 183, 223
양지良知 147, 153, 183, 194, 202, 223
여래如來 64, 73
연비어약鳶飛魚躍 286
위무위爲無爲 68, 70~2
유교 29, 69, 71, 131~32, 215, 247
유유일진실唯有一眞實 93
유일신 사상 216~17
유즉무有卽無 68~70, 85, 91~2, 103, 110
육도윤회六道輪廻 261
응수여마회應須與麼會 148, 152
이데아 32, 35, 44
이발기발理發氣發 49, 247
이순耳順 67
이심전심以心傳心 201, 203

이열치열 以熱治熱 148
이위여사 而爲與事 68, 72
이이일 二而一 254~55
이지즉비성 二之卽非性 286
일도출생사 一道出生死 8, 80, 190, 206, 256
일이이 一而二 254
일즉일체 一卽一切 247
일체무애인 一切無碍人 8, 80~1, 190, 192, 256
일체즉일 一切卽一 247

(ㅈ)
자명성위지교 自明誠謂之教 48
자성명위지성 自誠明謂之性 48
자주 自主 54
절기종타멱 切忌從他覓 148
점심 點心 사상 255, 271
정직 65~6, 91
조동종 曹洞宗 147~48
조삼모사 朝三暮四 49
존덕성 尊德性 109
존심양성 尊心養性 181
존천리 存天理 151
즉불안증실존 卽不安證實存 105
즉위무위 則爲無爲 68, 70
즉유이증무 卽有而證無 85, 103~05
즉유증무 卽有證無 86, 91, 106, 108, 110
지강지대 161
지기이부지도 知器而不知道 68
지덕복일치 知德福一致 32, 34

지부지상知不知上 156~58
지정의知情意 222
지행일치知行一致 32, 34, 90, 149~53
진眞선善미美 265
진언眞言 48, 50
진인眞人 48, 50

(ㅊ)
처처득봉거處處得逢渠 148, 150, 152~53, 160
천명지위성天命之謂性 솔성지위도率性之謂道
수도지위교修道之謂敎 240
천인합일天人合一 213, 215
철학적 신앙 208
철학적인 진리 29
치양지致良知 86, 92, 151, 153, 190, 194

(ㅌ)
태극점 256

(ㅎ)
학이불사즉망學而不思則罔 35, 149
학이시습學而時習 13, 57, 149
형이상形以上의 세계 68, 289
형이상위지도形而上謂之道 68
형이하위지기形而下謂之器 68
호연지기浩然之氣 161
화두話頭 36, 37, 194
화엄법계 248

빛 힘 숨: 십자가 부활 승천

요한복음 강해 3

김홍호 사상 전집 · 성경강해 1

지은이 | 김홍호
발행인 | 임우식
기획 편집 | 임우식 · 이경희

1판 1쇄 발행 | 2011년 2월 7일
1판 3쇄 발행 | 2021년 4월 20일

발행처 | 사색 출판사
전화 | 010-4226-0926 팩스 02-6442-9873
홈페이지 | www.hyunjae.org
이메일 | gabeim@hanmail.net
인쇄 | !nDefine

ISBN 978-89-93994-12-4 04080
ISBN 978-89-93994-10-0 (세트)

*이 책은 〈김홍호 사상 전집〉 제10번째로 출판되었습니다.

*이 도서의 국립중앙도서관 출판시도서목록(CIP)은 e-CIP 홈페이지
http://www.nl.go.kr/cip.php에서 이용할 수 있습니다.(CIP제어번호: CIP2011000097